Inhalt

Einleitung

In einer Zeit, in welcher sich der Mensch noch am Anfang seiner Zivilisation befand und sein Denken noch nicht bewußt im Dienste der objektiven Wahrheit stand, war der Mythos der Weg, der sich ihm bot, um Antworten auf die ihn quälenden Fragen zu finden, um sich Naturphänomene zu erklären und um festzuhalten, was ihm von dem, was er gesehen, erlebt oder erfunden hatte, erinnernswert schien. Besonders bei jenen Mythen, welche die Geschichte der Menschheit betreffen, ist es sehr wohl möglich, daß sie einen historischen Kern in sich bergen, wie es auch nicht ausgeschlossen ist, daß einige der Helden, von deren Erlebnissen die Mythen berichten, wirklich gelebt haben; ob sie dann jedoch so hießen, wie überliefert ist, mag dahingestellt sein. Keinesfalls jedoch ist es heute mehr möglich, die wirklichen Ereignisse zu rekonstruieren, die zur Entstehung der Sagen führten, da einerseits die diesbezüglichen Überlieferungen durch eine Fülle dichterischer Elemente bereichert wurden und weil andererseits das Volk wie auch der Sänger, die den Mythos schufen, sich nicht der historischen Wirklichkeit gegenüber gebunden fühlten.

Ihre Unsterblichkeit verdanken die griechischen Mythen, die oft in einer Vielzahl von zum Teil einander widersprechenden Varianten überliefert sind, der Tatsache, daß sie über einen Zeitraum von mindestens vierzehn Jahrhunderten am Ort ihrer Entstehung gepflegt wurden von zahlreichen epischen, lyrischen und dramatischen Dichtern, die sie zu Trägern der jeweiligen Ideale der griechischen Welt zu machen suchten. Viele Elemente griechischer Geisteshaltung finden sich in den Mythen, so die Lust am Wettstreit, die lebensbejahende Einstellung, die Freude am Schönen und das Interesse der Griechen am Menschen an sich, die zur Schaffung eines Idealbildes des Menschen führten, aus dem sich allgemeingültige Lebensregeln ableiteten.

Mythen über Götter und Helden besitzen sehr viele Völker auf der ganzen Welt. Was aber die griechische Mythologie kennzeichnet, ist, daß sie dank ihrer Vielgestaltheit und der jahrhundertelangen Pflege alle räumlichen und zeitlichen Grenzen überwunden hat und zu einem allmenschlichen Geistesgut geworden ist.

Es war unser Bestreben, ein Buch der Mythologie zu präsentieren, das sich an das breite Publikum wendet, ohne jedoch der Wissenschaftlichkeit zu entbehren; ein Buch, das sowohl die jüngere als auch die ältere Leserschaft anspricht und allen einen Lesespaß bereitet, die sich nicht im Labyrinth wissenschaftlicher Feinheiten verlieren, sondern einfach an der Schönheit der antiken Mythen erfreuen möchten.

DIE KOSMOGONIE

Selene entsteigt dem Meer. (Innenbild einer rotfigurigen attischen Schale, Werk des Brygosmalers, um 485 v.Chr.).

„Am Anfang war ... der Mythos." In vorgeschichtlicher Zeit fühlte sich der Mensch ohnmächtig angesichts der Größe des Universums, es war ihm nicht möglich, die Welt zu verstehen und sich die Naturphänomene mit Hilfe des Verstandes zu erklären. Jedoch das existentielle Bedürfnis, Antworten auf die ihn beunruhigenden Fragen zu finden, all jenen Mächten eine Gestalt zu geben, die in ihm Erstaunen, Zweifel oder auch Angst hervorriefen, ließen ihn eine eigene, sagenhafte Erklärung für die Entstehung der Welt finden: seinen Schöpfungsmythos, seine eigene Fassung der Kosmogonie.

Es gibt viele antike griechische Mythen, die sich auf den Beginn der Schöpfung beziehen. Aus dem Zustand vor Entstehung der Welt, den sich die meisten Mythenschöpfer als chaotisch, dunkel, kalt und ohne feste Umrisse vorstellen, gingen einige selbstgeborene Wesen wie Chaos, Tartaros, Luft und Okeanos, die Nacht und das Dunkel hervor. Aus den Paarungen dieser Wesenheiten entsprangen die ersten Götter, die dann im Laufe der Zeit von neueren Göttern vertrieben wurden. Der Konflikt zwischen den alten und den neuen Göttern, aus dem schließlich letztere als die Sieger hervorgingen, stellt einen Nachhall der Vorstellung dar, nach welcher primitivere, unvollkommenere und wildere Mächte dem Willen anderer, vollkommenerer und gezähmterer, unterworfen wurden.

Wie zu erwarten, nimmt die Entstehung des Menschengeschlechts einen wichtigen Teil der Kosmogonie ein. Auch hier beschränkte sich der griechische Erfindungsgeist nicht nur auf eine Fassung. Nach einigen wurden die Menschen

Helios und Eos, Kinder des Titanen Hyperion, am Himmel. Auf ihren Wagen reisen links die Nacht und rechts Eos. Zwischen ihnen steigt der strahlende Helios auf seinem Viergespann empor. (Weißgrundige Lekythos, 5. Jh. v. Chr.).

Helios, unten links, lenkt sein Viergespann dem Himmel entgegen. Weiter rechts ist der hintere Teil vom Pferd der Selene zu erkennen, während sie selbst nicht mehr zu sehen ist. Nach rechts entschwindet die geflügelte Nacht auf ihrem Wagen. (Rotfiguriger Deckel einer Pyxis, 5. Jh. v. Chr.).

von den Göttern geschaffen, nach anderen von dem Titanen Prometheus. Andere Mythen, die auf lokale Überlieferungen zurückgehen, sprechen von Menschen, die aus der Erde selbst hervorgingen oder auch von Sterblichen, die der Paarung zwischen Göttern entsprangen.

Von besonderen Interesse ist ein Vergleich der griechischen Kosmogonien mit denen anderer Völker. In einigen Fällen hat die Forschung enge Beziehungen zwischen den griechischen und nicht griechischen Schöpfungsmythen nachgewiesen. Die Geschichte des Kronos, wie sie uns durch Hesiod überliefert ist, zeigt große Ähnlichkeiten mit dem Epos Kumarbi, das auf Tontafeln des hethitischen Staatsarchivs gefunden wurde, die aus dem 14./13. Jh. v. Chr. datieren. Die Erzählung des Hesiod scheint den älteren hethitischen Text zum Vorbild gehabt zu haben, und Kronos dürfte, auch etymologisch, mit Kumarbi identisch sein.

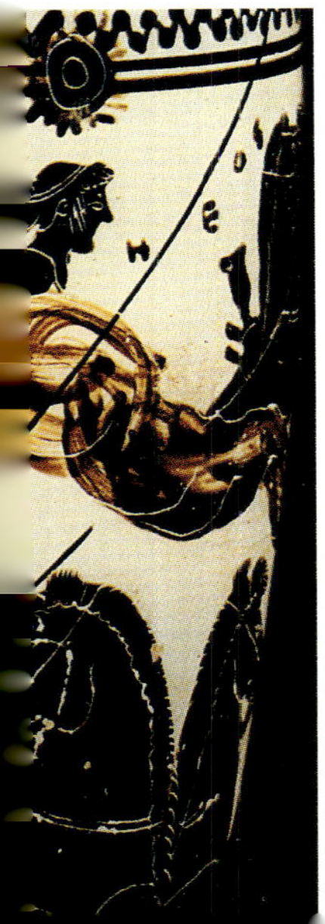

In anderen Fällen gehen die gemeinsamen Elemente nicht auf kulturelle Einflüsse zurück, sondern auf gemeinsame Erfahrungen und Erinnerungen der Menschen auf der ganzen Welt. Ein bezeichnendes Beispiel ist die Vernichtung des Menschengeschlechts durch eine gewaltige Überschwemmung, die in den Mythen vieler Völker anzutreffen ist, von den Indern bis zu den indianischen Stämmen in Amerika, aber auch im Alten Testament. Das grundlegendste gemeinsame Merkmal der Schöpfungsmythen, der griechischen wie der nicht griechischen, ist jedoch eines: der verzweifelte Versuch des Menschen, sich die Entstehung der Welt und der sie beherrschenden Götter zu erklären.

Die Theogonie

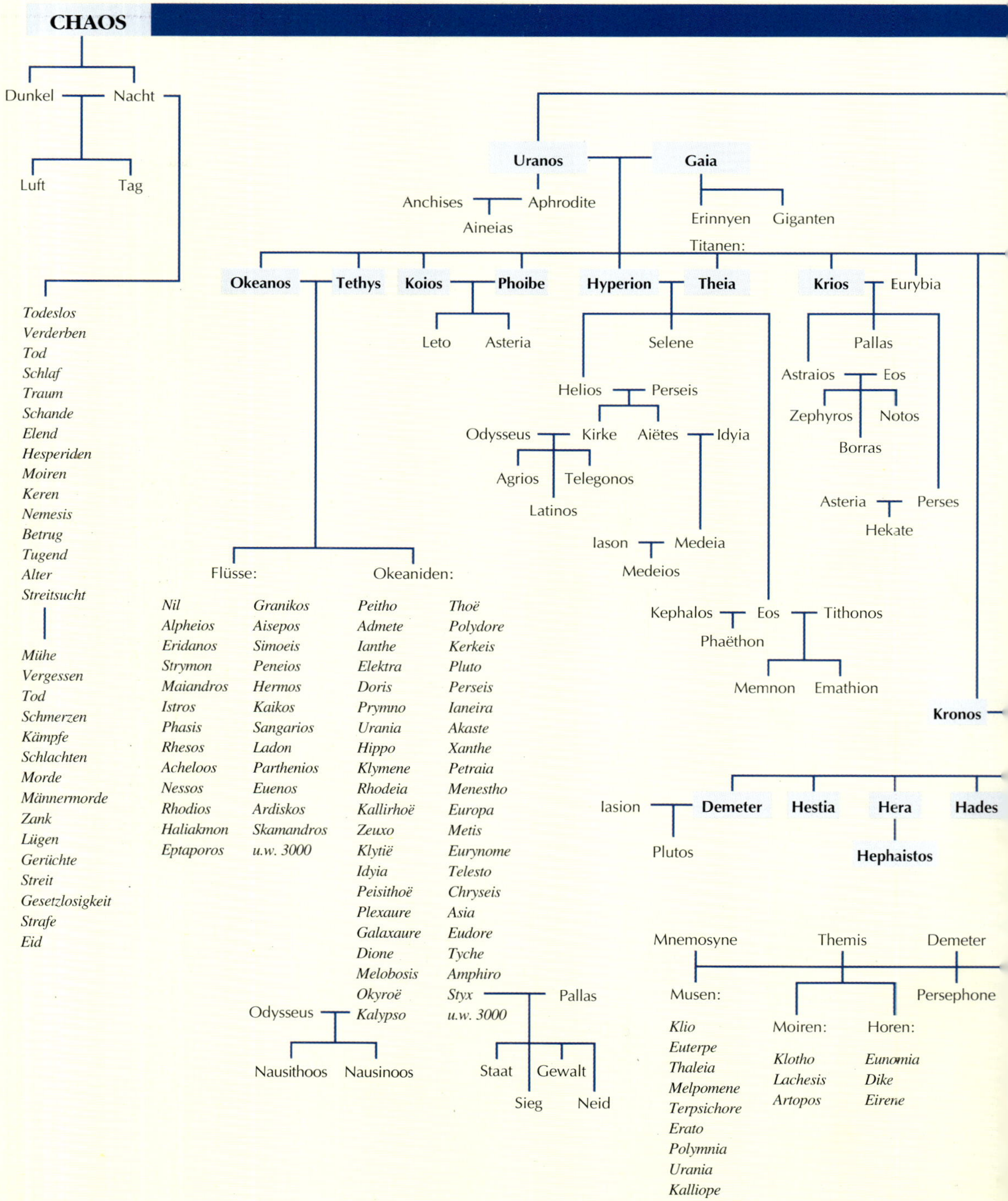

des Hesiod

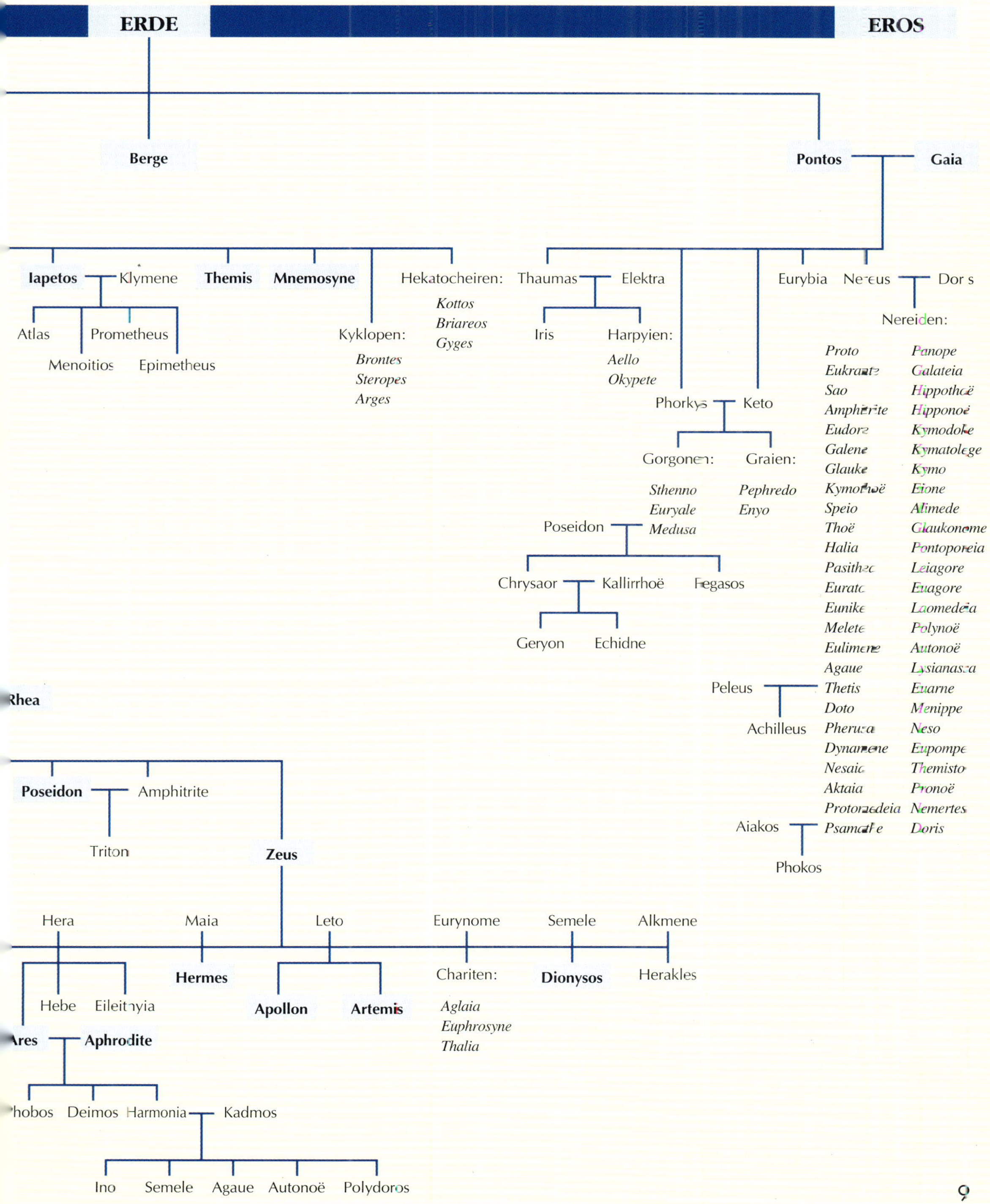

ERDE
EROS
Berge
Pontos
Gaia
Iapetos
Klymene
Themis
Mnemosyne
Hekatocheiren:
Kottos
Briareos
Gyges
Thaumas
Elektra
Eurybia
Nereus
Doris
Atlas
Prometheus
Menoitios
Epimetheus
Kyklopen:
Brontes
Steropes
Arges
Iris
Harpyien:
Aello
Okypete
Nereiden:
Proto
Eukrante
Sao
Amphitrite
Eudore
Galene
Glauke
Kymothoë
Speio
Thoë
Halia
Pasithea
Erato
Eunike
Melete
Eulimene
Agaue
Thetis
Doto
Pherusa
Dynamene
Nesaie
Aktaia
Protomedeia
Psamathe
Panope
Galateia
Hippothoë
Hipponoë
Kymodoke
Kymatolege
Kymo
Eione
Alimede
Glaukonome
Pontoporeia
Leiagore
Euagore
Laomedeia
Polynoë
Autonoë
Lysianassa
Euarne
Menippe
Neso
Eupompe
Themisto
Pronoë
Nemertes
Doris
Phorkys
Keto
Gorgonen:
Sthenno
Euryale
Medusa
Graien:
Pephredo
Enyo
Poseidon
Chrysaor
Kallirrhoë
Pegasos
Geryon
Echidne
Peleus
Achilleus
Aiakos
Phokos
Rhea
Poseidon
Amphitrite
Triton
Zeus
Hera
Maia
Leto
Eurynome
Semele
Alkmene
Hebe
Eileithyia
Hermes
Apollon
Artemis
Chariten:
Aglaia
Euphrosyne
Thalia
Dionysos
Herakles
Ares
Aphrodite
Phobos
Deimos
Harmonia
Kadmos
Ino
Semele
Agaue
Autonoë
Polydoros

Die Theogonie

Gaia taucht aus einem Erdspalt auf, um ihren und des Uranos Sohn, den Giganten Polybotes, vor dem unbändigen Zorn des Poseidon, Sohn der Rhea und des Kronos, zu retten. (Innenbild einer rotfigurigen Schale, 420-400 v. Chr.).

Um 700 v. Chr. schuf der auf dem Berg Helikon lebende Dichter Hesiod die älteste uns bekannte Deutung der Entstehung der Welt und der Götter. Zuerst wurde das Chaos, etwas später Gaia, die Mutter Erde, und der herrlich anzusehende Eros. Chaos gebar die schwarze Nacht und Erebos, das Dunkel, die sich paarten und die Luft, das Himmelslicht und den Tag auf die Welt brachten.

Gaia gebar dann den sternenbesetzten Himmel, den Uranos, damit er sie umarme und der seligen Götter Wohnstatt sei. Weiter gebar sie die Berge mit den dort lebenden, fröhlichen Nymphen, doch auch Pontos, das tiefe Meer. Aus der Paarung von Erde und Uranos entsprangen die Titanen und die Titaninnen Okeanos, Iapetos, Koios, Krios, Hyperion, Theia, Rhea, Mnemosyne, Themis, Phoibe und Thetys; die Kyklopen Steropes, Brontes und Arges, riesenhafte Wesen mit einem einzigen kreisrunden Stirnauge, deren Namen Donnerer, Blitzer und Strahler bedeuten, und schließlich die riesigen Hekatocheiren Kottos, Gyges und Briareos, die hundert Arme und fünfzig Köpfe besaßen.

Mutter Erde verband sich mit Pontos und gebar Thaumas, Euybia, Phorkys, Keto und den Meeresgreis Nereus. Thaumas verband sich mit Elektra, einer der Töch-

Detail der Schlacht zwischen den Göttern und den Giganten. Dargestellt sind links Nereus und Doris und rechts Okeanos und Tethys - teilweise zerstört -, wie sie ihre dämonischen Feinde besiegen. (Zeusaltar von Pergamon, Nordfries, um 180 v. Chr.).

Andere Kinder der Nacht

Neben der Luft und dem Tag gebar die Nacht noch zahlreiche andere Kinder, darunter den Schlaf und den Tod, die drei Schicksalsgöttinnen und Nemesis, welche für Gerechtigkeit sorgt und den Menschen ihre Strafen nach ihrem Wert und ihren Taten zuteilt, den Betrug und die Zwietracht. Kinder der Eris, der Zwietracht, waren der Schmerz, das Vergessen, der Hunger, die Schlacht, der Mord, die Gesetzlosigkeit und der Eid, welche die entsprechenden abstrakten Begriffe verkörpern.

ter des Titanen Okeanos, welche die geflügelte Iris zur Welt brachte, die windschnelle Götterbotin. Weitere Kinder dieser Verbindung waren die Harpyien Aello, Thyella und Okypete, räuberische Dämonen, welche die zerstörerische Kraft des Windes und des Sturms symbolisieren. Phorkys und Keto, welche die ungeheuerlichen Kräfte des Wassers verkörpern, brachten die schon grauhaarig geborenen Graien Enyo und Deino zur Welt, ebenso die drei Gorgonen Stheno, Euryale und Medusa, gräßliche Ungeheuer mit Schlangen im Haar. Aus der Vereinigung des Nereus mit Doris, einer anderen Tochter des Okeanos, gingen die fünfzig Nereiden, Meeresgöttinnen von sprichwörtlicher Schönheit, hervor.

Von der ursprünglichen Trias der Theogonie des Hesiod, Chaos, Gaia und Eros, hat allein letzterer keine Nachkommen. Er wirkt jedoch als Trieb, welcher alle anderen Mächte vereint und zur Schöpfung treibt.

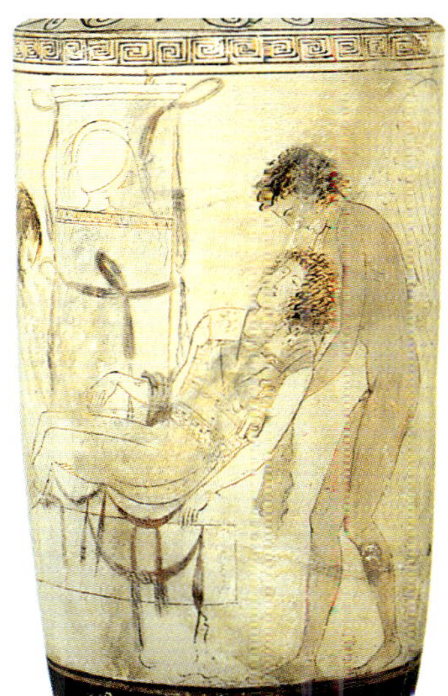

Schlaf und Tod, die Söhne der Nacht, tragen den Leichnam eines toten Jünglings vom Schlachtfeld. (Weißgrundige Lekythos, 440-435 v. Chr.).

Rhea zeigt Kronos einen in Windeln gewickelten Stein anstelle ihres Sohnes Zeus. (Rotfigurige Pelike, um 460 v. Chr.).

Kronos,
Herrscher der Welt

Die Kureten versuchen mit dem Lärm ihrer Schilde das Weinen des neugeborenen Zeus zu übertönen, den die Nymphe Amaltheia im Arm hält. (Architekturrelief aus der Zeit des Augustus).

Obwohl sie Blut von seinem Blute waren, haßte Uranos die Titanen und hielt sie deshalb in der Tiefe der Erde gefangen. Die Erdengöttin Gaia jedoch begann unter der Last in ihren Eingeweiden zu stöhnen und beschloß, sich an Uranos zu rächen. Zu diesem Zweck bat die Titanen selbst um Hilfe, doch von allen besaß allein der jüngste, Kronos, den Mut, die Pläne seiner Mutter auszuführen. Mit einer sehr scharfen Sichel bewaffnet, versteckte er sich an dem Ort, an dem sich Uranos mit Gaia zum Schlaf niederlegte. In der Nacht, als Uranos nichtsahnend seine Frau umarmte, sprang Kronos plötzlich aus seinem Versteck hervor, schnitt des Vaters Genitalien ab und warf sie weit fort. Das erste Paar der Welt war für immer getrennt.

Doch die Blutstropfen des entmannten Uranos fielen auf die Mutter Erde und sie gebar die Giganten, die melischen Nymphen und die schrecklichen Erinnyen, die alle verfolgen, die schwere Verbrechen, insbesondere Vater- oder Muttermord, begangen haben. Aus den Genitalien des Gottes, die ins Meer fielen, wurde die Liebesgöttin Aphrodite geboren.

Kaum war Kronos im Besitz der Macht, verbannte er die Kyklopen und die Hundertarmigen und befreite seine Brüder, die Titanen. Von diesen verband sich der Erstgeborene, Okeanos, mit Tethys, die ihm dreitausend Söhne, die Flüsse, gebar und noch

Die Titanin Rhea versucht, ihren Letzgeborenen vor ihrem Gemahl Kronos zu retten, der seine Kinder verschlingt, um zu verhindern, daß er von ihnen entmachtet wird. Deshalb hält sie ihm anstelle ihres Sohnes Zeus einen in Windeln gewickelten Stein hin. (Basis, um 160 n. Chr.).

einmal so viele Töchter, Nymphen der Quellen und Seen, die Okeaniden. Hyperion paarte sich mit Theia, welche die Sonne, den Mond und die Morgendämmerung zur Welt brachte. Krios nahm sich Eurybia, eine Tochter des Pontos, zur Frau, Koios wählte Phoibe und Iapetos die Okeanide Klymene. Kronos seinerseits vermählte sich mit Rhea. Da er jedoch von seinen Eltern, Uranos und Gaia, gehört hatte, daß auch er durch eines seiner Kinder entmachtet werde, traf er entsprechende Vorsorge. Er verschlang jedes Kind, das ihm Rhea gebar, damit es ihm nicht schaden könne. Untröstlich angesichts der Grausamkeit ihres Gemahls bat Rhea Uranos und Gaia um Rat. Diese hatten Mitleid mit ihr, und als ihr letztes Kind, Zeus, geboren wurde, nahm es Gaia zu sich und versteckte es auf Kreta in einer Grotte des Ida-Gebirges. Anstatt des Neugeborenen gab Rhea dem Kronos einen in Windeln gewickelten Stein, den dieser, ohne Verdacht zu schöpfen, verschlang. In der Zwischenzeit wurde Zeus auf Kreta von der Ziege Amaltheia großgezogen, die ihn mit ihrer Milch nährte. Kaum fühlte sich der junge Gott stark genug, begab er sich zu seinem Vater, besiegte ihn im Kampf und befreite seine Geschwister. Den Eingeweiden des Kronos entstiegen Demeter, Hestia, Hera, Pluton und Poseidon. Die drei Brüder teilten dann die Herrschaft der Welt unter sich auf.

Die Nymphe Amaltheia

Von einigen wird erzählt, daß Amaltheia eine Nymphe gewesen sei, und daß sie zusammen mit Ida und Adrasteia oder auch anderen Nymphen Zeus großgezogen habe. Das Horn, mit dem Amaltheia dem jungen Gott die Milch zu trinken gab, wurde das Füllhorn, das Wahrzeichen des Überflusses, der Güterfülle und des Reichtums.

Die Kureten

Die Kureten, die Krieger, aber auch Naturgeister waren, wachten über den kleinen Zeus. Jedes Mal, wenn er schrie, schlugen sie mit ihren Schwertern gegen ihre Schilde, damit Kronos ihn nicht höre. Viele halten die Kureten für die Korybanten, die Kinder des Apollon waren.

Der Kampf der Titanen

Die Titanin Themis, Tochter des Uranos und der Gaia. (Themisstatue aus dem attischen Rhamnus, spätes 4. oder frühes 3. Jh. v. Chr.).

Als die Kinder des Kronos ans Licht der Welt kamen, bewunderten sie ihren mutigen Bruder Zeus und vereinten sich sofort mit ihm im Kampf gegen den ungerechten Vater. An dem Krieg, der daraufhin ausbrach, nahmen alle Götter, alte und neue, teil. Auf der Seite des Kronos kämpften die Titanen, jedoch nicht alle, denn zum Lager des Zeus gehörte die grausige Okeanide Styx zusammen mit ihren Kindern: dem Staat, der Gewalt, dem Neid und dem Sieg. Einige sagen sogar, daß auf der Seite des Zeus nicht nur Okeanos selbst, der Erstgeborene der Titanen, sondern auch Prometheus, der Sohn des Iapetos kämpften. Sitz der Titanen war der Berg Othrys, während die neuen Götter den Olymp gewählt hatten.

Zehn Jahre währte dieser Krieg, und der Sieg schien sich keiner der beiden Seiten zuzuneigen. Da sagte Gaia dem Zeus voraus, daß er nur dann siegen werde, wenn er die Kyklopen und die Hundertarmigen befreie, die Kronos im Tartaros, der finsteren Unterwelt, in Ketten gefangen hielt. Zeus folgte ihrem Rat. Zum Dank schenkten die Kyklopen dem Zeus Donner und Blitz, dem Poseidon den berühmten Dreizack und dem Hades eine Tarnkappe aus Hundsfell. Alsbald warfen sich die alten und neuen Verbündeten mit neuer Kraft in den Kampf.

Ausschnitt aus einer Schlacht zwischen den olympischen Göttern und den Titanen: Zeus schwingt seinen Blitz gegen einen der Titanen, vielleicht Iapetos. (Giebel des Artemistempels auf Korfu, um 590 v. Chr.).

Altas

Atlas, ein Sohn des Titanen Iapetos und der Okeanide Klymene, rief den Zorn des Zeus hervor, entweder weil er während des Titanenkampfes die Titanen unterstützt hatte oder weil er und seine Brüder Menoitios, Prometheus und Epimetheus den neuen Anführer der Götter nicht achteten. So wurde er dazu verurteilt, bis in alle Ewigkeiten den Himmel oder den Himmel und die Erde zusammen auf seinen Schultern zu tragen. Unter seinen Kindern waren auch die Pleiaden, sieben blendend schöne Mädchen, die von Zeus als Siebengestirn an den Himmel gesetzt wurden, weil sie den Anblick ihres unter seiner Strafe leidenden Vaters nicht ertragen konnten. Ein anderer Mythos besagt, daß Altas der erstgeborene Sohn des Poseidon war. Sein Vater machte ihn zum König einer sagenhaften, hinter dem Ozean liegenden Insel, die seinen Namen erhielt: Altantis.

Und es ereignete sich viel Schreckliches. Zeus blitzte und donnert, die Erde stand in Flammen, das Wasser des Meeres brodelte. Schließlich waren es die drei Hundertarmigen, die den Krieg entschieden. Sie hoben in ihren dreihundert Händen dreihundert Felsblöcke empor und schleuderten sie auf die Titanen, die unter ihnen begraben wurden. Die Besiegten wurden gefesselt und in den Tartaros geworfen. Neun Tage und neun Nächte, so sagte man, würde ein bronzener Amboß brauchen, um den Grund des Tartaros zu erreichen. Und so lange fielen auch die Titanen, um die Stätte ihrer Gefangenschaft zu erreichen. Dort stehen die von Zeus gesandten Hundertarmigen, die als treue und ewige Wächter darüber wachen, daß die Titanen nie wieder das Sonnenlicht erblicken.

Der Titane Atlas trägt die Erdkugel auf seinen Schultern. („Atlas Farnese“, 2. Jh. v. Chr.).

Die Schicksalsgöttin, die Zeus in der Gigantomachie stets half, kämpft mit einem riesenhaften Giganten. (Zeusaltar von Pergamon, Nordfries, um 180 v. Chr.).

Der Kampf der Giganten

Die Giganten wurden aus dem Blut des verstümmelten Uranos geboren. Jedoch einer anderen Meinung zufolge brachte sie Gaia zur Welt, und zwar entweder aus Zorn über die harte Bestrafung der Titanen oder aber weil sie von den Göttern nicht so geehrt wurde, wie sie es wünschte. Diese riesigen Wesen besaßen Menschengestalt, einen Drachenschwanz und Schlangen in Kopf- und Barthaar. Ihre Kraft war unvorstellbar, doch gehörten sie nicht zur Welt der Unsterblichen.

Die Giganten unternahmen, möglicherweise von ihrer Mutter dazu aufgehetzt, einen Überraschungsangriff gegen die Götter des Olymps. Ein Regen von Felsbrocken und brennenden Baumstämmen prasselte plötzlich auf den Olymp nieder. Erde und Himmel waren in Aufruhr, Inseln versanken, Flüsse änderten ihren Lauf, die ganze Welt war in eine Hölle verwandelt.

Da schlugen die Götter unter ihrem Anführer Zeus zurück. Neben ihm, in der ersten Reihe, kämpften seine Geschwister, aber auch seine Kinder, darunter Apollon, Hephaistos und Athena. Obwohl die olympischen Götter tapfer kämpften, gaben die Giganten nicht nach und die Schlacht schien kein Ende nehmen zu wollen.

In diesem entscheidenden Augenblick erfuhren die Götter, daß sie nur dann siegen würden, wenn an ihrer Seite ein Sterblicher kämpfe. Sofort sandte Zeus Athena, daß sie ihren geliebten Sohn Herakles bringe. Gaia ihrerseits suchte nach einem Wunderkraut, das die Giganten retten könne. Doch Zeus

Zeus in der Mitte, Athena rechts und Artemis links kämpfen gegen die Giganten, die Feinde des Zeus. (Rotfigurige Schale, 420-400 v. Chr.).

Teil einer großen Darstellung der Gigantomachie. Athena, links, hat den Giganten Alkyoneus bei den Haaren gepackt. Die Erdenmutter Gaia erscheint aus einem Erdspalt und fleht vergeblich um die Rettung ihres Sohnes; eine Siegesgöttin fliegt auf Athena zu, um sie zu bekränzen. (Zeusaltar von Pergamon, Ostfries, um 180 v. Chr.).

In dieser Komposition ist die Gigantomachie als ein Aufeinandertreffen kosmischer Mächte dargestellt. Zwei Giganten halten riesige Felsen, die Berge des Pelion und den Ossa. Von einem Erdspalt aus beobachtet die beunruhigte Gaia ihre Kinder. Weiter oben sieht man Helios, der auf seinem Viergespann zum Himmel emporsteigt (Rotfiguriger Krater, 400-390 v. Chr.).

Schlacht zwischen Göttern und Giganten: Zeus erhebt drohend seinen Blitz, während Hera die Gegner mit einem Speer angreift. Athena und die Siegesgöttin Nike stehen Zeus in seinem Kampf bei. (Detail von einem rotfigurigen Krater, um 440 v. Chr.).

verbot der Sonne, dem Mond und der Morgendämmerung, sich am Himmel zu zeigen, bevor er nicht im Schutze der Dunkelheit dieses Kraut gefunden und vernichtet habe. Kaum war ihm dies gelungen, warfen sich die Götter erneut in die Schlacht.
Als erstes töte Herakles den Alkyoneus, den Anführer der Giganten. Athena verfolgte Enkelados durch das ganze Mittelmeer und schlug ihn mit einem Felsen platt, so entstand die Insel Sizilien. Poseidon schnitt mit seinem Dreizack einen Teil der Insel Kos ab und schleuderte diesen auf Polybotes. So entstand die Insel Nisyros, unter welcher der Gigant begraben liegt. Den schrecklichen Ephialtes trafen Apollon und Herakles mit ihren tödlichen Pfeilen. Jedoch die meisten Feinde töteten der Blitze schleudernde Zeus und der treffsichere Herakles. Sehr bald waren von den ungefähr hundert Giganten nicht einer mehr übrig.

Der Kampf der Giganten und Naturphänomene

Die Sage der Gigantomachie bildet einen Nachhall der Erinnerungen an eindrucksvolle Naturphänomene wie Stürme und gewaltige Unwetter, Dürren und Brände, Erdbeben und Überschwemmungen. Die Ausbrüche des Vesuvs, des Ätna und des Vulkans auf Nisyros wurden dem Zorn der in den Tiefen der Erde begrabenen Giganten zugeschrieben. Auch die versteinerten Reste riesenhafter Urtiere, welche die Alten fanden, wurden von ihnen als Knochen von Giganten angesehen.

Zeus schleudert seinen Blitz gegen den überstarken Typhòn, jenes schreckliche Ungeheuer, das Gaia gebar, um den Tod ihrer Kinder, der Giganten, zu rächen. (Bronzehydria, 540-530 v. Chr.).

Typhon

Die Tötung der Giganten erzürnte die Mutter Erde und sie sann auf Rache. Sie paarte sich mit Tartaros und gebar in Kilikien das schreckliche Ungeheuer Typhon, das stärker war als alle anderen Kinder der Gaia. Es war halb Mensch, halb Drache. Auf seinen Schultern wuchsen ihm hundert Drachenköpfe, an seinen Füßen unzählige Schlangen und sein ganzer Körper war mit Federn bedeckt. Sein Kopf reichte bis hinauf zu den Sternen, und wenn es seine Arme ausstreckte, so reichten sie von dort, wo die Sonne aufgeht, bis dorthin, wo die Sonne untergeht. Seine Stimme ähnelte mal dem Brüllen eines Stieres, eines Löwen oder auch dem wilden Bellen eines Hundes und mal pfiff es so laut, daß es von den Bergen widerhallte.

Das Ungeheuer Typhon. (Innenbild einer schwarzfigurigen lakonischen Schale, das dem Typhonmaler zugeschrieben wird, 560-555 v. Chr.).

Als Typhon gegen den Olymp stürmte, verwandelten sich die Götter in verschiedene Tiere und flüchteten nach Ägypten. Von allen Unsterblichen blieben allein Zeus und seine furchtlose Tochter Athena zurück, entschlossen, sich dieser neuen Gefahr entgegenzustellen. Zeus begann schon von weitem, Typhon mit seinen Blitzen zu schlagen, und als jener näher kam, schlug er ihn mit der Sichel, welche Gaia seinem Vater Kronos gegeben hatte, damit dieser seinen Vater Uranos entmanne. Typhon wollte fliehen, doch Zeus rang mutig mit ihm.

Da schlang der Drache seine Schlangenschwänze um den Leib des Zeus, entwand ihm die Sichel und durchschnitt die Sehnen seiner Arme und Beine. Dann schleppte er den bewußtlosen Gott nach Kilikien, wo er ihn in die Korykische Höhle warf. Die Sehnen verbarg er in der Höhle unter einem Bärenfell und ließ Delphyne, einen weiblichen Drachen, darüber wachen.

Doch aus dieser Lage wurde Zeus von seinem gewitzten Sohn Hermes und von dem in eine Ziege verwandelten Pan gerettet. Mit einer List gelang es ihnen, die Sehnen des Göttervaters an sich zu nehmen und sie wieder in die Glieder des Zeus zu setzen. Kaum war Zeus zu sich gekommen, bestieg er einen von geflügelten Pferden gezogenen Wagen und griff Typhon vom Himmel aus an. Nach langer Verfolgungsjagd gelangte der Drachen zu einer Bergkette in Thrakien. Es folgte eine gewaltige Schlacht, und der Strom von Blut (*haima*), der sich aus den Wunden des Typhon ergoß, gab der Bergkette den Namen Haimos. Typhon floh nach Sizilien. Hier beendete Zeus den Kampf, indem er den Berg Ätna auf ihn stürzte. Es wird gesagt, daß das Feuer, das der Ätna speit, von den vielen Blitzen kommt, die Zeus in jenem Kampf auf Typhon schleuderte.

Die Kinder des Typhon

Aus der Verbindung des Typhon mit Echidne, die zur Hälfte Frau und zur Hälfte Schlange war, entsprang eine schreckliche Brut: der Hund Orthos, Kerberos, der Höllenhund, die lernäische Hydra, eine vielköpfige Wasserschlange, Chimära, eine feuerspeiende Ziege, Skylla, der Drache, der die Äpfel der Hesperiden bewachte, der Drache, der das goldene Vlies in Kolchis bewachte, die Sphinx und der Geier, der an der Leber des Prometheus fraß. Auch die peitschenden Winde waren Kinder des Typhon.

Mythen und geschichtliche Ereignisse

Die Flucht der Götter nach Ägypten, die in der Sage des Typhon erwähnt ist, verweist möglicherweise auf fluchtartige Wanderbewegungen von auf dem griechischen Festland lebenden Völkern, die durch ungewöhnliche vulkanische Tätigkeit ausgelöst wurden, wie der katastrophale Ausbruch des Vulkans auf Thera, der sich um 1450 v. Chr. ereignete.

Die Zeitalter der Menschheit

Nach Hesiod gab es fünf menschliche Rassen, die von den Göttern geschaffen wurden, eine jede nach der Vernichtung der vorhergehenden. Die ersten Menschen, die von den Unsterblichen geschaffen wurden, waren die Goldene Rasse, die unter der Herrschaft des Kronos lebte. Sie lebten ohne Sorge und Leid glücklich dahin und nährten sich von den Früchten, die ihnen die Erde schenkte. Als diese Rasse von der Erde bedeckt wurde, verwandelte sie sich in gute Schutzgeister, die über die Menschen wachen. Als nächstes kam die Silberne Rasse, die jedoch nicht so vollkommen wie die erste war. Die Menschen waren unwissend und ehrten die Götter nicht. Und so vernichtete Zeus, der damals herrschte, die Rasse und schuf die dritte, die Bronzene Rasse. Mit dieser kamen die Kriege und die Gewalt in das Leben der Menschen. Sie trugen bronzene Waffen, und aus Bronze waren auch ihre Häuser. Die vierte Menschenrasse, die nun folgte, war die Rasse der Heroen. Es waren jene Halbgötter, die vor den Mauern Thebens kämpften, jene, die bis ins ferne Troja fuhren, um die Schöne Helena zu befreien. Diese Helden leben auf ewig in den Elysischen Gefilden, einem gesegneten Ort, an dem Tag und Nacht die Sonne scheint und die Erde drei Mal im Jahr ihre Früch-

Epimetheus befreit mit seinem Hammer Pandora, die erste Frau der Welt, die Deukalion und Pyrrha gebar. Auf Befehl des weiter links stehenden Zeus nähert sich Hermes der Pandora, um ihr eine Blume zu reichen. (Rotfiguriger Krater, um 450 v. Chr.).

Neben den eisenschmiedenden Kyklopen sind Deukalion und Pyrrha dargestellt. Sie waren die Urahnen des neuen Menschengeschlechts, das nach der großen Überschwemmung entstand, die Zeus gesandt hatte, um die bronzene Rasse für ihre Vergehen zu strafen. (Sarkophag, um 270 n. Chr.).

te spendet. Die fünfte und letzte Rasse ist die Eisenrasse, die von Sorgen und Bitterkeit geplagt ist, jene Rasse, von welcher der Dichter wünschte, sie nie gekannt zu haben, sondern vorher gestorben oder nach ihr geboren zu sein.
Ein anderer Mythos besagt, daß die Menschen einst so böswillig und eigensüchtig geworden waren, daß Zeus beschloß, sie durch eine ungeheure Überschwemmung zu vernichten. Prometheus jedoch hatte seinen Sohn Deukalion gewarnt, der daraufhin eine große Arche baute, in der er und seine Frau Pyrrha, die Tochter des Epimetheus und der Pandora, die Überschwemmung überlebten. Als der Regen aufhörte und das Wasser nicht weiter stieg, opferte das Paar dem Zeus, um ihm für ihre Rettung zu danken. Dies sah der Gott mit Freude, und stellte Deukalion und Pyrrha einen Wunsch frei, woraufhin die beiden von ihm die Erneuerung des Menschengeschlechtes erbaten. Zeus wies sie an, ihre Häupter zu bedecken und Steine hinter sich zu werfen. Dort, wo Deukalion seine Steine hinwarf, erhoben sich Männer aus der Erde, und dort, wo Pyrrha ihre Steine hinwarf, erhoben sich Frauen. So entstand ein ganzes neues Volk.
Deukalion und Pyrrha hatten auch eigene Kinder, von denen viele namhafte Lokalheroen abstammten. Von ihrem Erstgeborenen, Hellen, wird gesagt, daß er in Wirklichkeit nicht ein Sohn des Deukalion, sondern ein Sohn des Zeus gewesen sei.

Die doppelte Rasse

Nach einem von Platon überlieferten Mythos bestand die erste Menschenrasse aus drei Geschlechtern, einem männlichen, einem weiblichen und einem dritten, das zugleich männlich und weiblich war. Die Menschen aller drei Geschlechter besaßen einen runden Körper und alle Körperteile doppelt, also zwei Köpfe, vier Beine, vier Arme usw. Diese Menschen wurden jedoch so hochmütig, daß Zeus beschloß, jeden zu halbieren, um ihre Kraft zu schwächen. Seither suchen die Menschen, die diese Unvollkommenheit spüren, sich in der Liebe mit ihrer anderen Hälfte zu vereinen.

Prometheus, der Wohltäter der Menschen

Teil einer Komposition, welche die Schöpfung des Menschengeschlechts darstellt. Dem neugeschaffenen Menschen, den sein Schöpfer Prometheus hält, bläst Athena den Lebensgeist ein. Auf dem Pfeiler steht sehr betrübt ein anderer Mensch. (Sarkophag, um 270 n. Chr.).

Ein Mythos besagt, daß alle sterblichen Wesen tief in der Erde von den Göttern aus Erdreich und Feuer geschaffen wurden. Kurz bevor diese das Licht der Welt sehen sollten, riefen die Götter Prometheus und Epimetheus, die Söhne des Titanen Iapetos, herbei, daß sie die Lebewesen schmückten und mit Gaben ausstatteten. Epimetheus wollte allein die Verteilung der Gaben vornehmen, womit sein Bruder einverstanden war. So begann Epimetheus mit den Tieren. Den einen verlieh er Kraft, anderen Schnelligkeit. Die einen machte er groß, während er den kleineren unterirdische Behausungen schenkte oder die Fähigkeit zu fliegen. Und aus Angst, daß eines davon vernichtet werden könne, kleidete er sie in dichtes Fell oder gab ihnen geeignete Stacheln, Zähne oder andere Waffen. Da aber Epimetheus nicht sehr weise war, handelte er unüberlegt und hatte zum Schluß keine Gabe mehr, die er den Menschen hätte geben können. Als er gerade überlegte, was er tun könne, kam Prometheus herbei, um die Verteilung der Gaben zu überprüfen. Und er fand alle Tiere gut gewappnet und geschmückt, den Menschen hingegen nackt und schutzlos. Prometheus überlegte eine Weile und faßte einen Entschluß. Er stahl von den Göttern das Feuer und alle damit zusammenhängenden Künste, damit der Mensch mit diesen Waffen überleben könne. Nach

Die beiden Titanen, Atlas im Westen und Prometheus im Osten, wurden von Zeus für ihre Haltung ihm gegenüber gestraft. Atlas, links, stöhnt unter der Last des Himmels, den auf ewig zu tragen er verdammt wurde, und Prometheus, rechts, wird von den Wunden gequält, die ihm der Geier in seine Leber frißt. (Lakonische Schale, um 550 v. Chr.).

In Attika wurde Prometheus mit Fackelzügen geehrt. Auf dem Bild tanzen fackeltragende Satyrn, geblendet von dem Geschenk des Prometheus, der den Narthexstengel hält, in welchem er das von den Göttern gestohlene Feuer verborgen hatte und aus dem es nun hell erstrahlt. (Rotfiguriger Krater, 420-410 v. Chr.).

Prometheus steht vor der thronenden Hera, die ihn auf dem Olymp willkommen heißt. Ihre Namen sind in der Bildinschrift zu sehen. (Innenbild einer rotfigurigen Schale, 480-470 v. Chr.).

einigen soll es Prometheus gewesen sein, welcher den Menschen alle Künste und Wissenschaften lehrte. Andere wiederum sagen, daß Prometheus, allein oder mit Athenas Hilfe, die Menschen erschuf.

Ein anderer Mythos erzählt, daß, als sich einst die Götter und die Menschen versammelten, um die gegenseitigen Rechte und Pflichten bestimmen, Prometheus den Zeus überlistete. Er schlachtete einen Stier und schnitt die Haut des Stieres in zwei Teile und nähte Säcke daraus. In den einen wickelte er alles Fleisch und in den anderen alles Fett und die Knochen. Er bot Zeus die Wahl an. Dieser nahm den Sack mit den Knochen, und daraufhin schenkte Prometheus den Menschen den anderen Sack. So entstand der Brauch, daß die Menschen bei Opfern an die Götter die Knochen und das Fett verbrennen, während sie das Fleisch selbst verzehren.

Prometheus wurde für seine Freundschaft zu den Menschen und seiner Ehrfurchtslosigkeit gegenüber Zeus schwer bestraft. Der Göttervater kettete ihn nackt an eine Säule in den kaukasischen Bergen. Jeden Tag kam ein riesiger Geier, der von seiner Leber fraß. Da jedoch die Leber über Nacht wieder nachwuchs, kam der Geier jeden Tag zurück und fraß erneut gierig an seiner Leber. Dreißig Jahre dauerte diese Folter, bis Zeus es schließlich duldete, daß Herakles Prometheus von seinen Ketten befreite.

Pandora

Als Zeus entdeckte, daß Prometheus das Feuer gestohlen hatte, packte ihn ein fürchterlicher Zorn. Und um die Menschen zu bestrafen, ließ er Hephaistos aus Wasser und Erde eine Frau schaffen. Dieser macht jede der Göttinnen ein Geschenk, die eine schenkte ihr Schönheit, die andere Geschick, und daher wurde sie Pandora („die mit allen Gaben beschenkte") genannt. Hermes jedoch hatte auf Betreiben des Zeus Pandora zugleich dumm und hinterlistig gemacht und führte sie dann, als angebliches Geschenk der Götter, zu Epimetheus. Eines Tages öffnete Pandora neugierig eines der Kästchen, die ihr die Götter anvertraut hatten, und aus ihrem Gefängnis entflohen alle Übel, die seither die Menschheit plagen. Das letzte aller Übel, das auf dem Boden des Kästchens saß, war die trügerische Hoffnung.

DIE GÖTTER

ZEUS, der Vater der Götter und der Menschen

Da die alten Griechen alle Naturerscheinungen und jeden abstrakten Begriff personifizierten, ist die griechische Mythologie besonders reich an Göttern und Dämonen. Von all diesen Gottheiten und unsterblichen Wesen wurden vom Volk vor allem die zwölf Götter des Olymps verehrt, für die es neben dem Kult für jeden einzelnen Gott auch einen gemeinsamen Kult gab.

HERA, die Herrscherin auf dem Olymp

Welche Götter nun zu diesem Dodekatheon, der Zwölfgötterschaft, gehörten, variierte von Ort zu Ort. Das bekannteste Dodekatheon bildeten die Götter **Zeus, Hera, Athena, Poseidon, Demeter, Apollon, Artemis, Hermes, Ares, Aphrodite, Hephaistos** und **Hestia**. In einigen Gebieten nahm die Stelle der Hestia, der Beschützerin des Heimes und der Familie, der Weingott **Dionysos** ein.

APHRODITE, die Göttin der Schönheit und der Liebe

Als die drei Söhne des Kronos die Herrschaft über die Welt unter sich auslosten, gewann Zeus den Himmel, Poseidon das Meer und Pluton die Unterwelt.

Wohnstätte der zwölf Götter war der wolkenlose, von ewigem Licht umstrahlte Berg Olymp. Dort hatten sie ihre Paläste, und dort feierten sie auch ihre Fest, auf denen sie tanzten, Ambrosia aßen und Nektar tranken.

ARTEMIS, die Göttin der Jagd

Alle Unsterblichen waren von herrlicher Gestalt und lebten „zum Bilde" der Sterblichen.

Sie verliebten sich, waren eifersüchtig, stritten sich und verletzten einander, lachten aus vollem Herzen bei dem geringsten Anlaß. Doch im Gegensatz zu den Sterblichen waren sich nicht nur von der Angst des Todes befreit, sondern ihnen war auch keinerlei materielle oder moralische Begrenzung auferlegt. Sie freuten sich des Lebens und übertraten alle für

HERMES, der Götterbote

POSEIDON, der Herrscher der Meere

die Menschen geltenden Gesetze, ohne Furcht, dafür eines Tages die Strafe bezahlen zu müssen. Das Einzige, was sie band, war der Schur auf das Wasser der Styx, des heiligen Flusses der Unterwelt, das von der windschnellen Götterbotin Iris in einer goldenen Schale auf den Olymp gebracht wurde. Wenn ein Gott diesen Schwur brach, lag er für ein ganzes Jahr leblos darnieder und konnte weder Nektar, noch Ambrosia anrühren. Die nächsten neun Jahre lebte er fern von den anderen Göttern in der Verbannung, und erst danach durfte er wieder in den Palästen des Olymps wohnen.

Trotz des sorglosen Charakters ihrer Götter achteten die Menschen sie sehr und fühlten, daß ihnen die Götter in allen Momenten des Lebens nah waren. Sie glaubten auch an die Gerechtigkeit der Götter. In sehr ernsten Angelegenheiten, wie beispielsweise bei Streitigkeiten zwischen den Unsterblichen oder bei sehr schwerwiegenden Verbrechen, konnten allein die zwölf Götter ein Urteil sprechen.

Die großen Götter des Olymps war von einer ganzen Schar niederer Götter umgeben. Götter der Erde, des Meeres, des Himmel und der Unterwelt, die auch von den Menschen verehrt wurden und in deren Leben, mal zum Guten, mal zu Schlechten, eingriffen.

APOLLON, der Gott des Lichtes

DEMETER, die Beschützerin des Ackerbaus

HEPHAISTOS, der Gott des Metallhandwerks

HESTIA, die Beschützerin des Heimes und der Familie

ARES, der Gott des Krieges

ATHENA, die Göttin der Weisheit

Zeus, der sein Zepter und den Blitz hält, ist hier ehrfurchtgebietend und unnahbar dargestellt. (Rotfigurige panathenäische Amphora, 480-470 v. Chr.).

Zeus, Vater der Götter und der Menschen

Der Erste unter den Göttern war der allgewaltige und unbezwingbare Zeus. Von seinem Palast auf dem Olymp aus herrschte er über die Welt und zwang Göttern und Menschen seinen Willen auf. Als Gott des Himmels, wie viele seiner Beinamen belegen, war Zeus für alle Wetterveränderungen verantwortlich. Er war es, der Regen, Hagel und Blitz auf die Erde sandte, Erscheinungen, die mal Gutes und mal Schlechtes bedeuteten. Zu seinen Attributen gehörte neben dem Blitz auch der Adler, der einzige Vogel, der bis in den Himmel hinauffliegen kann und der, wenn er ein Opfer sieht, schnell wie der Blitz auf dieses hinabstürzt.

Zeus, der Herr des Himmels, erhebt seinen Blitz, um ihn von den Höhen des Olymps auf die Erde hinabzuschleudern. (Bronzestatuette, Blitzschleudernder Zeus aus Dodona, 470-460 v. Chr.).

Zeus wurde von den Menschen in vielen Fällen angerufen. Als Zeus Erkeios (= zum Haus gehörig) beschützte er das Haus und dessen Vorhof. Auf dem Altar des Zeus, der sich im Hof befand, opferte das Oberhaupt der Familie. Aber auch Fremde, Arme oder Flüchtlinge standen unter dem Schutz des Zeus, der daher auch die Beinamen Xenios, Kesios und Phyxios hatte. Zeus wurde auch für seinen Gerechtigkeitssinn gerühmt. An ihn wandten sich die Götter, wenn sie Streitigkeiten unter sich hatten, und die Menschen flehten ihn an, wenn sie ihr Recht suchten. Und Zeus legte mit seinem weisen Urteil alle Streitigkeiten bei, ohne eine der beiden Seiten zu benachteiligen.

Zeus, der Hausherr des Olymps, ist hier zusammen mit seiner Gemahlin Hera auf einem Thron dargestellt, er hält sein Adlerzepter und den Blitz, die Symbole seiner Macht. Iris, die geflügelte Götterbotin, steht vor dem göttlichen Paar mit der Oinochoe und der Phiale für die Trankopfer. (Rotfigurige Amphora, um 500 v. Chr.).

Bronzestatuette des Blitzschleudernden Zeus mit dem Blitz in der einen und dem Donner in der anderen Hand. (Bronzestatuette des Blitzschleudernden Zeus aus Dodona, 530-520 v. Chr.).

Herkunft des Zeus

Zeus scheint ein uralter Himmelsgott gewesen zu sein, den die Griechen mit sich brachten, als sie um 2000 v. Chr. auf ihrem Wanderungszug die Balkanhalbinsel erreichten. Der Name geht auf die Wurzel -div zurück, die „Himmel" bedeutet und bei vielen indogermanischen Völkern, darunter auch bei den Indern und den Ägyptern, anzutreffen ist. Das bedeutet, daß dieser Gott zumindest seit dem 3. Jahrtausend v. Chr. verehrt wurde, als sich diese Völker noch nicht voneinander abgespalten hatten und eine gemeinsame Sprache sprachen. Bezeichnend ist, daß der Ausdruck Zeus Pater dem römischen Diespiter (Iuppiter) und dem Dyaous Pitar der alten Inder entspricht.

Das Familienleben des Zeus war äußerst turbulent. Einige Überlieferungen sprechen davon, daß seine erste Frau Chthonië war, der er den Namen Gaia gab und derzuliebe er die Erde schuf. Andere sagen, daß Zeus sich mit Metis, einer Tochter des Okeanos, verband, welche alle Weisheit der Götter und der Menschen vereinte. Als er jedoch erfuhr, daß Metis eine Tochter und danach einen Sohn gebären werde, der ihn entmachten werde, verschlang er sie. Doch Metis war bereits mit Athena schwanger, die neun Monate später in voller Bewaffnung aus dem Kopf ihres Vaters sprang. Eine andere Überlieferung führt als erste Frau des Zeus die Okeanide Dione an, die ihm eine Tochter, die Göttin Aphrodite, gebar. Als rechtmäßige und ständige Gemahlin des Zeus wurde aber seine Schwester Hera angesehen. Ihre Kinder waren Ares, Hephaistos, Hebe, die Göttin der glücklichen Jugend, und Eileithyia, welche die gebärenden Frauen beschützte. Das Leben des göttlichen Paares war dem Leben einer sterblichen patriarchalischen Familie sehr ähnlich. An Streitigkeiten fehlte es nicht, doch schliefen Zeus und Hera jeden Abend wieder versöhnt in ihrem gemeinsamen Bett.

Auf dieser Münze aus dem epirotischen Dodona ist Zeus mit seiner ersten Gemahlin, Dodone, dargestellt. (Didrachme des Epirotischen Bundes, 230-220 v. Chr.).

Liebschaften des Zeus

Der Raub der Europa durch Zeus, der die Gestalt eines Stiers angenommen hat. (Rotfiguriger paestanischer Kelchkrater, des Vasenmalers Asteas, 340-335 v. Chr.).

Die Liebesaffären des Zeus sind wahrlich unzählbar. Der Vater der Götter und der Menschen liebte viele Göttinnen, die ihm bedeutende Kinder gebaren, darunter Artemis und Apollon, deren Mutter Leto, und Hermes, dessen Mutter Maia war.

Mit Mnemosyne, der Tochter von Uranos und Gaia, verbrachte Zeus neun aufeinanderfolgende Nächte, und nach neun Monaten brachte Mnemosyne die neun Musen, die Schutzgöttinnen der Künste und der Wissenschaften, zur Welt. Bei den Festen, die auf dem Olymp stattfanden, sangen die göttlichen Musen zur Lyra des Apollon, während das Auge des stolzen Vaters auf ihnen ruhte. Den Tanz führten die drei Chariten Euphrosyne, Thalia und Aglaia an, auch diese Töchter des Zeus, die ihm die Okeanide Eurynome geboren hatte. Weinschenk der Götter war der junge Ganymedes, ein Prinz aus Troja, in den sich Zeus verliebt und den er auf den Olymp geholt hatte.

Aus der Liebe des Zeus zur Titanin Themis, der Schützerin des Rechts, entsprangen die drei Schicksalsgöttinnen: Klotho, die den Lebensfaden spinnt, Lachesis, die das Lebenslos zuteilt, und Atropos, die den Faden durchschneidet. Schwestern der Schicksalsgöttinnen waren die drei Horen Eunomia, Dike und Eirene, gutwillige Gottheiten, die die Himmelspforten öffneten und schlossen. Sie sorgten dafür, daß die Zeit verging und brachten so den Menschen die Früchte ihrer Arbeit.

Zeus versucht sich einem jungen Mädchen, vielleicht der Nymphe Aigina, zu nähern, während diese verängstigt davonläuft. (Rotfigurige Hydria, um 490 v. Chr.).

Die Schicksalsgöttinnen

Die Schicksalsgöttinnen, die Moiren, die einer Ansicht zufolge Töchter der Nacht waren, verkörperten die Schicksalsordnung, nach der das Leben der Menschen verläuft. Inwiefern die Götter eingreifen und die Schicksalsbeschlüsse ändern konnten, war ein Problem, das in der Antike viele Dichter und Philosophen beschäftigte. Hesiod erwähnt, daß Zeus den Schicksalsgöttinnen viel Macht überlassen habe. Als im Trojanischen Krieg sein geliebter Sohn Sarpedon mit Patroklos kämpft, denkt Zeus daran, ihn zu retten, obwohl die Schicksalsgöttinnen seinen Tod beschlossen hatten. Schließlich aber sieht er die Unmöglichkeit seines Vorhabens ein, und als sein Sohn im Kampf fällt, weint er blutige Tränen.

Aber auch unzählige Sterbliche weckten die Gelüste des unsterblichen Zeus. Darunter Alkmene, die ihm Herakles schenkte; Danaë gebar Perseus und Aigina war die Mutter des Aiakos. Diese häufigen Liebesabenteuer des Zeus mit Sterblichen haben eine sehr logische Erklärung. Die Herrscher der archaischen Zeit behaupteten nämlich alle, von Zeus abzustammen. Deshalb erfanden sie zu Beginn ihres Stammbaumes eine sterbliche Herrscherstochter, die mit ihrer Schönheit die Wollust des Gottes weckte und die Seine wurde. Dies ist der Grund, daß dem Zeus so viele sterbliche Geliebte angedichtet wurden.

Um sich den Jungfrauen zu nähern, wandte Zeus die verschiedensten Listen an. Um Europa, die wunderschönen Tochter des phönizischen Königs Agenor, zu erobern, verwandelte er sich beispielsweise in einen Stier und erschien auf der Wiese, auf der das Mädchen mit seinen Freundinnen spielte. Kaum daß sie ihn sah, war sie von seiner Schönheit so geblendet, daß sie ihn streichelte. Und als sie sich dann sogar auf seinen Rücken schwang, sprang der Stier ins Meer und schwamm bis nach Kreta, wo er sich mit ihr verband. Europa, nach der ein ganzer Kontinent benannt wurde, gebar ihm drei Söhne: Minos, Sarpedon und Rhadamanthys.

Hier versucht der Gott, seinen Liebling Ganymedes, den Sohn des Königs Tros, zu umarmen, doch jener widerstrebt furchtsam. (Innenbild einer rotfigurigen Schale, um 460 v. Chr.).

Auch Hera kämpfte zusammen mit den anderen Göttern gegen die Giganten. Hier stürmt sie, rechts, mit ihrem Speer gegen einen Giganten. (Rotfigurige Schale, 420-400 v. Chr.).

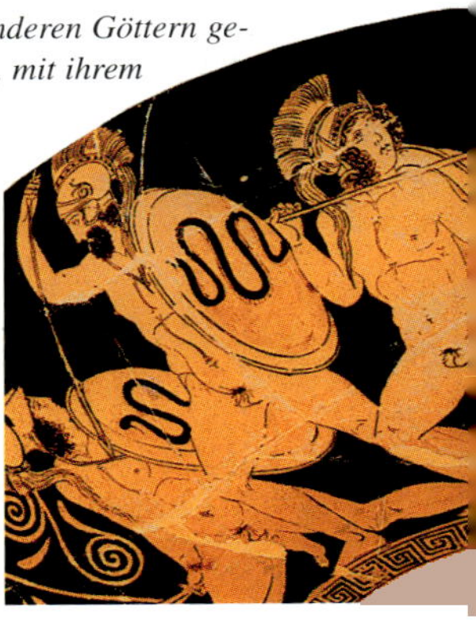

Hera, die Herrscherin des Olymps

Hera war eine der am meisten verehrten Göttinnen in Griechenland. Die schöne Herrscherin des Olymps ist hier in einem prächtigen Gewand, mit Königsdiadem und Zepter dargestellt. (Innenbild einer weißgrundigen Schale, 470-460 v. Chr.).

An der Seite des Zeus stand Hera, eine der geehrtesten Göttinnen im griechischen Raum. Die Herrscherin des Olymps war die Schutzgöttin der Ehe und der Frauen, ob diese nun unverheiratet, verheiratet oder verwitwet waren. Es ist überliefert, daß das göttliche Paar auch schon vor der Ehe Beziehungen hatte. Zeus, der schon länger versucht hatte, mit Hera allein zu sein, sah seine Gelegenheit gekommen, als Hera einst allein auf einen Berg stieg. Er ließ es regnen, verwandelte sich in einen Kuckucksvogel und setzte sich vor Kälte zitternd auf ihre Knie. Hera hatte Mitleid mit dem Vogel und deckte ihn mit ihrem Gewand zu. Sofort nahm der Gott wieder seine wahre Gestalt an, um sich mit ihr zu vereinen. Anfangs wehrte sich Hera, weil sie den Zorn ihrer Mutter Rhea fürchtete. Als ihr Zeus aber versprach, daß er sie zu seiner rechtmäßigen Frau machen werde, gab sie ihren Widerstand auf. Seither ist der Kuckuck das kultische Symbol der Göttin.

Hera erscheint aufreizend hübsch vor Zeus, der sie zu sich winkt. (Wandmalerei aus dem „Haus des Tragikers“ in Pompeji, um 75 n. Chr.).

Hera beschützte alle, die sie ehrten, doch war sie hart und rachsüchtig allen jenen gegenüber, die ihre Macht mißachteten oder den Schwachen und den Schutzlosen Unrecht zufügten. Mit besonderer Hartnäckigkeit verfolgte sie die Geliebten und die unehelichen Kinder ihres Gemahls. Leto, die mit Apollon und Artemis schwanger war, ließ sie nicht gebären. Und die Nymphe Kallisto, die in Arkadien lebte, verwandelte sie in einen Bären und ließ diesen durch Artemis, nach anderen durch ihren eigenen Sohn Arkas, töten. Was Herakles betraf, so strafte sie ihn sein ganzes Leben lang dafür, daß ihm sein Vater mit besonderer Liebe zugeneigt war.

Einst war Hera angesichts der wiederholten Untreue ihres Gemahls so verzweifelt, daß sie sich von ihm trennen wollte. Sie ging nach Euböa und kehrte trotz der flehentlichen Bitten des Zeus nicht zurück. Jedoch Kithairon, der ein weiser König war, riet ihm, eine hölzerne Kultstatue in Brautgewänder zu hüllen und überall zu verbreiten, daß er heirate. Als Hera davon erfuhr, kam sie in Windeseile, sprang auf den Hochzeitswagen und zerriß den Schleier der ‚Braut'. Als sie die List erkannte, lachte sie zufrieden und versöhnte sich wieder mit dem König der Götter.

Io

Eine der Geliebten des Zeus war Io, eine Tochter des Inachos, des Stammvaters der Argiver. Sie wurde von Hera in eine Kuh verwandelt und an einen Olivenbaum im Wald bei Mykene gekettet. Zu ihrem Wächter bestellte sie Argos Panoptes, dessen Körper von oben bis unten mit Augen übersät war. Als es dem von Zeus entsandten Hermes gelang, Io zu befreien, befahl Hera einer Mücke, Io zu stechen und sie über die ganze Welt zu verfolgen. Io schwamm durch das Ionische Meer, das nach ihr benannt ist, und gelangte nach langer Wanderung schließlich nach Ägypten, wo sie wieder ihre menschliche Gestalt annahm und ihren Sohn Epaphos gebar, der einst König von Ägypten werden sollte.

Athena im dorischen Peplos, mit Helm und Speer bewaffnet, betrachtet nachdenklich eine vor ihr stehende Stele. (Relief der „Nachdenklichen Athena", um 460 v. Chr.).

Athena, die Göttin der Weisheit

Bronzestatue der Athena. (Vermutlich ein Werk des Euphranor, um 350 v. Chr.).

Athena, die mutige und kluge Göttin, wurde aus dem Kopf ihres Vaters Zeus geboren. Ihre Mutter war Metis, die Göttin der Vernunft, die Zeus verschlang, nachdem er von Uranos und Gaia erfahren hatte, daß Metis erst eine Tochter gebären würde und dann einen Sohn, der ihm den Thron entreißen würde. Als der Moment gekommen war, daß Athena das Licht der Welt erblicken sollte, befahl Zeus dem Prometheus, nach anderen dem Hephaistos, ihm das Haupt mit einer Axt aufzuschlagen. Da sprang unter den staunenden Blick aller mit wildem Kriegsgeschrei und in voller Rüstung die weise Tochter des Zeus aus dessen Haupt.

In Attika wurde erzählt, daß Poseidon einst mit Athena darum stritt, wer die Herrschaft über die schöne Stadt Athen ausüben solle, die bis dahin Kekropia hieß nach dem alten einheimischen König Kekrops. Die beiden Götter kamen überein, daß derjenige die Stadt gewinnen solle, der ihr das nützlichste Geschenk mache. Poseidon schlug mit seinem Dreizack einen Spalt in die Erde, aus dem herrlichstes Quellwasser sprudelte. Athena ihrerseits stampft auf die Erde, woraufhin aus dieser der erste Olivenbaum der Welt sproß. Die anderen Götter, die über den Wettstreit zu entscheiden hatten, riefen Athena als Siegerin aus, nach der dann auch die Stadt benannt wurde.

Athena war zwar eine kriegerische Göttin, doch wußte sie Klugheit und Mut miteinander zu verbinden. Im Gegensatz zu ihrem kriegslustigen Bruder Ares half sie ihren Günstlingen immer, ihr Ziel ohne überflüssiges Blutvergießen zu erreichen. Ihre Beinamen offenbaren die Rolle, die Athena im Leben der Menschen spielte. Als Athena Promachos (= Vorkämpferin) half sie ihnen ihn kriegerischen Auseinandersetzungen und stand ihnen in schwierigen Lebenslagen bei. Viele Heroen, darunter Perseus, Herakles, Bellerephon, Iason und vor

Die Geburt der Athena. (Schwarzfigurige Amphora der Gruppe E, um 550 v. Chr.).

Athenastatuette, Höhe etwa 17 cm. Die Göttin sitzt auf einem Thron, sie trägt eine Stephane auf dem Haupt und die Aigis mit dem Medusenhaupt auf der Brust. (Athenastatuette aus archaischer Zeit).

allem ihr Lieblingsheld Odysseus, überstanden dank ihrer Ratschläge tausenderlei Gefahren. Auch sonst beschützte sie alle Jünglinge, die sich durch Heldenmut hervortaten, und deren Nachfahren, weshalb sie auch den Beinamen Soteira (= Retterin) trug.

Im Leben der Sterblichen hatte Athena auch zu Friedenszeiten ihren Platz. Als Tochter der Metis war sie die Göttin der Weisheit. Sie beschützte Dichter, Rhetoren und Philosophen. Ihren Beinamen Ergane verdankt sie ihrer Kenntnis verschiedener Handwerkskünste wie der Keramik und der Holzschnitzerei, die sie an die Menschen weitergab. Zur Webkunst hatte die Göttin eine besondere Beziehung. Sie war es, die die ersten Stoffe webte und die Frauen der Phaiaken zu unübertroffenen Meisterinnen am Webstuhl machte. Ein diesbezüglicher Mythos erzählt von einem jungen Mädchen namens Arachne aus Libyen, das so herrliche Teppiche webte, das es die Göttin zu einem Wettstreit herausforderte. Die Göttin erzürnte sich, weil eine Sterbliche es wagte, sich mit ihr messen zu wollen, oder vielleicht auch weil das Mädchen in die Teppiche Bilder zu den Liebesgeschichten der Götter webte, und verwandelte es in eine Spinne (grch.: *arachne*).

Athena wurde oft auch Pallas genannt, was junges Mädchen bedeutet und auf das altgriechische Wort *pallex* zurückgeht. In Athen war ihr Beiname meist „die Jungfräuliche" (Parthenos), weshalb auch der auf der Akropolis zu ihren Ehren errichtete Tempel Parthenon genannt wurde.

Erichthonios

Einst betrat Athena die Schmiede des Hephaistos, um neue Waffen zu bestellen. Der Gott wurde bei ihrem Anblick von heftiger Liebe zu ihr ergriffen. Doch Athena, die Jungfrau bleiben wollte, lief schnell davon, woraufhin Hephaistos sie verfolgte und schließlich zu fassen bekam. Als sie sich von ihrem Bedränger losriß, spritzte Hephaistos seinen Samen gegen ihren Schenkel. Athena wischte den Fleck mit einer Handvoll Wolle ab und warf das Knäuel auf die Erde. Auf diese Weise wurde die Erde befruchtet und gebar Erichthonios, einen der ersten einheimischen Könige von Athen.

Poseidon greift mit seinem Dreizack den Giganten Ephialtes an, während er sich gleichzeitig bereitet, ein Stück Erde mit vielen Wasser- und Landtieren fortzuschleudern. (Rotfiguriger Krater, um 480 v. Chr.).

Poseidon, der Herrscher der Meere

Poseidon, der Herrscher der Meere, ist hier dargestellt, wie er seinen - nicht erhaltenen - Dreizack schwingt. (Bronzestatue des „Poseidon vom Kap Artemision", um 460 v. Chr.).

Poseidon, der ehrwürdige Bruder des Zeus, war es, der mit seinem Dreizack das Meer aufwühlte und es dann auch wieder besänftigte zur Freude der Seeleute, die die Meere befuhren. Die Alten glaubten, daß Poseidon für eine Reihe geologischer Phänomene verantwortlich sei, darunter auch die Erdbeben. Darum erbaten sie seinen Beistand für die Festigkeit des Bodens und die Sicherheit ihrer Bauten.

Wie alle olympischen Götter so hatte auch Poseidon einen Palast auf dem Gipfel des heiligen Berges Olymp. Sein eigentliches Königreich aber befand sich in der Tiefe des Meeres, wo er einen zweiten Palast besaß, der aus glänzendem Gold erbaut war. Dort verbrachte er seine Tage und Nächte zusammen mit seiner Gemahlin Amphitrite, einer der fünfzig wunderschönen Töchter des Nereus. Als Gott des Meeres fuhr Poseidon auf seinem goldenen Wagen über die Wellen, aus denen sich spielende Delphine erhoben. Dem Beispiel des Zeus folgend, verband sich Poseidon mit vielen Göttinnen und schönen Sterblichen. Der Überlieferung nach wuchs der Gott auf Rhodos auf, wo auch die Telchinen lebten, die Söhne des Meeres und sehr geschickte Handwerker und Erfinder waren. Die erste Liebe des Poseidon war die Schwester der Telchinen, Halia, die ihm nicht nur sechs Söhne, sondern auch eine Tochter namens Rhode gebar, die der Insel ihren Namen gab. Unter den zahlreichen Kindern des Poseidon waren große Helden wie Theseus, aber auch grausame Könige und Banditen

Bronzestatuette des Poseidon. Der Dreizack ist ergänzt. (2. Hälfte des 2. Jhs. v. Chr.).

Der ehrfürchtige Poseidon ist hier in kultischer Haltung dargestellt; ruhig hält er seinen auf den Boden gestützten Dreizack. (Schwarzfigurige Amphora, 540-530 v. Chr.)

Bronzestatuette des Poseidon, späthellenistische Kopie eines lysippischen Werkes.

wie Prokrustes und Skiron, die in Attika ihr Unwesen trieben. Viele sagen, daß aus der Vereinigung des Poseidon mit Iphimedeia, einer Tochter des Königs von Thessalien, die schönen Zwillingsgiganten Otos und Ephialtes entsprangen, die einst schworen, daß sie sich in Liebe mit den beiden großen Göttinnen Artemis und Hera vereinigen würden. Um sie für diesen Hochmut zu strafen, lockte sie Artemis nach Naxos. Dort verwandelte sie sich in ein Reh und stellte sich zwischen die beiden Giganten. Beide zielten auf das Reh, doch als sie ihre Speere warfen, verschwand das Tier und die beiden Brüder töteten einer den anderen. Mit Elara, einer Tochter des Orchomenos, zeugte Poseidon den Riesen Tityos, der Leto zu vergewaltigen suchte und von Zeus oder Apollon getötet wurde. Als ein weiterer Sohn des Poseidon, den ihm Euryale, Tochter des Minos, gebar, wird schließlich auch der Riese Orion angesehen. Er war nicht nur von großer Schönheit und ein begnadeter Jäger, sondern besaß auch die Fähigkeit, auf dem Wasser zu gehen. Nach seinem Tod durch den Biß eines Skorpions verwandelte ihn Zeus in ein Sternbild mit dem Skorpion zu seinen Füßen, damit sich die Menschen immer daran erinnerten, wie er zu Tode gekommen war.

Meeresdämonen

Im Königreich des Poseidon lebten auch zahlreiche Meeresdämonen. Zu den bedeutendsten zählen Proteus, Triton und Glaukos, die von einigen als Kinder des Poseidon und der Amphitrite angesehen werden. Proteus besaß die Gabe, sich in jedes beliebige Tier zu verwandeln, ja selbst in Naturelemente wie die Luft oder das Feuer. Triton, der halb Mensch und halb Fisch war, sorgte für die Pferde und den Wagen seines Vaters, erfüllte mit seinem Muschelgebläse das Meer mit wundervoller Musik und vergnügte sich mit seinen Gespielinnen, den Nereiden. Was Glaukos betrifft, so stellten sich die Seeleute vor, daß sein Körper mit Algen und Muscheln bedeckt sei und daß er wahrsagerische Kräfte besitze.

Die beiden großen Göttinnen von Eleusis sind hier bei einer Mysterienfeier dargestellt. Die ernste Demeter, links, hält in der einen Hand ihr Zepter und in der anderen Ähren, die sie Triptolemos übergibt, damit er den Getreideanbau auf der ganzen Welt verbreite. Auch Persephone, rechts, mag Ähren in der einen Hand gehalten haben, in der anderen trägt sie eine brennende Fackel. (Relief, 440-430 v. Chr.).

Demeter, die Schutzgöttin des Ackerbaus

Demeter. Vom Nordfries des Zeusaltars aus Pergamon, um 180 v. Chr.

Diese uralte Göttin der Fruchtbarkeit beschützte Felder und Getreide und wurde vor allem von Bauern verehrt. Aus ihrem Namen entstand auch des griechische Wort für Getreide (*demetriaka*).

Ein allegorischer Mythos bezeichnet Plutos als Sohn der Demeter. Sie gebar ihn, nachdem sie sich mit dem Helden Iasion auf Kreta auf einem dreimal gepflügten Feld vereinigt hatte.

Auch der Meeresgott Poseidon verliebte sich in Demeter, die jedoch, um ihm zu entkommen, die Gestalt einer Stute annahm. Da verwandelte sich der Gott in einen Hengst und begattete sie. Dieser Verbindung entsprang das göttliche Pferd Arion und eine Tochter, deren Name nur denjenigen bekannt war, die an den Mysterien teilnahmen.

Doch war Persephone, deren Vater Zeus war, das Lieblingskind der Demeter. Das Mädchen war von so vollendeter Schönheit, daß Pluton oder Hades, der Gott der Unterwelt, beschloß, sie zu entführen. Als Persephone eines Tages zusammen mit ihren Gespielinnen, den Okeaniden, Blumen pflückte, bat Zeus auf Betreiben des Pluton die Mutter Erde um Hilfe, und diese ließ eine magische Narzisse wachsen. Als sich das Mädchen arglos der Blume näherte, um sie zu pflücken, öffnete sich die Erde und aus ihrer Tiefe sprang Pluton auf seinem Wagen hervor und riß das Mädchen mit sich. Als Persephone vom Angesicht der Erde verschwand, sandten die Felsen und Berge ihrer Mutter den Nachhall ihres Wehklagens.

Neun Tage lang suchte Demeter auf der ganzen Welt nach ihrer Tochter, blind vor Trauer und Sorge. Schließlich führte sie die Göttin Hekate, die ebenfalls das Wehklagen ver-

Der auf einem geflügelten Wagen sitzende Triptolemos betrachtet Persephone, die eine brennende Fackel und eine Oinochoe für die Trankopfer hält. Hinter Triptolemos sieht man Demeter, die ebenfalls eine Fackel und Ähren hält. (Rotfiguriger Skyphos, um 480 v. Chr.).

Pluton und Persephone galoppieren auf einem Viergespann ins Land der Toten. Hekate leuchtet ihnen den Weg, während Hermes ihnen folgt. (Apulischer Krater, 360-350 v. Chr.).

nommen hatte, zu Helios, der vom Himmel aus alles, was auf Erden geschah, sehen konnte. Er hatte Mitleid mit Demeter und erzählte ihr von der Entführung. Außer sich vor Wut über das Verhalten des Zeus, verließ Demeter den Olymp und wanderte ziellos umher, bis sie schließlich nach Eleusis an den Hof des Königs Keleus kam, wo sie als Amme seines Sohnes Demophoon blieb. Um dem König für seine Gastfreundschaft zu danken, beschloß sie, seinen Sohn unsterblich zu machen, indem sie ihn über ein Feuer hielt. Eines Nachts jedoch wurde sie durch Zufall von Metaneira, der Mutter des Kindes, beobachtet, die in ihrer Angst laute Schreie ausstieß. Da entdeckt ihr Demeter ihre göttliche Natur, und die Bewohner von Eleusis bauten ihr zu Ehren einen Tempel. Demeter klagte dort tagaus, tagein über den Verlust ihrer schönen Tochter und verbot der Erde, Früchte zu tragen.

Als Zeus davon erfuhr, befahl er seinem Bruder, Persephone gehen zu lassen. Dieser stimmte zum Schein zu, doch gab er ihr zuvor einen Granatapfel zu essen, was bedeutete, daß sie gezwungen war, zu ihm zurückzukehren. Schließlich einigten sich beide Seiten, und so verbrachte Persephone vier Monate des Jahres an der Seite ihres Gemahls und acht Monate bei ihrer Mutter auf der Erde, die voller Freude die Erde wieder Früchte tragen ließ.

Die eleusinischen Mysterien

Diese Mysterien waren Feiern, die jedes Jahr im Oktober in Eleusis abgehalten wurden in Erinnerung an Persephones Rückkehr aus der Unterwelt. Niemand weiß, was genau bei diesen Feiern im Telesterion vor sich ging. Bekannt ist allein, daß die Eingeweihten überzeugt waren, daß sie in der Unterwelt ein besseres Leben erwarte.

Triptolemos

Triptolemos war König von Eleusis. Mit Demeters und Persephones Hilfe fertigte er den ersten Pflug und lernte zu pflügen, zu säen, zu ernten und zu dreschen. Später wanderte er durch die Welt und gab sein Wissen an die anderen Menschen weiter.

Apollon,
der Gott des Lichtes

Detail der Apollonfigur, welche die Giebelkomposition des Kentaurenkampfes vom Zeustempel in Olympia beherrscht. (Apollonstatue vom Westgiebel des Zeustempels in Olympia, um 457 v. Chr.).

Leto, eine Tochter des Titanen Koios und der Titanin Phoibe, war einst von Zeus schwanger. Doch nirgends wollte man sie gebären lassen, da alle vor dem Zorn der eifersüchtigen Hera zitterten. Nachdem sie fast ganz Griechenland durchwandert hatte, kam sie auf die kleine, unfruchtbare Insel Delos. Auf das Versprechen Letos hin, daß ihr Sohn, den sie zur Welt bringen sollte, der Insel ewigen Ruhm schenken würde, ließ man sie auf der Insel die Zeit ihrer Wehen abwarten.

Neun Tage lang litt Leto unter unerträglichen Schmerzen. Nur Eileithyia, die Schutzgöttin der Gebärenden, hätte ihr helfen können, doch saß sie nichtsahnend auf dem Olymp, da Hera sie mit goldenen Wolken umgeben hatte, damit sie nicht sehe, was auf der Erde vor sich ging. Doch glücklicherweise gelang es der windschnellen Iris, sich ihr zu nähern und sie mit einem aus Goldfäden geflochtenen Halsband zum Mitkommen zu überreden.

Kaum hatte Eileithyia ihren Fuß auf die Insel gesetzt, brachte Leto den Gott Apollon zur Welt. Geblendet sahen die Göttinnen, die der Mutter beistanden, wie das Neugeborene vor ihren Augen in wenigen Augenblicken zu einem Jüngling heranwuchs. Und die Insel Delos, beglückt, daß ihr eine solche Ehre zuteil wurde, strahlte in goldigem Glanz. Unter den ersten Beschlüssen, die der Gott faßte, war auch die Gründung eines Orakels, also eines Ortes, an dem die Sterblichen durch die Stimme der Priester den Willen seines Vaters Zeus erfahren könnten. So verließ er eines Tages den Olymp auf der Suche nach einem geeigneten Ort für sein Orakel. Nach vielen Abenteuern gelangte er schließlich an einen steilen Hang des Parnaß, ins heutige Delphi. Dort tötete er die riesige Schlange Python, die eine Quelle bewachte und alle Menschen und Tiere ver-

Leto auf Delos. Mit geneigtem Kopf und schmerzverzerrtem Gesicht sitzt sie auf einem Stuhl und stützt sich mit einer Hand gegen eine Palme, um zu gebären. Hinter ihr steht die Göttin Eileithyia, die ihr hilft, und vor ihr, zusammen mit anderen Göttinnen, die Göttin Athena. (Rotfigurige Pyxis, um 370 v. Chr.).

Apollon ist hier beim Lyraspiel dargestellt, zwischen seiner Mutter Leto und seiner Schwester Artemis. (Rotfigurige Amphora, Ende des 6. Jhs. v. Chr.).

schlang, die sich der Quelle näherten. Darum wurde der Gott auch Apollon Pythios genannt. An diesem Ort legte er den Grundstein für den Tempel seines Orakel, dessen Ruhm sich über den Erdkreis ausbreitet sollte.

Kurz darauf sah Apollon von den hohen Bergen hinunter auf das Meer, wo ein Schiff mit kretischen Kaufleuten nach Pylos fuhr. Sofort verwandelte er sich in einen Delphin, sprang auf das Schiffsdeck und lenkte das Schiff in die Bucht von Krisa, das zu Füßen von Delphi lag. Dort offenbarte sich der Gott den erstaunten Reisenden und führte sie zum Tempel. So wurden die kretischen Kaufleute die ersten Priester des Orakels.

Da Apollon der Gott des Lichts war, war es nur natürlich, daß sein Kult in enger Beziehung zur Wahrsagekunst stand, also zu der Kunst, die Licht auf den göttlichen Willen wirft. Er war jedoch auch der Gott der Harmonie und wurde daher auch mit der Kunst der Musik verbunden. Bei den Festen auf dem Olymp begleitete er auf seiner Lyra den Gesang der Musen, zu dem junge Göttinnen tanzten. Auch Leto und Zeus, die Eltern des Gottes, waren stolz auf ihren Sohn, der alle mit seiner Anmut und seiner Schönheit erfreute.

Asteria

Ein Mythos erzählt, daß Zeus sich einst mit Asteria, der Schwester Letos, vereinigen wollte. Um seinen Nachstellungen zu entgehen, sprang sie ins Meer, woraufhin sie der Gott zur Strafe in eine schwimmende Insel verwandelte; jene Insel, auf der dann später Leto den Apollon zur Welt brachte. Da hörte die Irrfahrt der Insel auf und sie wurde Delos genannt.

Die Hyperboreer

Die Hyperboreer, die am Ende der Welt wohnten, verbrachten ihre Tage glückselig mit Tanz und Gesang, denn Krankheit und Alter waren ihnen unbekannt. Wer die Freuden der Welt lang genug gekostet hatte, setzte seinem Leben ein Ende, indem er sich nach einem reichen Gelage lachend und mit Blumen bekränzt von einem hohen Felsen stürzte. Im Land der Hyperboreer verlebte Apollon jedes Jahr die drei Wintermonate.

Apollon, der Bogen und Köcher umgehängt hat und Lyra spielt, reist auf einem geflügelten Dreifuß über das Meer nach Delphi. (Rotfigurige Hydria, 480-470 v. Chr.).

Mit einem Lorbeerkranz im Haar und einem Lorbeerzweig in der Hand verfolgt Apollon ein junges Mädchen, vielleicht Daphne. (Rotfigurige Hydria, 450-440 v. Chr.).

Abenteuer des Apollon

Aristaios, ein Sohn des Apollon und der Kyrene, war einer Überlieferung nach, ein „sehr fähiger Bauer" und ein „Bringer von Geschenken". Der hier geflügelt dargestellte Aristaios trägt sein Grabwerkzeug und einen Sack mit Öl, Honig und Milch, die er als Geschenke bringt. (Detail). (Schwarzfigurige Amphora, um 540 v. Chr.).

Es wird erzählt, daß Daphne, die Tochter des Flusses Peneios, Apollons erste Liebe war. Er traf sie eines Tages in den Bergen und verliebte sich sofort in sie. Er versuchte sich ihr nähern, aber Daphne, die rein bleiben wollte, lief davon. Der Gott folgte ihr, doch als er sich gerade fassen wollte, rief Daphne ihren Vater an, der sie in einen Lorbeerbusch (grch.: *daphne*) verwandelte. So wurde der Lorbeer die heilige Pflanze des Apollon. Mit seinen Blättern bekränzte der Gott sein Haar und seine Lyra, und auch die Pythia, die Priesterin von Delphi, kaute Lorbeerblätter, bevor sie einen Orakelspruch tat. Auch eine andere Tochter eines Flusses, des Euenos, wollte Apollon zur Frau nehmen. Doch wurde sie ihm von Idas entrissen, der, wie Homer sagt, der tapferste aller Männer war, die die Erde bewohnten. Apollon verfolgte Idas und als er ihn eingeholt hatte, begann sie zu kämpfen. Da trat Zeus zwischen die beiden und befahl, daß das Mädchen, das Marpessa hieß, ihren zukünftigen Gemahl selbst wählen solle. Das Mädchen überlegte sich, daß der Gott sie verlassen werde, sobald sie nicht mehr so jung und schön wäre und entschied sich daher für Idas.

Trotz dieser Mißerfolge paarte sich Apollon mit vielen schönen Frauen. Unter ihnen waren die Muse Kalliope und auch ihre Schwester Thaleia, welche die Korybanten gebar, jugendliche Krieger, die von vielen für die

Hier ist der Kampf zwischen Apollon und Idas um die Liebe Marpessas dargestellt. Der Gott, zwischen seiner Mutter Leto und seiner Schwester Artemis, spannt den Pfeil, den er auf Idas schießen will. (Rotfiguriges attisches Kühlgefäß, um 480 v. Chr.).

Der lorbeerbekränzte Apollon hat sein Himation zur Seite genommen, während sein Blick auf einer Nymphe oder Muse ruht, die eine Lyra hält. (Innenbild einer weißgrundigen Schale, um 460 v. Chr.).

Kureten gehalten wurden, die über den gerade geborenen Zeus wachten.
Der Gott vereint sich auch mit Nymphen und mit Sterblichen, die ihm zahlreiche Kinder gebaren, so den Amphissos, den Gründer der Stadt Amphissa, und Chairon, der später die Stadt Chaironeia gründen sollte. Die schöne Kyrene, Tochter des Lapithenkönigs Hypseus, schenkte ihm einen Sohn namens Aristaios, der den Menschen die Bienenzucht lehrte und die Gabe besaß, Seuchen zu beenden.
Von allen Söhnen des Apollon war der bedeutendste der Arzt Asklepios, der von Koronis, der Tochter des thessalischen Königs Phlegyas, zur Welt gebracht wurde. Als Zeus den Asklepios mit einem Blitz erschlug, rächte sich Apollon, indem er Steropes, Brontes und Arges, die drei Kyklopen, die dem Zeus seine Blitze fertigten, ermordete. In seinem Zorn verdammte Zeus den Gott dazu, neun Jahre lang einem Sterblichen zu dienen: Admetos, dem König von Thessalien.
Auch in einem anderen Fall wurde dem Gott eine ähnliche Strafe auferlegt. Der Grund war, daß er sich zusammen mit Hera, Athena und Poseidon gegen Zeus verschworen hatte. Die Verschwörung wurde entdeckt und Apollon mußte sich zusammen mit Poseidon in die Dienste des trojanischen Königs Laomedon begeben. Die beiden Götter errichteten damals die starken Mauern der Stadt. Als ihnen aber der König nach vollendetem Werk ihren Lohn versagte, rächten sich die beiden Götter auf schrecklichste Weise. Poseidon ließ die Stadt und alle umliegenden Felder überschwemmen, und Apollon sandte die Pest über die Stadt.

Admetos und Alkeste

Admetos verhielt sich seinem göttlichen Diener gegenüber mit großer Achtung, und darum half ihm dieser, Alkeste, die schönste Tochter des iolkischen Königs Pelias, zur Frau zu bekommen. Auch überredete Apollon, der wußte, daß Admetos sehr jung sterben sollte, die Schicksalsgöttinnen, seinen Tod aufzuschieben, wenn sich ein anderer fände, der an seiner Statt stürbe. Doch als die Stunde gekommen war, wollte sich niemand für Admetos aufopfern, nicht einmal seine greisen Eltern. Die Einzige, die sich anbot, war Alkeste. Zu ihrem Glück kam in dem Augenblick, als der Tod sie holen wollte, Herakles des Weges und rettete sie. So kehrte Alkeste zu ihrem Gemahl zurück.

Artemis,
die Göttin der Jagd

Artemis, mit einem Blattkranz im Haar und Geschmeiden, in einem in reichen Falten fallenden Chiton und mit einem Rehfell und dem Köcher auf dem Rücken, hält in ihrer Linken eine Phiale, während sie mit ihrer Rechten zärtlich den vor ihr stehenden Schwan streicheln zu wollen scheint. (Weißgrundige Lekythos, um 490 v. Chr.).

Artemis, die auch ein Kind des Zeus und der Leto war, wurde auf Delos am selben Tag wie ihr Bruder Apollon geboren. Als sie noch klein war, bat sie ihren Vater, daß er sie keinem Manne zur Frau geben möge. Und so verbrachte sie die meiste Zeit in den Bergen und Wäldern, wo sie wilde Tiere jagte oder deren Junge beschützte. Deshalb wird sie von Homer auch als Wanderin in den Bergen und als Schützin mit dem goldenen Bogen beschrieben. Bei der Jagd leisteten ihr die Nymphen Gesellschaft, und auf dem Olymp tanzte sie zusammen mit den Musen und den Chariten.

Die wunderschöne Göttin war besonders milde und fürsorglich zu allen reinherzigen Jünglingen und allen unverheirateten Mädchen. Als Pandareos von Zeus getötet wurde, weil er einen goldenen Hund, ein Werk des Hephaistos, aus einem Tempel des Gottes gestohlen hatte, sorgte Artemis zusammen mit Aphrodite und Athena für seine elternlosen Töchter.

Andererseits konnte sie aber sehr hart und unnachgiebig sein. Aktaion, Sohn des Aristaios und der Autonoë, der sie nackt beim Bade sah, wurde von ihr unbarmherzig bestraft. Sie verwandelte ihn in ein Reh und ließ dieses von fünfzig wilden Hunden zerreißen. Auch Niobe, die Gemahlin des Königs von Theben, Amphion, lernte die Rache der Artemis und des Apollon kennen. Stolz auf ihre vierzehn Kinder, sieben Söhne und sieben Töchter, rühmte sich Niobe einst, daß sie eine bessere

Artemis ist hier als geflügelte Herrin der Tiere, als Potnia Theron, dargestellt; mit der einen Hand hält sie einen Panther und mit der anderen ein Reh. (Detail vom Griff). (Schwarzfiguriger Krater, bekannt als „Françoisevase", um 570 v. Chr.).

Mutter als Leto sei, die nur zwei Kinder habe. Kaum hatten sie von dieser beleidigenden Bemerkung über ihre Mutter erfahren, tötete Artemis sechs Töchter der Niobe und Apollon die gleiche Anzahl ihrer Söhne.

Vieles wird erzählt über die Listen, welche die Göttin anwandte, um ihren liebestollen Bedrängern zu entgehen. Einst verliebte sich der Fluß Alpheios in die Göttin und beschloß, sie während eines nächtlichen Festes zu überraschen, das Artemis mit ihren Gespielinnen in der Gegend feiern wollte. Die Göttin jedoch, die von seinem Absichten erfahren hatte, traf ihre Vorkehrungen. Sie selbst und alle ihre Freundinnen, die zu dem Fest kamen, hatten sich das Gesicht mit einer dicken Lehmschicht bedeckt, so daß Alpheios nicht herausfinden konnte, welches der Mädchen denn nun Artemis war und unverrichteter Dinge von dannen zog.

Nur in Hera fand die unbändige Zeustochter ihre Meisterin. Im Trojanischen Krieg unterstützte Artemis die Troer und stellte sich in voller Bewaffnung vor Hera auf, die den Griechen beistand. Erzürnt schleuderte Hera Bogen und Köcher der Jagdgöttin fort und zwang die sonst furchtlose Artemis, mit Tränen in den Augen das Schlachtfeld zu verlassen.

Herkunft der Artemis

Der Kult der Artemis, deren Name nicht aus dem Griechischen hergeleitet werden kann, scheint von Kleinasien aus nach Griechenland gekommen zu sein. Als Göttin der Berge und Beschützerin der Tierjungen nahm sie die Stelle der achaiischen Potnia Theron ein, die als Gebieterin der wilden Tiere verehrt wurde. Artemis wurde auch mit Selene und anderen Mondgottheiten wie Rhea, Kybele und Hekate gleichgesetzt; ferner war sie das weibliche Gegenstück zu Apollon, der auch als Sonnengott angebetet wurde. Schließlich beschützte die Göttin die Gebärenden sowie in weiterem Sinne auch die Mütter und die heranwachsenden Kinder.

Artemis schießt ihre Pfeile gegen Aktaion, um ihn dafür zu bestrafen, daß er sie nackt beim Bade in einem Bach des Kithairongebirges sah. (Rotfiguriger Krater, um 470 v. Chr.).

Der Raub der Rinder des Apollon durch den neugeborenen Hermes ist das Thema dieser Darstellung. Links, in einer Höhle versteckt, sieht man die Rinder des Apollon. Rechts liegt in einer anderen Höhle Hermes in seiner Wiege und spielt den Unwissenden, während Apollon gekommen ist, um sich bei Zeus und Maia, den Eltern des Diebes, über ihn zu beschweren. (Caeretaner Hydria, um 520 v. Chr.).

Hermes, der Götterbote

Hermes ist hier dargestellt, wie er einen Auftrag des Zeus ausführt: Er bringt den neugeborenen Dionysos zu den Nymphen, die ihn aufziehen sollen. In der anderen Hand dürfte er Trauben gehalten haben, nach denen der kleine Gott greift. (Hermesstatue, ein Werk des Praxiteles, um 330 v. Chr.).

Bereits vom ersten Tag seines Lebens an rechtfertigte Hermes seinen Titel als Beschützer der Diebe. Seine Eltern waren Zeus und die schüchterne Maia, Tochter des Altas. Er erblickte das Licht der Welt in einer Höhle, in der seine Mutter lebte, die, kaum daß sie ihn geboren hatte, ihn in Windeln wickelte und wieder an ihre Arbeit zurückkehrte. Genau auf diese Gelegenheit hatte der listige Gott gewartet. Ohne Zeit zu verlieren, sprang er aus der Wiege und ging in den Hof hinaus. Dort fand er eine Schildkröte, die tötete er und fertigte aus ihrem Panzer die erste Lyra der Welt. Nach einer Weile, als er des Lyraspielens müde geworden war, stahl er fünfzig Kühe von der Herde des Apollon. Damit ihm niemand auf die Schliche käme, ließ er die Kühe rückwärts laufen, damit die Spuren seine Verfolger in die entgegengesetzte Richtung wiesen. Er selbst hinterließ überhaupt keine Spuren, denn er hatte Myrthenzweige an seine Füße gebunden. Es sah ihn nur ein alter Mann, dessen Schweigen Hermes mit Versprechungen zu erkaufen suchte. Als er in Pylos angelangte, schlachtete er zwei Kühe, um sie zu verzehren, versteckte die übrigen und legte sich wieder in seine Wiege, als sei nichts passiert. In der Zwischenzeit war Apollon, der zuvor den Alten ausgefragt hatte, klar geworden, daß sein gerade geborener Bruder der Dieb war. Er begab sich sofort in die Höhle, kam aber mit Hermes nicht zu Rande, da dieser noch immer den unschuldigen Säugling spielte. Da brachte ihn Apollon mit Gewalt auf den Olymp, damit ihr Vater Zeus ein Machtwort spreche. Nachdem dieser die ergötzlichen Lügen seines jüngsten Sohnes vernommen hatte, beschloß er, daß sich die beiden Brüder wieder vertragen müßten. Hermes mußte also

Hermes, hier als Psychopompos („Seelenbegleiter"), führt Myrrhine an der Hand zum Acheronfluß, von wo sie dann Charon ins Land der Toten geleiten wird. Links sieht man die Verwandten, die von der jungen Frau Abschied nehmen. (Marmorlekythos, 430-420 v. Chr.).

Hermes, der Abgesandte des Zeus, mit Hut und Flügelschuhen, hält in seiner Linken einen Kantharos und seinen Heroldsstab, in der Rechten eine Oinochoe; der Satyr spielt auf der Barbitos, deren melodischen Töne das Reh bezaubern, das sie begleitet. (Rotfigurige Amphora, 500-490 v. Chr.).

Apollon zum Versteck der Tiere führen, und um ihn gutwillig zu stimmen, schenkte er ihm die Lyra. Apollon war bezaubert von den herrlichen Tönen, die er dem Instrument entlockte, und machte Hermes dafür zum Beschützer der Hirten, indem er ihm einen Hirtenstab schenkte.

Als er älter geworden war, wurde Hermes der Bote der Götter. Er hatte Federn an den Schultern, trug Flügelschuhe und einen mit Federn besetzten Hut; auch hatte er immer seinen goldenen Heroldsstab dabei, damit ihn alle als den offiziellen Gesandten des Zeus erkennen konnten, der Göttern und Menschen die Befehle des Göttervaters überbrachte. Dank seiner Gewitzheit und seiner Diplomatie führte er selbst die schwierigsten Aufträge zur Zufriedenheit des Zeus aus. Eine seiner weiteren Aufgaben war es, die Seelen der Toten in den Hades zu geleiten, weshalb er auch Hermes Psychopompos hieß. Die Alten glaubten, daß er sich als Erster mit der Astronomie beschäftigte und benannten deshalb einen Planeten nach ihm (Merkur). Sie sahen ihn auch als Glücksgott an, weshalb sie alles, was sie auf der Straße fanden, als ein Geschenk des Hermes betrachteten und es *ermaion* (= glücklicher Fund) nannten.

Der Charakter des Hermes zeigt sich auch bei seinen Liebesabenteuern, bei denen er meist durch List an sein Ziel gelangte, und dies auch an seine Nachfahren weitergab. Ein bezeichnendes Beispiel ist sein Sohn Autolykos, der Großvater des listenreichen Odysseus.

Herkunft des Hermes

Hermes ist ein urhellenischer Gott, der vor allem vom breiten Volk verehrt wurde. Die Merkmale und Eigenschaften, die ihm zugeschrieben wurden, stellen ihn in die Reihe der Luftgötter.

Iris

Zunächst stand auch Iris, die geflügelte Tochter des Thaumas, Sohn des Pontos, und der Okeanide Elektra, als Botin im Dienste der Götter. Das Auftauchen des Hermes jedoch schränkte ihre Tätigkeit ein. Die Alten glaubten, daß die Götter Iris für Botengänge zu Frauen und Hermes für Botengänge zu Männern benutzten, oder daß Iris die persönliche Botin der Hera, Hermes hingegen der persönliche Bote des Zeus sei.

Bronzestatuette des Hermes Kriophoros, des „Widdertragenden", aus Sparta, um 500 v. Chr.

Ares Ludovisi, vermutlich ein Werk des Skopas, um 330 v. Chr. (Kopie).

Ares, der Gott des Krieges

Ares, der grausame und unerbittliche Gott des Krieges, war ein Sohn der Hera und des Zeus. Aufgrund seines wilden und barbarischen Charakters war der Gott weder bei den Göttern, noch bei den Menschen besonders beliebt. Nur an wenigen Orten wurde er verehrt, und es gab keine Stadt, die ihn zu ihrem Schutzpatron erwählt hatte. Im Gegensatz zu seiner Schwester Athena, bei der sich kriegerische Tugenden mit Vernunft verbanden, verkörperte Ares den ungebändigten Rausch des Krieges, der sich durch Morde und Blutströme nährte. In der Schlacht waren zwei seiner Kinder, die ihm Aphrodite geboren hatte, immer an seiner Seite: Deimos und Phobos, welche die Furcht und die Flucht vor dem Feind verkörperten. Die schöne Aphrodite schenkte ihm noch zwei weitere Kinder, die Harmonie und den Eros. Auch galt der Gott als Vater blutrünstiger Könige, so des Oinomaos, des Königs von Olympia, und des Diomedes, des Königs von Thrakien und des Gebieters über die menschenfressenden Pferde. Eine weitere Tochter des Ares war Penthesileia, die Königin der Amazonen, die nach dem Tode Hektors den Troern zu Hilfe eilte.

Die Liebesbeziehung zwischen Ares und Aphrodite war ungesetzlich, da die Göttin mit Hephaistos verheiratet war. Doch Hephaistos hinkte, während Ares jung und schön war.

Ares sitzt in voller Bewaffnung neben der schönen Aphrodite. Detail von einer Darstellung der versammelten Götter. (Rotfigurige Schale, um 520 v. Chr.).

Das Liebespaar Ares und Aphrodite wird durch das Erscheinen des Helios überrascht, da ihr Wächter Alektryon eingeschlafen ist. Diese Wandmalerei ist durch ein Original der frühen hellenistischen Zeit inspiriert. (Wandmalerei aus Pompeji, um 10 v. Chr.).

Ares, der grausame Gott des Krieges, ist hier in voller Rüstung dargestellt (Detail). (Schwarzfiguriger Krater, bekannt als „Françoisevase“, um 570 v. Chr.).

Außerdem hatte Aphrodite ihren Gemahl nicht aus freien Stücken gewählt, sie war von Hera dazu gezwungen worden. Und so empfing Aphrodite den Kriegsgott insgeheim im Palast ihres Gemahls, jedes Mal wenn dieser abwesend war. Doch der alles sehende Helios entdeckte das Liebesverhältnis dem Hephaistos. Dieser fertigte ein Fangnetz aus Bronze, das fein wie ein Spinnennetz und mit dem bloßen Auge nicht zu sehen war, und breitete es über das Ehebett. Danach gab er vor, nach Lemnos gehen zu müssen und verließ den Palast. Ares, der sich eine solche Gelegenheit nicht entgehen lassen wollte, eilte in die Arme seiner schönen Geliebten. Doch kaum hatten sie sich niedergelegt, sahen sie sich im Netz verfangen, unfähig zu entfliehen. Hephaistos kehrte nach einer Weile zurück und rief alle Götter herbei; die Göttinnen blieben aus Schamgefühl lieber fern. Als sie die beiden Schuldigen nackt im Bett gefesselt sahen, lachten alle Götter brüllend auf, und Apollon fragte Hermes, ob es ihm wohl etwas ausmachen würde, an der Stelle des Ares zu sein. Lachend erwiderte Hermes, daß es ihm nichts ausmachte, selbst wenn es dreimal soviele Netze gäbe. Schließlich wurden die beiden Götter durch das Eingreifen des Poseidon befreit. Aphrodite begab sich nach Paphos auf Zypern, wo die Chariten sie erwarteten, um sie zu waschen und zu schmücken, während Ares zu den kriegslustigen Thrakern ging, bei denen er gern seine Zeit verbrachte.

Der Areopag

In den Lokalmythen Athens ist überliefert, daß Ares eines Tages sah, wie seine Tochter Alkippe von Halirrhothios, einem Sohn des Poseidon, vergewaltigt wurde, und in seinem Zorn tötete er den Schänder seiner Tochter. Poseidon, verbittert über den Tod seines Sohnes, forderte von den anderen Göttern, den Mörder zu verurteilen. Das Gericht, das auf einem Hügel in Athen tagte, erließ einen Freispruch. Nach Ares, dem ersten Angeklagten, wurde das Gericht Areopag (= Areshügel) genannt, und es war zuständig für Mordprozesse.

Aphrodite, die Göttin der Schönheit und der Liebe

Aphrodite, die Göttin der Schönheit und der Liebe. (Statue der Venus von Milo, Ende des 2. Jhs. v. Chr.).

Die Ansichten über die Geburt der Aphrodite sind zweigeteilt. Manche sagten, daß sie dem weißen Schaum entstieg, der sich bildete, als Kronos die Genitalien des Uranos ins Meer warf, andere wiederum meinten, daß sie eine Tochter des Zeus und der Dione sei. Alle jedoch verehrten und achteten die wunderschöne Göttin. Ihre Macht war es, welche die Liebe unter den Sterblichen wie unter den Göttern verbreitete.

Obwohl sie Gemahlin des Hephaistos war, hatte sie Liebschaften mit Ares und anderen Göttern. Aus ihrer Vereinigung mit Poseidon entsprang Eryx, der später König auf Sizilien wurde; Rhodos soll ebenfalls eine Tochter dieses Paares gewesen sein. Auch in Dionysos verliebte sich die Göttin, mit dem sie sich, ohne Zeit zu verlieren, vereinte. Als jedoch der Gott einst im fernen Indien weilte, verband sich die Göttin mit Adonis, einem für seine Schönheit bekannten Jüngling. Bei der Rückkehr des Dionysos war Aphrodite bereits schwanger, wobei unklar war, ob von Dionysos oder von Adonis. In ihrem Haß, den Hera gegen Aphrodite und Dionysos hegte, da beide außereheliche Kinder ihres Gemahls waren, ließ sie die Liebesgöttin einen ungewöhnlich häßlichen Jungen zur Welt bringen. Es war Priapos, der schamlose Gott der Fruchtbarkeit, der sich später dem Gefolge des Dionysos anschloß.

Wie alle Götter benutzte auch Aphrodite ihre Macht zum Guten und zum Bösen. Alle, die sie nicht ehrten, wurden hart von ihr gestraft. Eos, die Göttin der Morgenröte, die sie einst mit Ares im Bette fand, bestrafte sie mit beständiger Begierde nach jungen

Die Geburt der Aphrodite. (Relief, um 465 v. Chr.).

Dieses Detail zeigt Aphrodite im Gespräch mit Eros, ferner Eunomia und ihre Kinder, die Personifikationen abstrakter Begriffe darstellen. (Rotfigurige Lekythos, um 410 v. Chr.).

Der bocksfüßige Pan versucht die nackte Aphrodite zu umarmen, während jene ihm spielerisch mit ihrer Sandale droht. (Gruppe mit Aphrodite und Pan, um 100 v. Chr.).

Sterblichen. Und an Tyndareos, dem König von Sparta, der sie nicht gebührend achtete, rächtet sie sich, indem sie dafür sorgte, daß seine Töchter Helena und Klytaimnestra einen sehr schlechten Ruf hatten, weil sie ihre Ehemänner betrogen.
Selemnos hingegen, einen hübschen Jüngling, der sich in die Nymphe Argyra verliebt hatte, dann aber von ihr verlassen wurde, befreite die Göttin von seinem Kummer, indem sie ihn in einen Fluß verwandelte. Doch auch als Fluß quälte ihn weiter seine Liebe zu Argyra. Deshalb schenkt ihm die Göttin die Gabe des Vergessens, und seither werden alle, die in dem Fluß baden, von Liebesleiden geheilt.
Eines der Lieblingsspiele der Göttin war es, ihren Vater zu zwingen, auf die Erde hinabzusteigen und sich mit Sterblichen zu vereinen, was natürlich immer den Zorn der Hera nach sich zog. Um seine Tochter zu bändigen, zahlte Zeus es ihr mit gleicher Münze heim. Er erweckte in ihr die Leidenschaft zu einem Sterblichen, dem schönen Anchises aus Troja. In der Gestalt einer Sterblichen gelang es Aphrodite, mit ihm das Lager zu teilen, und wenige Monate später brachte sie Aineias zur Welt, einen der größten Helden des Trojanischen Krieges.

Eros

Aphrodite wurde immer von zahlreichen Freundinnen und Gehilfen begleitet, darunter Hebe, Harmonia, die Chariten, die Horen und auch Peitho, die Göttin, welche die Mädchen überredete, sich der Liebe hinzugeben. Es gab jedoch einen Gott, der fast nie aus ihrer Nähe wich, und das war ihr Sohn Eros. Die Menschen stellten sich ihn als Knaben vor mit goldenen Flügeln an der Schultern und einem Bogen in der Hand. Mit seinen Zauberpfeilen, die er in die Herzen der Sterblichen und Unsterblichen schoß, führte er die Liebespaare ihrer Vereinigung zu. Im Laufe der Zeit traten in der Dichtung und der Kunst an die Stelle des einen Gottes viele Eroten.

Hephaistos,
der Gott des Metallhandwerks

In diesem Detail sieht man Hephaistos, den bewundernswerten Schmied, mit seiner Schmiedezange in der Hand und dem Hammer auf der Schulter. In Begleitung des Dionysos kehrt er auf den Olymp zurück; da er vom Wein trunken ist, wird er von einem Satyrn gestützt. (Rotfigurige Pelike, 435-430 v. Chr.).

Der einzige der olympischen Götter, dessen Körper mißgestaltet war, war Hephaistos, ein Sohn des Zeus und der Hera. Er wurde mit einem hinkenden Bein geboren, und seine Mutter warf ihn voller Wut über diese Schande ins Meer. Aber zu seinem Glück nahmen sich zwei Meeresgöttinnen, die Nereide Thetis und die Okeanide Eurynome, seiner an. Und so wuchs der Gott in der Grotte des Nereus auf, wo er schöne und nützliche Dinge schmiedete, um den Meeresgottheiten für ihre Freundlichkeit zu danken.

Eines Tages aber mochte er nicht länger in den Tiefen des Meeres leben, und beschloß, nicht allein auf dem Olymp zu wohnen, sondern sich auch an seiner Mutter zu rächen. Zu diesem Zweck schmiedete er einen herrlichen Thron aus Gold, den er mit unsichtbaren Fangnetzen umgab und Hera als Geschenk sandte. Diese freute sich über die Gabe ihres Sohnes, doch als sie sich auf den Thron setzt, fand sie sich in den Netzen verfangen. Nach vielen Beratungen der Götter und einem mißglückten Versuch des Ares, Hephaistos zu versöhnen, übernahm Dionysos die Schlichtung des Streits. Er suchte seinen Bruder auf, machte ihn trunken und führte ihn im Triumph auf den Olymp. Dort versöhnte er sich mit seiner Mutter, die ihm als Wiedergutmachung Aphrodite zur Frau gab. Es gibt jedoch einen anderen Mythos, der besagt, daß er Aglaia, die jüngste der drei Chariten heiratete.

Wieder andere sagen, daß der Gott nicht schon von Geburt an behindert war, sondern daß einst, als Zeus und Hera miteinander stritten, Hephaistos herbeilief, um seiner Mutter beizustehen. Da packte ihn Zeus am Bein und schleuderte ihn auf die

Einst stritten auf dem Olymp Zeus und Hera sehr heftig, und Hephaistos lief herbei, um seiner Mutter beizustehen. Doch noch bevor er etwas ausrichten konnte, warf ihn Zeus vom Olymp. Diese Szene, die hier dargestellt ist, verfolgen voller Erstaunen eine weibliche Meeresgottheit, rechts, und Athena Promachos, die links auf einem Felsen steht. (Architekturfries, nach 150 n. Chr.).

Thetis empfängt von Hephaistos die Waffen für ihren Sohn Achill, die der Gott eigenhändig geschmiedet hat. (Innenbild einer rotfigurigen Schale, um 480 v. Chr.).

Erde. Einen ganzen Tag lang fiel er und landete schließlich auf Lemnos, wo ihn die dort lebenden Sintier pflegten, doch blieb ihm ein hinkendes Bein. Lemnos wurde seine geliebte Insel und er richtete sich dort seine Schmiede ein.

Hephaistos besaß viele Talente. Er war Maurer und Architekt, Gold- und Bronzeschmied, stellte Waffen her und erfand Maschinen. Er war es, der die herrlichen Paläste der Götter auf dem Olymp erbaute. Auch hatte er zwei goldene Mädchen konstruiert, die ihn stützten, da ja seine Beine sehr schwach waren. Ferner einen Giganten aus Bronze, den er Talos nannte und dem Minos schenkte. Talos umschritt die Insel Kreta drei Mal täglich, und jeden Feind, den er zu fassen bekam, tötete er, indem er ihn an seine glühende Bronzebrust drückte. Für Alkinoos, den König der Phaiaken, schuf er unsterbliche Hunde aus Silber und Gold, die den Eingang des Palastes bewachen sollten. Um Helios, der ihm während des Gigantenkampfes geholfen hatte, seinen Dank zu erweisen, fertigte er unzählige herrliche Werke für den Palast des Heliossohnes Aiëtes in Kolchis. Besonders bewunderungswürdig waren vier Brunnen, die er schuf und aus denen Milch, Wein, Duftwasser und, je nach Jahreszeit, warmes oder kaltes Wasser floß. Es entstanden aber noch viele andere hervorragende Werke unter den Händen des Hephaistos, von denen die Rüstungen der großen Helden Herakles und Achilles die berühmtesten sind.

Der Kult des Hephaistos

Hephaistos war der Gott, der das Feuer symbolisierte. Die alten Einwohner von Lemnos glaubten, daß die vulkanischen Feuer, die sie aus dem Berg Mosychlos schießen sahen, von der unterirdischen Schmiede des Hephaistos herrührten. Gegen Ende des 6. Jhs. v. Chr. verbreitete sich der Kult des Gottes von Lemnos aus bis nach Athen, wo er zusammen mit Athena zum Schutzgott der Schmiede wurde. Im 5. Jh. v. Chr. errichteten die Athener einen prachtvollen Tempel in der Agora, um diese beiden Götter zu ehren. Heute wird dieser Tempel fälschlicherweise als Theseion bezeichnet.

Dionysos, der sich auf einem Felsen ausruht, hat ein Bein auf den Schenkel der Ariadne gelegt, eine Bewegung, die auf die „heilige Hochzeit“ verweist. Zu ihren Füßen der heilige Panther. (Bronzekrater aus Derveni, 320-300 v. Chr.).

Dionysos,
der Gott des Weines

Eines Tages, als Zeus von oben auf die Erde herabschaute, erblickte er die schöne Semele, einer der Töchter des thebanischen Königs Kadmos, und verliebte sich in sie. Um seine Wollust zu stillen, schlich er eines Abend in den Palast ihres Vaters und schlief bei Semele. Hera jedoch, die seine Untreue entdeckt hatte, beschloß, Rache zu nehmen. Da ihr bekannt war, daß Zeus Semele versprochen hatte, ihr jeden Wunsch zu erfüllen, riet sie dem Mädchen, ihn zu bitten, daß er vor ihr erscheinen solle, wie er am Hochzeitstag vor Hera erschienen war. Zeus versuchte Semele diesen Wunsch auszureden, doch umsonst. Sie bestand darauf, daß er sein Wort halte. So erschien der Gott auf seinem Wagen, umgeben von Donnerschlägen und Blitzen. Der Palast fing Feuer, und Semele, von einem der Blitze getroffen oder vor Angst, starb. Da nahm Zeus das Kind, das Semele unter dem Herzen trug, nähte es in seinen Schenkel und trug es aus, bis dann schließlich Dionysos geboren wurde.

Dionysos spielt ekstatisch auf der Barbitos. Zwei Satyrn schlagen Klappern und tanzen um ihn herum. (Innenbild einer rotfigurigen Schale, um 480 v. Chr.).

Um das Kind vor der Eifersucht Heras zu schützen, vertraute Zeus das Kind zunächst Ino, der Schwester Semeles, an, die es dann von den Nymphen des Nysaberges in Asien aufziehen ließ. Doch als Dionysos das Mannesalter erreicht hatte, gelang es Hera, seinen Geist zu verwirren. Der Gott wanderte zunächst durch Ägypten und Syrien und gelangte schließlich nach Phrygien, wo er von Rhea geheilt wurde. Danach reiste er durch Griechenland, um dort seinen Kult zu verbreiten und den Menschen den Weinanbau zu lehren.

Auf seinen Reisen war Dionysos nicht allein. Zu seinen ständigen Begleitern zählten nicht nur die Nymphen des Nysa, die ihn aufgezogen

Der efeubekränzte Dionysos, der in der einen Hand den Thyrsosstab und in der anderen das Tympanon hält, sitzt auf dem Rücken seines heiligen Tieres, des Panthers. (Fußbodenmosaik aus dem „Haus der Masken“ auf Delos, 2. Hälfte des 2. Jhs. v. Chr.).

Mainaden in Ekstase. (Detail). (Attisches Weingefäß, um 420 v. Chr.).

Der Kult des Dionysos

Dionysos war nicht nur der Gott des Weines, sondern auch der Fruchtbarkeit und der Vegetation allgemein. Das Hauptmerkmal seines Kultes war die Ekstase, das heißt das Heraustreten des Menschen aus sich selbst, das durch Weingenuß und schwindelerregenden Tanz erreicht wurde. Zu Ehren des Dionysos wurden viele Rituale abgehalten. An den Orgien („heilige Werke“), die alle zwei Jahre auf dem Parnaß abgehalten wurden, nahmen nur Frauen teil, die Mainaden oder Bakchen genannt wurden und den Gott nach dem Vorbild der mythischen Mainaden verehrten. Sie verfielen in einen Zustand religiöser Hysterie und liefen durch die Wälder, wo sie glaubten, Bäche von Honig, Milch und Wein aus der Erde quellen zu sehen, und zerrissen mit ihren nackten Händen jedes Tier, dessen sie habhaft werden konnten. Ähnliche orgiastische Rituale wurden auch in anderen Gebieten Griechenland abgehalten.

hatten, sondern auch Silene, Satyrn, Mainaden und Pan, ein fröhlicher, wollüstiger Gott mit Bockshörnern und Bocksfüßen.

Die Silene waren Männer mit tierähnlichen Gesichtern, einem Pferdeschwanz oder auch Pferdebeinen. Am liebsten verbrachten sie ihre Zeit damit zu trinken, zu singen und den Nymphen nachzustellen. Die Satyrn waren den Silenen sehr ähnlich. Zum Teil wird auch die Meinung vertreten, daß Silen und Satyr nur zwei verschiedene Bezeichnungen für ein und dieselben pferdgestaltigen Walddämonen sind.

Kleiner Bronzekopf des Dionysos mit Efeukranz. (Bronzestatuette des Dionysos aus Akarnanien, 2. Jh. v. Chr.).

Die Mainaden waren Frauen, die in Ekstase verfielen und den Gott auf eine sehr wilde Art verehrten. Auf Vasenbildern sind sie oft in einem unbändigen Tanz dargestellt, wobei sie einen Thyrsos halten, einen Stab, der mit Efeu geschmückt ist oder mit einem Pinienzapfen an der Spitze. In zahlreichen Szenen halten sie Tiere, die sie auf ihren Wanderungen durch die Wälder fingen oder sie zerfleischen kleine Rehe.

Die Gemahlin des Gottes war Ariadne, Tochter des Königs Minos. Dionysos begegnete ihr auf Naxos, nachdem sie von Theseus verlassen worden war, und verliebte sich in sie. Söhne des Dionysos und der Ariadne waren Staphylos und Oinopion.

Asklepios, der Gott der Heilkunst

Asklepios war zunächst ein Arzt, der als lokaler Heros verehrt wurde. Doch seit der späten klassischen Zeit gehörte er als Heilgott zum griechischen Pantheon. (Relief, um 360 v. Chr.).

Über Lakreia, eine Stadt in Thessalien, herrschte einst Phlegyas, ein Sohn des Ares. Dieser König hatte eine wunderschöne Tochter, die Koronis genannt wurde. Als Apollon sie eines Tages sah, verliebte er sich in sie und verband sich mit ihr. Das Mädchen schämte sich für sein Abenteuer mit dem großen Gott und sprach zu niemandem darüber ein Wort. Überdies war sie schon mit Ischys, einem arkadischen Prinzen, verlobt. Am Tage ihrer Hochzeit sah ein Hahn die Festvorbereitungen und flog sofort nach Delphi, um dem Gott zu hinterbringen, daß seine Geliebte einen Sterblichen heirate. Aus Zorn, daß ihm der Hahn eine so schlechte Nachricht überbracht hatte, verfluchte Apollon ihn, so daß der weiße Hahn ganz schwarz wurde. Danach tötete Apollon mit seine Pfeilen den Ischys und Artemis die Braut Koronis sowie die Frauen ihres Gefolges.

Koronis war jedoch schwanger, und Apollon wollte nicht, daß auch das Kind sterbe. So rettete er das Kind, kurz bevor der Leib der Mutter im Totenfeuer verbrannte, und brachte es ins Peliongebirge, wo er es dem Kentauren Cheiron anvertraute. Neben anderem lernte Asklepios - so wurde das Kind genannt - bei dem Kentauren auch, Krankheiten und Wunden zu heilen. Sein Ruf als Arzt war

Hygieia, eine der Töchter des Asklepios. Weitere Töchter waren Iaso, Akeso und Panakeia. (Kopf einer Statue der Göttin Hygieia, um 360 v. Chr.).

bald so groß, daß Kranke und Verwundete aus ganz Griechenland zu ihm kamen. Als jedoch Asklepios wagte, Tode wieder zum Leben zu erwecken, rief er den Zorn des Zeus hervor, der ihn mit einem Blitz tot niederstreckte.

Einer Sage zufolge besaß Asklepios die Kraft, Tote auferstehen zu lassen, weil er von Athena etwas von dem Blut bekommen hatte, das aus dem abgeschlagenen Kopf der Gorgo gelaufen war. Dieses Blut besaß die Kraft, Menschen zu retten oder zu vernichten.

Die Griechen verehrten Asklepios zunächst als Heros, ab der späten klassischen Zeit jedoch als Gott. Als Gemahlin des Asklepios wird Epione angesehen, eine Gestalt, über die sonst nichts weiter bekannt ist und deren Name eigentlich nur eine Wiederholung eines Teils des Namens des Gottes darstellt. Sie gebar dem Asklepios drei Töchter, Iaso, Akeso und Panakeia, die abstrakte, mit der Medizin zusammenhängende Begriffe personifizieren. Es werden auch noch zwei Söhne erwähnt, Machaon und Podaleirios, die als Krieger und Ärzte am trojanischen Feldzug teilnahmen.

Der Kentaur Cheiron

Die Kentauren waren furchterregende Wesen, zur Hälfte Mensch und zur Hälfte Pferd, die in den Wäldern und Bergen lebten. Die meisten von ihnen waren gewalttätig, unbändig wie Naturgewalten, und sehr streitlustig. Cheiron jedoch ähnelte ihnen nur dem Aussehen nach. Er war sehr ruhig, gerecht und weise, er mochte die Menschen, von denen ihm einige sogar die Erziehung ihrer Kinder anvertrauten. Bei ihm lernten viele Generationen von Helden, die später für ihre Taten berühmt wurden. Eines Tages jedoch verletzte Herakles durch einen bösen Zufall den gutmütigen Kentauren. Da Cheiron unter qualvollen Schmerzen litt, aber unsterblich war, bat er den sterblichen Prometheus, daß er mit ihm tauschen möge. So wurde Prometheus unsterblich und Cheiron fand seinen Frieden im Tod.

Götter der Unterwelt

Pluton und Persephone waren die Herrscher der Unterwelt. Beide sitzen hier in ehrwürdiger Haltung auf einem Thron, Pluton hält eine Phiale und Blumen, Persephone einen Hahn und Ähren. (Lokrischer Pinax, 470-460 v. Chr.).

Absoluter Herrscher der Unterwelt war Pluton oder Hades, auch er, wie Zeus und Poseidon, ein Sohn des Kronos. Aber Pluton war nicht nur der Gott des Todes. Die Menschen glaubten, daß dank seiner ihnen die Erde ihre Früchte schenkte. Sie verehrten ihn also auch als Gott der Fruchtbarkeit und des Reichtums. Als Göttin der Toten und der lebensspendenden Erde wurde auch Persephone, die Gemahlin des Pluton, angesehen. Nach ihrem Raub durch den Gott und der Vereinbarung, die jener mit ihrer Mutter Demeter getroffen hatte, verbrachte Persephone acht Monate des Jahres bei ihrer Mutter auf der Erde und die übrigen vier Monate bei ihrem Mann in der Unterwelt. Wenn sich die Göttin in der Welt der Lebenden aufhielt, grünte die Erde und bereitete sich darauf vor, den Menschen ihre Früchte zu schenken. Ins Reich des Hades stieg sie im Sommer hinab, in der Jahreszeit, in der die Sonne auf die Erde brennt und die Felder brachliegen.

Die Unterwelt, der traurige Ort, an dem sich die Seelen der Toten einfanden, hieß auch Hades. Der Sage nach handelte es sich um ein großes, umzäuntes Gebiet im Innern der Erde, dessen Pforte von Kerberos, einem schreckenerregenden Hund, bewacht wurde, der alle einließ, doch niemanden hinaus. Nur einige große Helden, wie Herakles und Odysseus, unternahmen es mit Erfolg, in die Unterwelt hinabzusteigen und lebendig auf die Erde zurückzukehren.

Zunächst glaubten die Griechen, daß es Hermes sei, der die Seelen bis an die Pforte des Hades geleitete. Später übernimmt dies Charon, eine andere Gottheit der Unterwelt. In vielen Gebieten war der Glaube verbreitet, daß Charon die Seelen

Charon, ein dämonisches Wesen der Unterwelt, hatte die Aufgabe, die Seelen aus der Welt der Lebenden in die Welt der Toten zu führen. Das Bild zeigt Charon in seinem Boot, wie er Hermes aufmerksam zuhört, der gekommen ist, um ihm eine Tote (die nicht dargestellt ist) zu übergeben. (Weißgrundige Lekythos, 450 v. Chr.).

Hades-Pluton war als chtonische Gottheit nicht nur der Gott des Todes, sondern auch der Fruchtbarkeit und des Reichtums. Dargestellt ist er hier im Bett mit seiner Gemahlin Persephone; er hat sich aufgerichtet und hält eine Phiale in der einen Hand und das Füllhorn in der anderen. (Innenbild einer rotfigurigen Schale, um 440 v. Chr.).

mit seinem Boot über den Acherusiasee oder den Acheronfluß in die jenseitige Welt brachte. Der Name Charon bedeutet „der Freude Bereitende"; es ist offensichtlich, daß der Gott euphemisierend so genannt wurde.

Wenn die Toten im Hades angelangten, hatten sie vor drei Richtern zu erscheinen: Minos, Rhadamanthys und Aiakos. Minos, dessen Gesetze, die er zu Lebzeiten erlassen hatte, über Jahrtausende im Gedächtnis der Menschen verhaftet blieben, und Rhadamanthys, der Streitigkeiten zwischen den Menschen zu schlichten und über die Einhaltung der Gesetze zu wachen wußte, waren Söhne des Zeus und der Europa. Aiakos, der weise und gerechte König von Aigina, war ein Sohn des Zeus und der Nymphe Aigina, einer Tochter des Flußgottes Asopos. Der Mythos besagt, daß Rhadamanthys über die Seelen der Asiaten richtete, Aiakos über die der Europäer und daß Minos, als höchster Richter, in Zweifelsfällen die Entscheidungsgewalt besaß.

Die Strafen des Sisyphos und des Tantalos

Im Reich des Hades waren die Strafen für Sünder sehr grausam. Sisyphos, König von Korinth, der gegen Zeus und die Götter der Unterwelt gefrevelt hatte, wurde dazu verdammt, auf ewig einen riesigen Fels einen steilen Berg hinaufzuwälzen, der, immer wenn er den Gipfel erreicht hatte, wieder hinabrollte. Und König Tantalos, der es gewagt hatte, den Menschen göttliche Geheimnisse zu verraten und der seinen eigenen Sohn tötete, um ihn den Göttern als Speise vorzusetzen, wurde zu ewigem Hunger und Durst verdammt. Sobald er sich niederbeugte, um Wasser zu trinken, verschwand dieses. Und sobald er die Hand nach einer Frucht ausstreckte, erhob sich ein ungeheurer Wind, der die Bäume hinforttrug.

Die aufgehende Sonne (Helios). (Metope vom Athenatempel in Ilion, Beginn des 3. Jhs. v. Chr.).

Niedere Götter

Die Nereiden, die fünfzig Meeresgöttinnen, lebten zusammen mit ihrem Vater, dem Meeresgreis Nereus, in den Tiefen des Meeres, wo sie sich ihre Zeit mit Tanz, Gesang und Spiel vertrieben. Auf diesem Vasenbild sieht man sie beim Tanz, während Herakles mit Triton, einem Sohn ihrer Schwester Amphitrite, kämpft. (Innenbild einer schwarzfigurigen Schale, um 550 v. Chr.).

Neben den bisher erwähnten Göttern hatten die Griechen mit ihrer Phantasie noch eine Vielzahl anderer göttlicher Wesen geschaffen. Eines dieser Wesen war Helios, Sohn des Titanen Hyperion, mit seinem goldblonden, wallenden Haar. Jeden Tag trieb er sein flammendes, von geflügelten Pferden gezogenes Gefährt von Osten nach Westen. Und am Abend brachte ein goldener Teller den schlafenden Gott zurück in den Osten. Schwestern des Helios waren die Mondgöttin Selene, deren Name „lichtreich" und „glänzend" bedeutet, und die „rosenfingrige" Eos, die Personifizierung der Morgendämmerung. Menschliche Gestalt besaßen auch die Sterne, und den Regenbogen verkörperte Iris, die Götterbotin.

Vor der Übernahme der Macht durch die olympischen Götter, war auch Hekate, Tochter des Perses, eines Sohnes des Titanen Krios, eine sehr bedeutende Göttin. Nach anderen war Hekate eine Tochter des Zeus, die von ihrem Vater so geachtet wurde, wie nur wenige Göttinnen.

Zu den Erdgottheiten gehörte neben Gaia, Rhea, dem bocksfüßigen Pan und Priapos auch Kybele, eine Göttin phrygischer Herkunft. Sie galt als Fruchtbarkeitsgöttin sowie als Herrin der wilden Tiere. Von ihren Gläubigen wurde sie in den Bergen mit wilden Schreien und ekstatischen Tänzen verehrt, zu denen auf Flöten, Tympana, Zymbeln und Klappern musiziert wurde.

Eine andere Kategorie von Göttern sind jene, die in Gruppen auftreten, wie die Musen, die Sirenen, die Schicksalsgöttinnen, die Erinnyen, die Horen, die Chariten, die Hesperiden, die Silene, die Satyrn, die Kureten, die Korybanten, die Giganten, die Gorgonen, die Harpyien, die Winde und andere. Hierher gehören auch die Nymphen, Vege-

Eos und Helios, beide mit einem Lichtkranz, reisen auf ihren Wagen. Der geflügelte Jüngling, der die Zügel hält, dürfte Phosphoros, der Morgenstern, sein. (Apulischer Krater, spätes 4. Jh. v. Chr.).

Die Musen, Töchter des Zeus, tanzten, sangen und musizierten auf dem Olymp, in Pierien, auf dem Parnaß und Helikon, um die Macht und Weisheit ihres Vater zu rühmen. Das Bild zeigt eine Muse auf dem Helikon, die Kithara spielt. Vor ihr sitzt eine Nachtigall, der Lieblingsvogel der Musen. (Weißgrundige Lekythos, um 440 v. Chr.).

Kybele war eine phrygische Erdgottheit, Fruchtbarkeitsgöttin sowie Herrin der Berge und der wilden Tiere. Hier ist sie mit ihrem Geliebten, dem schönen Attis, dargestellt; sie hält in der einen Hand einen Stab und in der anderen ein Tympanon. Neben ihr das ihr geweihte Tier, der Löwe. (Weihrelief, um 230 v. Chr.).

tationsgottheiten, die in den Wäldern, in den Bergen, in Flüssen und Quellen lebten. Sie leisteten anderen Göttern, darunter auch dem Pan und dem Dionysos, Gesellschaft, verliebten sich in Götter und Sterbliche und zogen oft Götter und Heroen groß. Zu dieser Kategorie zählen auch die Nereiden, die fünfzig hübschen Töchter des Nereus. Die Nereiden lebten in einer silbernen Höhle auf dem Meeresgrund. Doch eilten sie immer herbei, wenn Götter, Heroen oder Menschen in Not waren, glätteten Sturmwellen und halfen den Seeleuten.

Von den übrigen Göttern sollen nur noch einige kurz erwährt werden: Tyche, die das gute Schicksal verkörperte; die Unheilsgöttin Ate, die eine Tochter der Eris („Streit") war; die Liten, die versuchten, den von Ate angerichteten Schaden wiedergutzumachen; Hybris, die Personifizierung der anmaßenden Verhaltens der Menschen, und schließlich zwei Söhne der Nacht: Hypnos, der junge und schöne Gott des Schlafes, und Thanatos, der Tod, der alle, die ihm begegnen, auf ewig mit sich nimmt.

Mythische Landschaften und Völker

Die Griechen glaubten an die Existenz verschiedener mythischer Landschaften, wie das Land der Hyperboreer oder die Inseln der Seligen. Die Inseln der Seligen scheinen mit den Elysischen Gefilden identisch gewesen zu sein, einem paradiesischen Ort, an welchem die Heroen weilten sowie alle, die von den Göttern unsterblich gemacht worden waren. Zu den mythischen Völkern zählten auch die riesenhaften, einäugigen Kyklopen, bei denen zwischen drei Rassen unterschieden wurde. Die menschenfressenden Kyklopen, auf die Odysseus auf seiner Rückkehr nach Ithaka traf; die Blitzer, die die Blitze des Zeus fertigten, und die Gastrocheiren („Schlemmerhände") die so genannt wurden, weil sie Handarbeit verrichteten, um ihren Bauch zu füllen. Als ihre Werke wurden die riesigen Stadtmauern von Tiryns, Argos und Mykene angesehen, die aus diesem Grunde auch kyklopische Mauern heißen.

Mit einer Schlange statt eines Bandes im Haar, mit einem Thyrsosstab in der Linken und einem Leoparden in der Rechten tanzt eine Mänade in Ekstase.
(Innenbild einer weißgrundigen Schale, 490-485 v. Chr.).

Dionysos mit tanzenden Mänaden. (Schwarzfigurige attische Amphora, die von dem Töpfer Amasis signiert ist und deren Bild dem Amasismaler zugeschrieben wird, 540-530 v. Chr.).

DIE HEROEN
Die Heroen
DIE HEROEN

DIE HEROEN

Hauptdarsteller der griechischen Mythen waren jedoch nicht nur die Götter, sondern auch einige außergewöhnliche Sterbliche, die mit besonderen körperlichen und geistigen Gaben ausgestattet, tapfer und großherzig waren. Mit anderen Worten: die Heroen. Sie waren es, die die Welt von Ungeheuern befreiten, blutrünstige Räuber töteten und jedes Unrecht vergalten.

Während man heute unter einem Heroen vor allem einen tapferen Kriegshelden versteht, wurde das Wort in der Antike in einem umfassenderen Sinne als Ausdruck von Ehre und Achtung benutzt. In den Epen des Homer, der Ilias und der Odyssee, wurden vor allem Könige und andere Herrscher als Heroen bezeichnet. Ferner alle, die an Kriegen teilnahmen, und schließlich alle, die sich in irgendeiner Weise auszeichneten, wie Demodokos in der Sängerkunst oder Mulios, der ein bekannter Herold war. Da jedoch die Haupttugend der Homerischen Figuren die Tapferkeit war, hat sich das Wort vor allem in der Bedeutung des heldenhaften Kriegers überliefert.

Die mythischen Heroen waren meist göttlicher Abstammung. Auch unterstanden sie göttlichem Schutz. In Momenten der Not erschien gewöhnlich ein Gott, um ihnen

Die Amazone Antiope verliebte sich in Theseus, als der Held am Zug des Herakles in das Land der Amazonen am Pontos teilnahm. Bei seiner Rückkehr nahm Theseus die Amazone mit nach Griechenland. Dargestellt ist hier die Entführung Antiopes durch Theseus. (Gruppe mit Theseus und Antiope vom Amazonenkampf am Westgiebel des Tempels des Apollon Daphnophoros in Eretria, um 510 v. Chr.).

beizustehen, sie zu beschützen oder um ihnen Rat zu geben. Dies bedeutet jedoch nicht, daß die Helden nicht auch eigene Entscheidungen trafen. Auf seiner Rückkehr nach Ithaka hatte Odysseus den Beistand der Athena, des Hermes und anderer Götter. Doch in den meisten Fällen waren es sein Verstand und sein Erfindungsgeist, die ihn vor dem Tode bewahrten. Und Achill, wie sehr er auch immer nach dem Willen der Athena und seiner Mutter Thetis gehandelt haben mag, beschloß, den Tod seines Gefährten Patroklos zu rächen, wohl wissend, daß dies sein eigenes Ende bedeute.

Herakles, der einen Helm in Form eines Löwenkopfes trägt, zielt mit einem Pfeil auf einen trojanischen Krieger. (Vom Ostgiebel des Aphaiatempels auf Aigina, um 490 v. Chr.).

Eine wichtige Rolle im Leben der Heroen spielten auch die Orakel und die Wahrsager. Sie wandten sich an die Orakel, wie das des Apollon in Delphi und das des Zeus in Dodona, um den Willen der Götter zu erfahren, Antworten auf sie beschäftigende Fragen zu erhalten oder auch um zu erfahren, was das Schicksal für sie bereithalte. Im Orakel des Apollon kaute die Pythia, die Orakelpriesterin, Lorbeerblätter und tat dann die Worte des Gottes kund. Im Orakel des Zeus wurden die Orakelsprüche von drei Priestern oder Priesterinnen erteilt, nachdem sie dem Rauschen der heiligen Eiche gelauscht hatten, die im Bezirk des Heiligtums wuchs. Die namhaftesten Wahrsager waren Kalchas, der die Achaier auf ihrem Zug gegen Troja begleitete, und der blinde Teiresias, der die Wahrheit „sah".

Herakles

Imposante Darstellung des Herakles. Er hält den Dreifuß, den er aus dem delphischen Heiligtum geraubt hat, sein Kopf schaut aus dem offenen Maul des Löwenkopfes hervor, das Löwenfell fällt ihm über die Schultern, er hält seine Keule und hat sein Schwert umgehängt. (Rotfiguriges Gefäß vom Beginn des 5. Jhs. v. Chr.).

Zur Zeit, als in Mykene Elektryon, ein Sohn des Perseus, herrschte, kamen eines Tages die Tapher, Nachfahren seines Bruders Mestor, die bis dahin auf den Echinadeninseln gelebt hatten, in die Stadt, um Anspruch auf die Ländereien ihres Vaters zu erheben. Doch Elektryon weigerte sich, ihre Rechte anzuerkennen. Das Blutvergießen, das folgte, zwang zwar die Feinde zur Rückkehr in ihre Heimat, doch fielen ihm alle neun Söhne des Königs zum Opfer. Da beschloß Elektryon, die Regierungsgewalt und seine Tochter Alkmene seinem Schwager Amphitryon anzuvertrauen, um gegen die Tapher zu ziehen. Doch ein böser Zufall wollte es, daß Amphitryon ungewollt Elektryon tötete, noch bevor dieser zu seinem Kriegszug aufbrechen konnte. Auf diese Gelegenheit hatte Sthenelos, ein anderer Bruder des Elektryon, nur gewartet. Er riß die Macht an sich und vertrieb Amphitryon und die Seinen aus Mykene. Alkmene, die Amphitryon folgte, versprach ihm, seine Frau zu werden, wenn er den Tod ihrer Brüder räche. Die Vertriebenen wurden schließlich in Theben aufgenommen. Mit der Hilfe des thebanischen Königs Kreon stellte Amphitryon ein Heer auf und zog gegen die Insel der Tapher.
Inzwischen hatte Alkmene, wie so viele sterbliche Frauen, die Aufmerksamkeit des Zeus erregt. Doch dieses Mal wollte der König der Götter nicht nur seine Wollust befriedigen; er hatte Alkmene ausersehen, um mit ihr den stärksten und tapfersten Sterblichen zu zeugen, der die Menschen von vielem Übel befreien sollte. So erschien er eines Nachts vor ihr in der Gestalt des Amphitryon und schlief mit ihr. Nur kurz darauf kehrte Amphitryon von seinem siegreichen Feldzug zurück, und auch er schlief mit ihr. Die Folgen dieser Nacht sollten wenige Monate ans Licht kommen. Alkmene gebar nämlich Zwillinge: Herakles, dessen

Amphitryon zündet zusammen mit Antenor den Scheiterhaufen an, auf dem er seine Gemahlin Alkmene verbrennen will, weil sie sich während seiner Abwesenheit Zeus hingegeben hatte. Zeus erhört die flehentlichen Bitten der Alkmene und sendet Wolken - in der Gestalt junger Mädchen -, die das Feuer löschen sollen. Eos, oben rechts, verfolgt die Szene. Hinter Alkmene sieht man einen Regenbogen, und die weißen Punkte deuten vermutlich den Schauer oder Goldregen an, der vom Himmel fiel, während sich Zeus mit der Sterblichen vereinigte. (Paestanischer Krater, 350-325 v. Chr.).

Vater Zeus, und Iphikles, dessen Vater Amphitryon war.
Am Tag der Geburt des Herakles, rief Zeus alle Götter herbei und prahlte, daß das Kind, das in jener Nacht das Licht der Welt erblicken werde, über alle Menschen herrschen werde, da es von ihm abstamme. Hera jedoch, die seine Pläne durchkreuzen wollte, ließ ihn schwören, daß seine Worte in Erfüllung gehen würden. Um ihr Ziel zu erreichen, mußte sie einzig dafür sorgen, daß ein anderes Kind vor Herakles geboren wurde. Also befahl sie der Geburtsgöttin Eileithyia, die Wehen Alkmenes zu verzögern und Eurystheus, den Sohn des Sthenelos und der Nikippe, als Siebenmonatskind zur Welt zu bringen. Wie es Zeus geschworen hatte, war Eurystheus zum König bestimmt und Herakles, der später zur Welt kam, zu seinem Diener.

Die Milch der Hera

Da es geschrieben stand, daß keiner der Söhne des Zeus zu göttlichen Ehren gelangen könne, wenn er nicht von der Milch der Hera trinke, nahm Hermes den neugeborenen Herakles und legte ihn an Heras Brust, ohne daß sie es gewahr wurde. Als sie Hermes List entdeckte, war es schon zu spät, denn Herakles hatte längst von ihrer Milch getrunken. Wütend stieß sie ihn von sich und ein Strahl von Milch schoß über den Himmel; so entstand die Milchstraße.

Aus Angst vor der Eifersucht der Hera setzte Alkmene den neugeborenen Herakles in einem Wald aus. Dort kamen zufälligerweise Athena und Hera vorbei, die das Neugeborene sahen und bewunderten. Athena überredete Hera, das Kind zu säugen. Hier ist die Szene der Säugung dargestellt. Athena reicht Hera eine Lilie, und rechts sieht man die geflügelte Iris. (Apulische Lekythos, 375-350 v. Chr.).

Die Jugend des Herakles

Herakles erwürgt die beiden Schlangen, welche Hera, die seinen Tod wünschte, in sein Bettchen geschickt hatte. Athena, links, hält den Speer in der Rechten, während sie ihre Linke zum Beweis des Schutzes über Herakles hält. Iphikles, der Bruder des Herakles, streckt ängstlich seine Arme der Amme entgegen, die herbeigeeilt ist, um die Kinder aus dem Bett zu nehmen. (Rotfiguriges Weingefäß, um 480 v. Chr.).

Die Eifersucht Heras auf Alkmenes Sohn Herakles war noch lange nicht dadurch befriedigt, daß sie ihn zum Bediensteten des Eurystheus gemacht hatte. Sie überlegte sich, wie sie ihn auf möglichst schreckliche Weise töten könne. Eines Abends, als Herakles und Iphikles ruhig in ihrer Wiege schliefen, sandte sie zwei Riesenschlangen, die die Neugeborenen verschlingen sollten. Beim Anblick der Ungeheuer begann Iphikles zu weinen. Herakles hingegen fürchtete sich keineswegs. Er erwürgte die Schlangen und schleuderte sie zu Füßen des Amphitryon, der inzwischen mit seiner Gemahlin und den Bediensteten herbeigeeilt war. Alle wurden gewahr, daß das Kind mit übermenschlicher Kraft und außerordentlichen Fähigkeiten begabt und wahrlich ein Sohn des Zeus war.

Als er etwas größer war, lernte Herakles bei den namhaftesten griechischen Lehrern. In das Studium der Literatur und das Lyraspiel führte ihn Linos, ein Sohn des Apollon, ein, der jedoch den jähzornigen Charakter seines Schülers teuer bezahlen mußte. Eines Tages war Herakles über die Bemerkungen seines Lehrer so er-

Herakles, der von seinen protestierenden Mitschülern umringt ist, erhebt einen zerbrochenen Schemel gegen seinen Lehrer Linos, der ihn während des Unterricht zurechtgewiesen hatte. (Rotfigurige Schale, 470-460 v. Chr.).

zürnt, daß er ihm mit der Lyra auf den Kopf schlug und ihn tötete. Doch nach einem Gesetz des Rhadamanthys, eines Sohnes des Zeus und der Europa, war unschuldig, wer im Streit denjenigen, der ihn begonnen hatte, umbrachte. Und so wurde Herakles nicht des Mordes bezichtigt.

Nach diesem Zwischenfall schickte Amphitryon sein Kind aufs Land, daß es seine Rinder hüte. Herakles war gerade achtzehn Jahre alt geworden, als er Gelegenheit erhielt, seine erste Heldentat zu vollbringen. Das Gebiet des Kithaironberges wurde von einem riesigen Löwen heimgesucht, der die Herden des Amphitryon und seines Nachbarn Thespios, des Königs der Thespier, überfiel. Herakles beschloß, das Land von dieser Plage zu befreien. Während der fünfzig Tage der Löwenjagd lebte er als Gast am Hofe des Thespios. Dieser König hatte fünfzig Töchter, und er wollte, daß alle ein Kind des Herakles zur Welt brächten. So schickte er jeden Abend eine andere Tochter ins Bett des Herakles. Dieser, im Glauben, daß es sich immer um dasselbe Mädchen handle, schlief mit allen, außer mit einer, die sich weigerte. Dennoch wurden hinterher fünfzig Kinder geboren, da eine der Töchter Zwillinge zur Welt brachte. Sobald Herakles des Löwen getötet hatte, verließ er Thespios und dessen Töchter und machte sich auf nach Theben.

Die Etymologie des Namens des Herakles

Einer Auffassung nach wurde der Held, der eigentlich Akleides hieß, Herakles genannt, weil die Eifersucht der Hera ihn immer wieder dazu brachte, neue Taten zu vollbringen, die seinen Ruhm (*kleos*) begründeten. Diese Etymologie ist heute allgemein anerkannt, da Herakles zum Personenkreis um Hera gehört. Einer anderen Meinung zufolge erhielt er den Namen von Pythia, der Priesterin des Apollonorakels, als er dort einst einen Orakelspruch erbat. Der Grund für diesen Namen war, daß Herakles unendlichen Ruhm (*kleos*) erlangen werde, indem er den Menschen Nutzen (*era*) bringe.

Der Wahnsinn des Herakles

Von rastlosem Haß besessen, strafte Hera den Helden Herakles dieses Mal mit der Geißel des Wahnsinns, der seinen Geist verwirrte und in ihm den Trieb nach Zerstörung und Mord weckte. In der Vorhalle eines monumentalen Gebäudes hat Herakles in seinem Wahn eines seiner Kinder gepackt, um es zu den brennenden Gegenständen zu werfen, die er in seiner Zerstörungswut herbeigezerrt und angezündet hatte. Seine verzweifelte Frau Megara versucht zu entkommen. Aus dem Obergeschoß der Säulenhalle verfolgen der Neffe des Herakles, Iolaos, und Alkmene voller Schreck die Szene. (Paestanischer Krater, 350-325 v. Chr.).

Auf seiner Rückkehr von der Löwenjagd auf dem Kithairon begegnete Herakles den Gesandten aus Orchomenos, die den Tribut der Thebaner eintreiben wollten. Der Grund für diesen Tribut war, das einst der Wagenlenker Menoikeus, Vater des Kreon, den König von Orchomenos, Klymenos, tödlich verletzt hatte. Sterbend befahl dieser seinem Sohn Erginos, seinen Tod zu rächen. So zog Erginos mit einem Heer gegen die Thebaner, besiegte sie und verpflichtete sie, ihm zwanzig Jahre lang jährlich einhundert Rinder zu senden.

Als Herakles davon erfuhr, wallte in ihm der Zorn auf. Er fing die Gesandten aus Orchomenos, schnitt ihnen Nasen und Ohren ab, band ihnen die Hände auf dem Rücken zusammen und schickte sie in ihre Heimat mit der Nachricht an Erginos, daß dies der Tribut sei, den Theben an Orchomenos zahle. Diese Beleidigung war so groß für die Stadt, daß der König von Orchomenos beschloß, gegen Theben zu ziehen. Doch dieses Mal kämpften die Thebaner unter der Führung des Herakles. Mit den Waffen, die ihm Athena selbst geschenkt hatte, gewann der Held den Kampf, tötete Erginos und verpflichtete die Minyer, die Bewohner von Orchomenos, den Thebanern ei-

STAMMBAUM DES HERAKLES

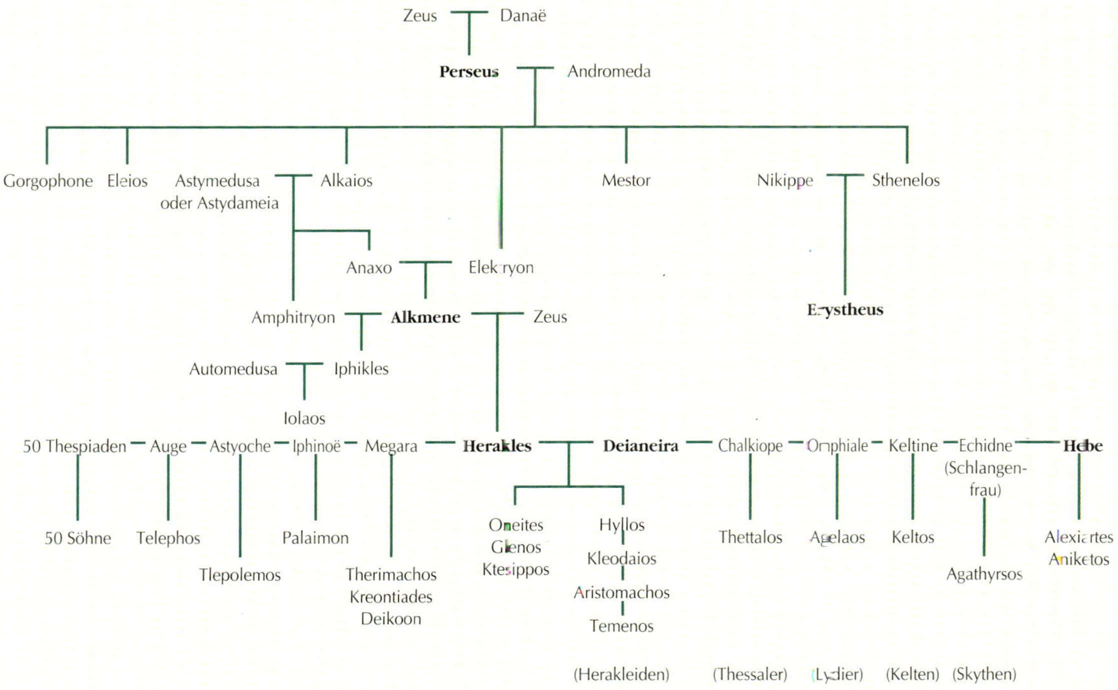

nen dreimal so hohen Tribut zu zahlen. Als Lohn für seine Dienste gab Kreon dem Herakles seine älteste Tochter Megara zur Frau, die ihm das Zepter der Stadt überreichte.

Viele Jahre lebte Herakles glücklich und zufrieden mit Megara und den Kindern, die sie zusammen hatten, und regierte Theben. Der Haß Heras jedoch ließ sein Leben ein weiteres Mal eine neue Wendung nehmen. Sie strafte ihn mit Wahnsinn. In seinem Wahn hielt er seine Frau und seine Kinder für Feinde und schoß sie nieder. Da aber griff Athena ein; sie schleuderte einen Stein gegen seine Brust, und Herakles fiel in einen todgleichen Schlaf.

Als Herakles erwachte, war er vom Wahnsinn geheilt. Als er erkannte, welches Unheil er verursacht hatte, begab er sich zum Orakel von Delphi, um dort Rat einzuholen. Dort erfuhr er, daß er, um sich von seiner Tat reinzuwaschen, zwölf Jahre lang dem Eurystheus treu zu dienen habe, der damals über Mykene, Tiryns und Argos herrschte. Auch erfuhr er, daß er unglaubliche Taten vollbringen werde, daß er die Unsterblichkeit erlangen und zusammen mit den anderen Unsterblichen auf dem Olymp leben werde.

Die Waffen des Herakles

Die Waffen des Herakles waren ein Werk des Hephaistos. Auf dem mit Silber, Gold und Elfenbein verkleideten Schild hatte der Gott die Figuren der Angst und des Mordes, den Streit und die Schlacht dargestellt, Herden von Wildschweinen und Löwen, die Schlacht zwischen den Lapithen und den Kentauren, Ares, Athena und Perseus mit den Gorgonen. Ringsum am Rand hatte er den unendlichen Okeanos abgebildet.

Das Ende des Amphitryon und der Alkmene

Die Sage erzählt, daß Amphitryon in der Schlacht gegen Erginos fiel. Alkmene wurde nach ihrem Tod von den Göttern auf die Inseln der Seligen geschickt, wo sie die Gemahlin von Rhadamanthys, einem Sohn des Zeus und Bruder des Minos, wurde.

Herakles hat seine Keule beiseite gelegt und versucht mit der Sichel die zwölf Köpfe der Lernaiischen Hydra abzutrennen, während Iolaos, rechts, mit einem brennenden Ast die Wunden versengt, damit keine neuen Köpfe nachwachsen. (Rotfiguriges Weingefäß, 480-470 v. Chr.).

Arbeiten des Herakles auf dem Peloponnes

Herakles erwürgt den Nemeischen Löwen mit seinen bloßen Händen, da das Ungeheuer gegen alle Waffen gefeit war. (Schwarzfigurige Amphora, um 510 v. Chr.).

Wie ihm das Orakel bedeutet hatte, mußte Herakles zwölf Jahre lang die Befehle des Eurystheus befolgen. In dieser Zeit vollbrachte der Held zwölf große Leistungen, die sogenannten Arbeiten. Die erste Arbeit, die zu erledigen ihm Eurystheus befahl, war, den Nemeischen Löwen zu töten. Dieses Ungeheuer, ein Kind der Echidne und des Hundes Orthos, verschlang ungehindert Menschen und Tiere, da es gegen Eisen, Bronze und Stein gefeit war. So legte Herakles seine Waffen an und machte sich auf ins Jagdrevier des Löwen. Als er durch den Wald von Nemea kam, brach er von einem wilden Ölbaum einen Ast ab und fertigte daraus eine schwere Keule, die er in Zukunft nur noch selten aus der Hand legen sollte. Schließlich gelangte er zur Höhle des Ungeheuers. Mensch und Tier rangen lange Zeit, bis Herakles den Hals des Löwen umklammern konnte und das Ungeheuer erwürgte. Zur Erinnerung an seinen Sieg bestimmte Herakles, daß in Nemea Wettkämpfe durchgeführt werden sollten. Diese Nemeischen Spiele, bei denen die Sieger Kränze aus wildem Eppich erhielten, wurden später sehr bekannt. Um dem Löwen sein Fell abzuziehen, benutzte er die Krallen des Ungeheuers, und seither trug er das Löwenfell als Mantel, wobei er sich den Löwenkopf als Helm überstülpte.

Bei seiner zweiten Arbeit sollte Herakles die Lernaiische Hydra töten, ein Ungeheuer mit neun Schlangenköpfen, dem Typhon und der Echidne geboren, dessen vergifteter Atem alles Lebende tötete. Zu den Lernaiischen Sümpfen, in denen das Unge-

Während Herakles mit seinem Freund, dem Kentauren Pholos, aß und trank, wurden die anderen Kentauren vom Wohlgeruch der Speisen und des Weins angelockt. Mordlustig stürzten sie sich mit Steinen und Ästen auf Herakles. (Rotfigurige Schale, um 500 v. Chr.).

Herakles und Kentauren

Auf seinem Weg zum Erymanthosberg begegnete Herakles dem Kentauren Pholos, der ihn in seine Höhle lud und ihn verköstigte. Pholos jedoch wagte es, einen Weinkrug zu öffnen, der gemeinsames Gut der Kentauren war. Der Geruch des Weines ließ die Kentauren herbeiströmen, die äußerst feindlich gesinnt waren. Es folgte eine Schlacht, in der Herakles mit seinen vergifteten Pfeilen viele Kentauren tötete. Später zog Pholos einen Pfeil aus der Wunde eines toten Kentauren, um ihn zu betrachten. Aber der Pfeil fiel ihm aus der Hand und verwundete ihn am Fuß, wodurch auch er starb. Herakles war sehr betrübt über den Tod des guten Kentauren und begrub ihn unter einem Berg in Arkadien, der seither Pholoë heißt.

heuer lebte, ging Herakles nicht allein; bei ihm war sein geliebter Neffe Iolaos, Sohn seines Bruder Iphikles. Als das Ungeheuer auftauchte, schnitt ihm der Held mit einer scharfen Sichel einen Kopf nach dem anderen ab. Doch umsonst, denn an deren Stelle wuchsen sofort zwei neue Köpfe hervor. In diesem Augenblick rief er Iolaos um Hilfe. Sobald Herakles einen Kopf abgeschnitten hatte, versengte Iolaos die Wunde mit brennenden Ästen, damit kein neuer nachwachse. Den mittleren Kopf der Hydra, der unsterblich war, vergrub Herakles in der Erde und rollte einen riesigen Stein auf die Stelle. Dann tauchte er seine Pfeile in die Galle des toten Ungeheuers. Von nun an war selbst die kleinste Wunde von einem dieser Pfeile unweigerlich tödlich.

Der dritte Befehl des Eurystheus an Herakles war, den Erymanthischen Keiler lebend zu fangen. Dieser Keiler war ein wildes, ungeheuer großes Tier, das auf dem Erymanthosberg in Arkadien lebte. Der Held verfolgte das Tier ohne Unterlaß, bis es schließlich erschöpft war und er es fangen konnte. Danach schulterte er den Keiler und kehrte nach Mykene zurück. Der Anblick schreckte Eurystheus so sehr, daß er sich in einem großen Bronzegefäß in der Erde versteckte, das er eigens für solche Fälle hatte fertigen lassen.

Auf diesem Bild sieht man Herakles, der mit dem Erymanthischen Keiler auf der Schulter zum Hof des Eurystheus kommt, der sich beim Anblick des Ungeheuers voller Angst in einem Gefäß versteckt. Auch Athena, rechts, scheint das Ungeheuer widerwärtig zu finden, während Hermes von rechts herbeikommt, um die Gemüter zu beruhigen. (Schwarzfigurige Amphora, um 510 v. Chr.).

Arbeiten des Herakles auf dem Peloponnes

Mit seiner Schleuder greift Herakles die Stymphalischen Vögel an, von denen sich einige in die Luft erhoben haben, während andere auf dem See schwimmen. (Schwarzfigurige Amphora, um 530 v. Chr.).

Das nächste Mal befahl Eurystheus dem Herakles, ihm die Keryneiischen Hindin einzufangen. Diese Hirschkuh, die in den Keryneiischen Hügeln lebte, besaß goldene Hörner und war der Jagdgöttin Artemis geweiht. Doch war dieses Tier schnell wie der Wind, und Herakles jagte es unermüdlich ein ganzes Jahr lang über Berge, in Wäldern und auf Wiesen. Doch erst als er es mit einem Pfeil leicht verletzte, gelang es ihm, das Tier zu fangen. Auf seiner Rückkehr nach Mykene begegnete er Artemis, die sich erzürnte, als sie ihre heilige Hirschkuh gefangen sah. Da erklärte ihr Herakles, daß er auf Befehl des Eurystheus handle, woraufhin ihn die Göttin beruhigt von dannen ziehen ließ.

Im Norden Arkadiens lag einst eine Stadt namens Stymphalos, die von Sümpfen umgeben war. In diesen Stymphalischen Sümpfen hatten sich wilde, schreckliche Vögel niedergelassen, die bronzene Flügel besaßen und mit ihren Federn, die sie gleich Pfeilen abschießen konnten, Mensch und Tier töteten. Die Vertreibung dieser gefährlichen Vögel war die fünfte Arbeit des Herakles. Dazu mußte er sie zunächst einmal aus den dichten Büschen am Rande des Sees aufscheuchen. Glücklicherweise eilte Athena zu seiner Hilfe und schenkte ihm zwei bronzene Klappern. Der Lärm der Klappern erschreckte die Vögel so sehr, daß sie sich in großen Scharen in die Luft erhoben. Er schoß Unmengen von ihnen nieder, und die übrigen flogen weit fort, so daß das Land von diesem Übel befreit war.

Herakles hat die Keryneiische Hirschkuh auf den Boden geworfen und versucht, ihr goldenes Horn abzubrechen. (Rotfigurige Schale, um 480 v. Chr.).

Die sechste Arbeit vollbrachte Herakles in Elis, das von Augeias, einem Sohn des Helios, beherrscht wurde. Dieser König hatte so viele Rinder und Schafe, daß das Land in dem Mist der Tiere versank und die Menschen ihre Felder nicht bestellen konnten. Also befahl Eurystheus dem Helden, das Land des Augeias binnen eines Tages mit seinen eigenen Händen zu säubern. Herakles erschien von dem König und sagte ihm, daß er das Land von dem Mist reinigen werde, ohne allerdings zu erwähnen, daß er auf Befehl des Eurystheus handle. Augeias, der nicht glaubte, daß irgendein Mensch eine solche Leistung vollbringen könne, versprach ihm zum Lohn einen Teil seines Königreiches oder ein Zehntel seiner Herden. Doch rechnete er nicht mit dem Erfindungsgeist des Helden. Denn Herakles grub zunächst einen tiefen Graben und leitete dann die Wasser des Alpheios und des Peneios durch das Land. So wurde binnen weniger Stunden der ganze Mist ins Meer gespült. Aber als Augeias erfuhr, daß der Held auf den Befehl des Eurystheus handelte, verweigerte er ihm den vereinbarten Lohn. Und Eurystheus, der von der List des Herakles erfuhr, wollte seine Arbeit nicht anerkennen.

Der Krieg mit Augeias

Als Augeias sich weigerte, Herakles für seine Arbeit zu entlohnen, stellte sich Phyleus, der Sohn des Königs, auf die Seite des Helden, da auch er das Unrecht empfand. Doch Herakles blieb nicht tatenlos. Er sammelte ein Heer und siegte nach vielen Wirren über die Eleer und tötete Augeias. Danach rief er Phyleus von der Insel Dulichion zurück, auf die jener geflüchtet war, und übergab ihm die Herrschaft des Landes. Damit sich die Menschen an seinen Sieg erinnerten, führte Herakles Wettspiele ein, die alle vier Jahre in Olympia abgehalten wurden: die Olympischen Spiele.

Arbeiten des Herakles in anderen Gegenden

Reliefdarstellung vom Kampf des Herakles mit dem Stier von Knossos. (Metope vom Zeustempel in Olympia, 470-456 v. Chr.).

Als sich Zeus in Europa verliebte, soll er sich in einen Stier verwandelt haben und mit dem Mädchen auf dem Rücken bis nach Kreta gelangt sein. Andere Sagen jedoch erzählen, daß der Gott und Europa auf einem wirklichen Stier reisten. Dieser Stier bewegte sich frei auf der Insel, bis die Götter seinen Verstand verwirrten und er begann, großen Schaden zu verursachen. Die nächste Arbeit führte Herakles also nach Kreta, wo er den wildgewordenen Stier einfangen sollte. Nachdem er ihn einige Zeit gejagt hatte, ergriff er ihn bei den Hörnern, band ihn, und übergab den Stier Eurystheus. Als dieser das Tier erblickte, war er von seiner Schönheit geblendet und wollte ihn Hera opfern. Doch die Göttin verweigerte das Geschenk, da der Stier Herakles zu weiterem Ruhm verholfen hatte. So ließ Eurystheus das Tier frei, das nach langen Wanderungen nach Marathon kam. Dort wütete es weiter, bis es von Theseus, dem großen Heroen Athens, gefangen und dem delphischen Apollon geopfert wurde.

Diese kleine Bronzegruppe stellt Herakles dar, der zwei menschenfressende Pferde des Diomedes gezähmt hat.

Der achte Befehl des Eurystheus lautete, daß Herakles die Pferde des Diomedes lebend zu fangen und ihm zu bringen habe. Diomedes, ein Sohn des Ares, war König des wilden und kriegerischen Volkes der Bistoner, die in Thrakien lebten. Die Pferde, aus deren Nüstern Feuer spien, waren so wild, daß sie sich von Menschenfleisch nährten. Als Herakles am Palast des Diomedes angelangte, tötete er die Wächter, trieb die Pferde hinunter zum Meer, wo sein Schiff vor Anker lag, und vertraute sie seinem Freund Abderos an. Inzwischen hatte Diomedes erfahren, was vorgefallen war, und rief die Bistoner herbei, daß sie die Eindringlinge verfolgten. Dies voraussehend waren Herakles und

Herakles, der Kriegsfeind der Amazonen, hat eine Amazone bei der Kopfbedeckung gefaßt und tritt auf ihren Fuß, um sie bewegungsunfähig zu machen. (Metope vom Tempel E in Selinus, 470-460 v. Chr.).

Die Amazonen

Die Amazonen waren ein kriegerisches Volk, das nur aus Frauen bestand. Sie regierten, übten sich in den verschiedenen Sportarten, jagten und zogen in den Krieg. Männer gab es nicht, und wenn es sie gegeben hat, hatten die den Platz, den sonst die Frauen einnehmen. Von den Kindern, die die Amazonen zur Welt brachten, wurde den Mädchen die rechte Brust abgeschnitten, damit sie sie nicht beim Kampf behindere, und den Jungen wurden Arme und Beine verdreht, damit sie keine Krieger würden, sondern Hilfsdienste leisteten. Die meisten glaubten, daß sich das Land der Amazonen in Kleinasien befinde, doch gab es darüber auch andere Meinungen.

seine Gefährten zum Palast zurückgekehrt, um die Feinde zurückzuschlagen. Nach dem Kampf, in dem Diomedes getötet und seine Männer in die Flucht geschlagen wurden, kehrte Herakles mit seinen Gefährten zum Schiff zurück. Dort sah er voller Entsetzen, daß die Pferde seinen Freund Abderos zerfleischt hatten. In großer Trauer begrub er seinen Gefährten und gründete zu dessen Ehren eine Stadt namens Abdera. Danach brachte er die gefesselten Pferde nach Mykene.

Der nächste Wunsch des Eurystheus war es, den Gürtel der Hippolyte zu bekommen, der Königin des mythischen Volkes der Amazonen. Herakles sammelte viele Gefährten und segelte nach Themiskyra, einer Stadt am Pontos Euxeinos, in der die Amanzonen lebten. Hippolyte hieß die Gefährten willkommen und versprach Herakles den Gürtel. Doch Hera, die sich in eine Amazone verwandelt hatte, begann ihn zu verleumden und klagte ihn an, daß er gekommen sei, die Macht an sich zu reißen. Die anderen Amazonen glaubten ihren Worten, sprangen auf ihre Pferde und sprengten mit wildem Kriegsgeschrei zum Hafen. Als Herakles die bewaffneten Reiterinnen sah, glaubte er, daß ihm Hippolyte eine Falle gestellt habe. In der folgenden Schlacht tötete er zahlreiche Amazonen, darunter auch Hippolyte. Dann nahm er den Gürtel und kehrte ein weiteres Mal siegreich an den Hof des Eurystheus zurück.

Hier ist dargestellt, wie die Amazonen Herakles den Gürtel der Hippolyte übergeben. Der junge Herakles sitzt auf einem Felsen und betrachtet den Gürtel, den ihm die Amazone reicht. (Lukanische Hydria, um 430 v. Chr.).

Arbeiten des Herakles in anderen Gegenden

Auf diesem Bild greift Herakles mit seinem Schwert den dreikörprigen Geryon an, während der Rinderhirt Eurytion sterbend am Boden liegt. Athena, links, ermutigt ihren Schützling, während Iolaos (?), rechts, voller Schrecken flieht. (Schwarzfigurige Amphora, um 540 v. Chr.).

Atlas stiehlt für Herakles die Äpfel der Hesperiden, während dieser das Himmelsgewölbe auf seinen Schultern trägt. Athena hilft ihrem Schützling, indem sie mit ihm zusammen die Last trägt. (Metope vom Zeustempel in Olympia, 470-465 v. Chr.).

Im fernen Westen, jenseits des Okeanos, lag die Insel Erytheia. Dort lebte Geryon, Sohn des Chrysaor und der Okeanide Kallirrhoë, ein schreckliches Ungeheuer mit drei Körpern und drei Köpfen. Geryon besaß eine Herde herrlicher Rinder mit rotem Fell, die Eurytion, ein Sohn des Ares, zusammen mit Orthos hütete, einem Hund mit zwei Köpfen und einem Schlangenschwanz. Herakles machte sich also auf, die Rinder auf Befehl des Eurystheus zu rauben. Nachdem er verschiedene Abenteuer mit Übeltätern und Ungeheuern überstanden hatte, gelangte er schließlich an die Meerenge, die Europa von Afrika trennte, wo er in Erinnerung an seine Reise zwei riesige Säulen errichtete, die die Säulen des Herakles genannt wurden. Dann, nachdem ihm

Helios den goldenen Teller geliehen hatte, auf dem er nachts reiste, überquerte er den Okeanos und gelangte nach Erytheia. Ohne Zeit zu verlieren, tötete er mit seiner Keule Orthos und Eurytion und streckte auch Geryon, der herbeigelaufen war, um seine Herde zu beschützen, mit einem Pfeil nieder. So kehrte der Held mit den Rindern des Geryon nach Mykene zurück.

Der nächste Auftrag des Herakles war, den Wächter des Hades, Kerberos, ein Ungeheuer mit drei Hundsköpfen und einem in einen Schlangenkopf auslaufenden Schwanz, zu fangen und auf die Oberwelt zu bringen. Der Held begab sich also zu einem der Eingänge zur Unterwelt, einer Höhle am Tainaronkap, wo er den Charon antraf und ihn zwang, ihn auf seinem Kahn ins Reich der Toten zu fahren. Dort erschien er vor Pluton und Persephone und bat sie um Erlaubnis, den Kerberos zu fangen. Pluton gab ihm seine Erlaub-

Herakles zeigt Eurystheus den riesigen Kerberos, den Hund der Unterwelt mit drei Köpfen und gifti-gen Schlangen an Köpfen und Beinen. Zu Tode erschreckt, versteckt sich Eurystheus in einem Gefäß. (Caeretaner Hydria, um 520 v. Chr.).

Die Äpfel der Hesperiden

Auf der Hochzeit des Zeus und der Hera schenkte Gaia der Braut herrliche goldene Äpfel als Symbol der ewigen Jugend und der Unsterblichkeit. Hera war so erfreut über das Geschenk, daß sie befahl, die Samen in den Garten der Hesperiden zu pflanzen. So wuchsen die Bäume, die goldene Äpfel trugen, jene goldenen Äpfel, die Herakles dem Eurystheus bringen sollte.

nis, allerdings unter der Bedingung, daß er keine Waffe gebrauche. Und wirklich bezwang Herakles das Ungeheuer mit seinen bloßen Händen, brachte es zum Hof des Eurystheus und danach wieder in den Hades zurück, wie er Pluton versprochen hatte.
Schließlich war Herakles gezwungen, die goldenen Äpfel der Hesperiden zu stehlen. Diese herrlichen Äpfel hingen im Garten der Götter, im fernen Westen, wo die Töchter der Nacht, die Hesperiden, lebten. Bewacht wurden die Äpfel von Ladon, einer Riesenschlange mit hundert Köpfen. Auf seiner Reise durchquerte Herakles viele Länder, bis er schließlich in den Kaukasus kam. Dort tötete er den Geier, der an der Leber des Prometheus fraß, und befreite den Titanen. Aus Dankbarkeit riet dieser dem Helden, sich um Hilfe an seinen Bruder Altas zu wenden, der auf seinen Schulter das Himmelsgewölbe trug, unmittelbar neben dem Garten der Hesperiden. Und so geschah es auch. Atlas wies Herakles an, kurz an seiner Statt den Himmel zu tragen, begab sich in den Garten und mit Hilfe der Hesperiden, die das Ungeheuer mit Zauberkräutern in tiefen Schlaf versenkten, raubte er drei goldene Äpfel. Doch als er zurückkam, wollte er, daß Herakles auf ewig das Himmelsgewölbe trage. Herakles zeigte sich einverstanden, bat ihn jedoch, die Last für einen kurzen Augenblick zu übernehmen, denn er wolle sich Kissen auf die Schultern legen, da diese solche Last nicht gewöhnt seien. Atlas ließ sich überlisten, und kaum hatte er den Himmel gehoben, machte sich Herakles mit seinen drei goldenen Äpfeln von dannen. Und so hatte er auch seine zwölfte Arbeit vollbracht.

Eine andere Version des Mythos besagt, daß Herakles in den Besitz der Äpfel gelangte, indem er zuvor den Drachen tötete, der sie bewachte und sich hier um den Stamm des Apfelbaumes schlängelt, oder aber dadurch, daß er die Hesperiden überredete, ihm die Äpfel zu geben. Der Held sitzt auf seinem Löwenfell und hält die Keule in seiner Rechten. (Gefäß des 5. Jhs. v. Chr.).

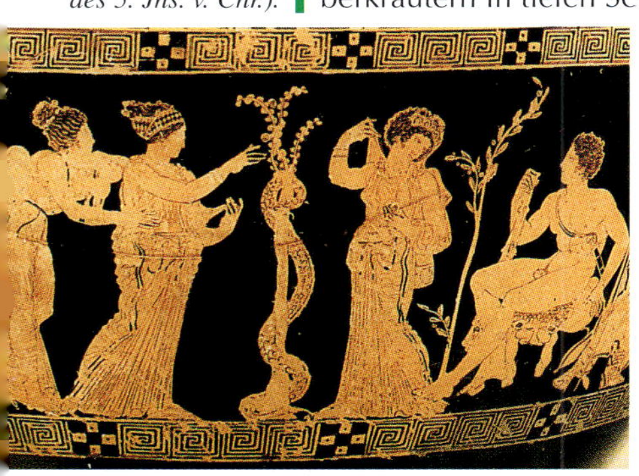

Andere Taten des Herakles

Auf seinem Weg zum Garten der Hesperiden kam Herakles auch durch Libyen, wo er von dem Giganten Antaios hörte, dem König des Landes, der ein Sohn des Poseidon und der Gaia war und unvorstellbare Kräfte besaß. Der Held forderte den Giganten zum Zweikampf heraus, und hier sieht man, wie Herakles ihn durch einen geschickten Griff bewegungsunfähig gemacht hat. (Rotfiguriger attischer Krater, signiert von dem Vasenmaler Euphronios, um 515 v. Chr.).

Neben seinen großen Arbeiten hat Herakles noch eine Vielzahl anderer Taten vollbracht, nicht weil er dazu gezwungen gewesen wäre, sondern weil er seine Kraft und Tapferkeit in den Dienst der Menschen stellte. Als er einst durch die Länder reiste, um die Äpfel der Hesperiden zu finden, tötete er Kyknos, einen Sohn des Ares, der den Pilgern auflauerten, die zum Orakel von Delphi wallfahrten, sie überfiel und sie enthauptete. Ferner tötete er Busiris, den König Ägyptens, der dem Zeus alle Fremden opferte, die in sein Land kamen.

Der Held nahm es auch mit Antaios auf, einem Sohn des Poseidon und der Gaia, der über Libyen herrschte. Der blutrünstige König forderte alle Fremden, die durch sein Land reisten, zum Kampf, und da er mit übermenschlichen Kräften ausgestattet war, tötete er sie und sammelte ihre Schädel, um daraus seinem Vater Poseidon einen Tempel zu errichten. Als Herakles davon Kunde erhielt, ging er zu Antaios und forderte ihm zum Zweikampf heraus. Für Antaios, der glaubte einen Widersacher wie alle anderen vor sich zu haben, war es ein schwerer Kampf. Doch auch Herakles konnte Antaios nicht besiegen, solange dieser die Erde berührte, denn dadurch erhielt er neue Kräfte. Schließlich aber hob ihn Herakles hoch in die Luft, damit er nicht mehr die Erde berühre, und umklammerte ihn so fest, daß er dem König alle Knochen brach. Kurz danach lag Antaios leblos am Boden.

Eine der bekanntesten Taten des Herakles ist die Eroberung von Troja. Die Geschichte begann damit, daß Poseidon König Laomedon strafen wollte, weil dieser

Herakles nähert sich dem riesigen Ungeheuer, das Poseidon den Troern gesandt hatte, um ihren König Laomedon zu strafen, und versucht es zu töten, indem er ihm mit der Sichel die Zunge herausschneidet. (Schwarzfigurige Schale, um 450 v. Chr.).

Dargestellt ist hier der Streit zwischen Apollon und Herakles um den delphischen Dreifuß, ein Motiv, das möglicherweise die Auseinandersetzung zwischen Delphiern und Krisaiern während des 1. Heiligen Krieges symbolisiert. (Rotfigurige Amphora, 530-520 v. Chr.).

Herakles hat einen Krieger des ägyptischen Königs Busiris bei den Beinen gepackt und will ihn fortschleudern. Die übrigen Krieger, deren Rassenmerkmale karikaturistisch überzogen sind, zittern angesichts der übernatürlichen Kräfte des Helden. (Rotfigurige Pelike, um 470 v. Chr.).

ihn nicht für die Errichtung der Stadtmauern entlohnt hatte, und dem König eine riesiges Ungeheuer schickte, das Mensch und Tier verschlang. Da wandte sich Laomedon an das Orakel von Delphi, das ihm wies, ein Kind der Stadt auszulosen und es dem Ungeheuer zum Fraß vorzuwerfen, damit dieses milde gestimmt werde. Zum Unglück des Königs fiel das Los auf seine Tochter Hesione. In seiner Verzweiflung ließ er verkünden, daß er demjenigen die unsterblichen Pferde, die Zeus seinem Vater gegeben hatte, schenke, der seine Tochter und die Stadt rette. Als jedoch Herakles das Ungeheuer getötet hatte, weigerte sich Laomedon, sein Versprechen einzulösen. Daraufhin sammelte Herakles ein Heer, eroberte Troja und tötete den König. Doch erlaubte er Hesione, einen der Gefangenen freizukaufen, und sie wählte ihren Bruder Podarkes, der seither Priamos hieß (nach dem altgriechische Wort für ‚kaufen') und kein anderer war als der tragische König des Trojanischen Krieges, der zusehen mußte, wie die Achaier seine Stadt dem Erdboden gleichmachten.

Der Raub des Dreifußes

Einst war Herakles in einem Anfall von Wahnsinn zum Mörder geworden. Er ging also zum Orakel des Apollon in Delphi, um Pythia um Rat zu bitten, wie er von dem Wahnsinn, der ihn erneut überkommen hatte, geheilt werden könne. Doch die Priesterin weigerte sich, ihm zu helfen, da sie ihn wegen der Morde als unrein betrachtete. Dies erzürnte Herakles dermaßen, daß er den heiligen Dreifuß stahl, um ein eigenes Orakel zu gründen. Doch Apollon verfolgte ihn, und es dauerte nicht lange, bis Held und Gott miteinander kämpften. Schließlich beendete Zeus den Streit zwischen seinen Söhnen, indem er einen Blitz zwischen die beiden schleuderte, und der Dreifuß kehrte an seinen rechtmäßigen Platz zurück.

Das Ende des Herakles

Der Kampf zwischen Herakles und dem Kentauren Nessos. (Schwarzfigurige attische Amphora, 615-605 v. Chr.).

Im Laufe seines Lebens hatte Herakles viele Frauen. Eine von ihnen war Deianeira, die er heiratete, weil er dies ihrem Bruder Meleagros versprochen hatte, als er ihm im Hades begegnet war. Auf einer Reise wollte das Paar den Euenosfluß mit Hilfe des Kentauren Nessos überqueren. Zuerst kletterte Deianeira auf die Schultern des Kentauren, damit er sie zum gegenüberliegenden Ufer bringe. Doch in der Mitte des Flusses versuchte Nessos, Deianeira zu vergewaltigen, und deshalb schoß Herakles einen Pfeil auf den Kentauren, der diesen tödlich verletzte. Als dieser gewahr wurde, daß er sterben würde, wies er Deianeira, sein Blut aufzufangen, denn das könne ihr als Liebeselexier dienen, das jede andere Frau aus dem Herzen des Helden fernhalte.

Kurze Zeit später erfuhr Herakles, daß Eurytos, ein König, der in Oichalia, unweit von Eretria lebte, seine Tochter demjenigen zum Gemahl gebe, der ihn im Bogenschießen übertreffe, und er beschloß, an dem Wettschießen teilzunehmen. Der Held gewann den Wettstreit, doch Eurytos weigerte sich, ihm seine Tochter Iole zu geben unter dem Vorwand, daß er einen erneuten Anfall von Wahnsinn fürchte, wie einst, als Herakles Megara und seine Kinder getötet hatte. Der Held zügelte zunächst seine Wut und verließ die Stadt. Doch nach vielen Abenteuern kam er zurück, um sich

Die sterblichen Reste des Herakles verbrennen auf dem Scheiterhaufen auf dem Gipfel des Oita, während der Held, für seine guten Taten von den Göttern unsterblich gemacht, von Athena mit ihrem Wagen auf den Olymp geführt wird (Rotfigurige Pelike, um 450 v. Chr.)

Die Herakleiden

Die Nachfahren des Herakles, die Herakleiden, wurden von Eurystheus vertrieben und fanden Zuflucht im attischen Marathon. Später versuchten sie erneut, sich auf dem Peloponnes niederzulassen, doch gelang es ihnen nicht. Sie wandten sich um Rat an das Orakel in Delphi, das ihnen riet, auf die „dritte Frucht" zu warten. Zunächst verstanden die Herakleiden die dritte Frucht als das dritte Jahr. Doch nach weiteren erfolglosen Versuchen, auf den Peloponnes vorzudringen, entdeckte ihnen das Orakel, daß es die dritte Generation meine. Und wirklich, viele Jahre später, als Tisamenos, Sohn des Orestes und Enkel des Agamemnon, herrschte, strömten die Nachfahren des Herakles auf den Peloponnes und eroberten alle Städte des Gebiets.

zu rächen. Er eroberte Oichalia, tötete Eurytos und dessen Söhne und sandte Iole mit ihrem Gefolge in den Palast, in welchem er mit Deianeira wohnte.

Als Deianeira erfuhr, wer Iole war, wurde sie sehr eifersüchtig, und sie sandte Herakles, der sich in Euboia befand, ein Hemd, das mit dem Blut des Nessos getränkt war. Kaum hatte Herakles das Hemd übergezogen, verbrannte ihm das Gift das Fleisch, und um sich von den entsetzlichen Schmerzen zu erlösen, versuchte er, sich das Hemd vom Leib zu reißen, doch klebte dieses so fest, daß er sein Fleisch mit losriß und die Knochen freilegte. Inzwischen hatte Deianeira erfahren, was geschehen war, und beging Selbstmord. Als der Held erkannte, daß sein Ende nahte, bat er Hyllos, den ältesten Sohn, den ihm Deianeira geboren hatte, ihn auf den Gipfel des Oita zu tragen. Dort befahl er seinen Gefährten, einen Scheiterhaufen zu errichten und ihn darauf zu legen. Sein Kind bat er, den Scheiterhaufen anzuzünden. Doch Hyllos brachte es nicht über sich, den Wunsch seines Vaters zu erfüllen. Philoktetes jedoch erklärte sich bereit. Aus Dankbarkeit schenkte ihm Herakles seinen Bogen und seine Pfeile, und sofort zündete Philoktetes den Scheiterhaufen an. Plötzlich jedoch begann es zu blitzen und zu donnern, während zugleich eine große Wolke den Scheiterhaufen einhüllte. Als sich die Wolke erhob, sahen alle voller Staunen, daß der Held verschwunden war. Diese Wolke hatte ihn auf den Olymp gebracht, wo er sich mit Hera aussöhnte und Hebe, die Göttin der Jugend, zur Frau nahm. So wurde Herakles unsterblich, und bald veehrten ihn die Griechen wie einen Gott.

Die Göttin Athena besucht den auf einer luxuriösen Kline liegenden Herakles. („Bilingue“ [= rot- und schwarzfigurige] Amphora, die dem Andokidesmaler zugeschrieben wird, um 515 v. Chr.).

Achill und Aias beim Würfelspiel. (Schwarzfigurige attische Amphora, die von dem Töpfer und Vasenmaler Exekias signiert ist, um 530 v. Chr.).

Theseus

Theseus zerrt den sterbenden Minotauros aus dem Labyrinth. (Innenbild einer rotfigurigen Schale, 440-430 v. Chr.).

Obwohl sich Aigeus, der König von Athen, zwei Mal vermählt hatte, war ihm kein Nachfolger geschenkt worden. Also beschloß er, das Orakel von Delphi um Rat zu bitten. Doch war die Antwort, die er erhielt, äußerst dunkel: „Öffne deinen Weinsack nicht, bevor du Athen erreichst." Auf seiner Rückkehr von Delphi begab sich Aigeus nach Troizen, wo sein Freund Pittheus herrschte, um seine Meinung zu dem Orakelspruch zu erfahren. Wie es scheint, verstand Pittheus den Sinn des Spruchs. Er machte Aigeus trunken und schickte ihn mit seiner Tochter Aithra ins Bett, die sich in der gleichen Nacht auch mit Poseidon vereint hatte.

Als Aigeus erfuhr, daß Aithra ein Kind erwarte, war er sehr erfreut, doch mußte er trotzdem nach Athen zurückkehren, denn er fürchtete seinen Bruder Pallas und dessen fünfzig Söhne, die ihm die Macht entreißen wollten. Bevor er sich auf den Weg machte, versteckte er seine Sandalen und sein Schwert unter einem Felsen. Auch wies er Aithra an, daß sie, falls sie einen Jungen zur Welt bringen sollte, diesem seine Herkunft verschweigen solle, bis er ein Jüngling sei. Erst dann solle sie ihm den Felsen zeigen, und wenn er diesen gehoben hätte, solle sie ihm sagen, wer sein Vater sei und ihm raten, ihn in Athen aufzusuchen.

Schließlich gebar Aithra einen Sohn, den sie Theseus nannte. Theseus, Sohn des Ai-

Theseus grüßt seinen sterblichen Vater Aigeus, während seine Mutter Aithra ihn zärtlich streichelt. Hinter Theseus sieht man seinen göttlichen Vater Poseidon, der die Szene verfolgt. (Rotfigurige Amphora, um 470-460 v. Chr.).

Der Stammbaum des Theseus

Urahn des Theseus war Erichthonios, der Athener König, der aus dem Samen des Hephaistos geboren wurde, der auf die Erde fiel, als dieser Athena vergewaltigen wollte. Auf Erichthonios folgte sein Sohn Pandion. Später herrschte der Sohn des Pandion, Erechtheus, der Praxithea, Enkelin des Kephisos, zur Frau nahm, die ihm sieben Kinder gebar. Eine ihrer Töchter, Oreithyia, entführte Boreas, der Sturmgott, der sie dann zu seiner Frau machte. Eine andere Tochter, Chthonia, starb für ihr Vaterland, als Erechtheus den Orakelspruch erhielt, daß er, um den bevorstehenden Angriff der Eleuser abzuwenden, eine seiner Töchter opfern müsse. Ein Enkels des Kekrops, Sohn des Erechtheus, war Aigeus, der Vater des Theseus.

geus, oder vielleicht des Poseidon, wuchs in Troizen bei Aithra und Pittheus auf. Schon dem kleinen Kind sah man an, daß es einst ein kühner und tapferer Mann werden sollte. Als Herakles einst am Hof des Pittheus weilte, legte er sein Löwenfell ab, bevor er sich zu Tisch setzte. Die anderen Kinder am Hof liefen entsetzt davon. Nur Theseus, der gerade sieben Jahre alt war, im Glauben, daß es sich um einen wirklichen Löwen handle, nahm eine Axt und ging auf den Löwen los.

Da Theseus nicht nur stark, sondern auch verständig war, führte ihn Aithra, als er das rechte Alter erreicht hatte, zu dem Ort, an dem Aigeus seine Geschenke versteckt hatte. Es fiel Theseus nicht schwer, den Felsen zu heben. Dann erfuhr er von Aithra die Geschichte seiner Geburt. Daraufhin nahm er die Sandalen und das Schwert seines Vater und machte sich auf die Reise nach Athen. Umsonst hatten Aithra und Pittheus ihn beschworen, mit dem Schiff zu reisen; Theseus wollte für seine Taten gerühmt werden wie der große Held Herakles, und so nahm den Landweg, an dem viele Gefahren lauerten.

Der König von Athen und spätere Vater von Theseus, Aigeus, wandte sich um Rat an das delphische Orakel aus Verzweiflung darüber, daß er noch immer keinen Sohn hatte. Hier sieht man ihn, wie er Themis, der alten Gottheit des Orakels, aufmerksam zuhört. (Innenbild einer rotfigurigen Schale, 440-430 v. Chr.).

Die Reise des Theseus nach Athen

Den Ratschlägen seiner Mutter Aithra folgend, war es Theseus ein leichtes, den Felsen zu heben, unter dem er die Geschenke seine Vaters fand, nämlich das Schwert und die Sandalen, die ihm Aigeus als Erkennungszeichen hinterlassen hatte; danach machte er sich auf nach Athen, um seinen Vater zu finden. (Römisches Tonrelief, 1. Jh. n. Chr.).

Auf seinem Weg nach Athen bestand Theseus eine Reihe von Abenteuern. Bei Epidauros lauerte ihm Periphetes auf, ein Sohn des Hephaistos, der mit einer Eisenkeule die Reisenden erschlug. Theseus kämpfte mit ihm, tötete ihn und nahm die Keule an sich.

In Kenchreai, unweit der Isthmischen Landenge, lebte Sinis, ein Sohn des Poseidon, der auch Pityokamptes, der ‚Tannenbieger' hieß, denn er mordete Unschuldige auf eine wirklich entsetzliche Weise. Er bog die Wipfel zweier Tannen herab und band daran jeden Reisenden fest, der des Weges kam. Dann ließ er die Tannen zurückschnellen, wodurch die Festgebundenen zerrissen wurden. Doch mit Theseus hatte er nicht gerechnet. Theseus besiegte ihn im Kampf und band ihn dann an zwei niedergebogene Tannenwipfel; so starb Sines, wie er es verdient hatte.

Weiter des Weges kam Theseus nach Krommyon, wo er die Bache Phaia, Tochter des Typhon und der Echidne, tötete, die die Gegend verwüstete.

Als nächstes gelangte er an eine Klippe, die sich steil aus dem Meer erhob. Dort lebte Skiron, der ein Sohn des Korinthos und ein Enkel des Pelops war und die Reisenden zwang, ihm die Füße zu waschen. Doch sobald sie sich niederbeugten, seinem Befehl zu folgen, versetzte ihnen Skrion einen Tritt und stieß sie über die Klippe ins Meer, wo sie von einer Riesenschildkröte verschlungen wurden. Zur

Auf diesem Bild erhebt Theseus seine Axt gegen Prokrustes, den letzten Übeltäter, dem er auf seinem Weg nach Athen auf der Heiligen Straße begegnete. (Innenbild einer rotfigurigen Schale, um 440-430 v. Chr.).

Auf seinem Weg nach Athen traf Theseus auf eine Reihe von Übeltätern. In Kenchreai, unweit der Isthmischen Landenge, tötete er Sinis, den „Tannenbieger“, indem er ihn an die Wipfel zweier herabgebeugter Tannen band und diese dann zurückschnellen ließ, auf dieselbe Weise also, wie Sines die von ihm gefangenen Reisenden tötete. (Innenbild einer rotfigurigen attischen Schale, um 490 v. Chr.).

Strafe warf ihn Theseus auf die gleiche Weise ins Meer. Seine nächste Tat vollbrachte der Held in Eleusis. Dort lebte Kerkyon, ein Sohn des Poseidon, der die Reisenden zu einem Ringkampf aufzufordern pflegte und sie dann zu Tode drückte. Der Held hob ihn hoch und ließ ihn dann mit Wucht auf die Erde prallen.

Schließlich traf Theseus auf Prokrustes, der an der Heiligen Straße lebte. Prokrustes, auch er ein Sohn des Poseidon, lud jeden, der vorbeikam, zum Nachtlager in sein Haus. Dort hatte er zwei Betten, ein langes und ein kurzes. Die kleinen Menschen zwang er, sich auf dem langen Bett niederzulegen, wo er sie mit einem Hammer schlug, damit sie größer würden. Die großen Menschen hingegen legte er auf das kurze Bett und schnitt ihnen die Gliedmaßen ab, die über das Bett hingen. Doch bei Theseus gelang ihm dies nicht. Prokrustes endete auf dieselbe Weise, wie vor ihm so viele unschuldige Reisende.

Nach diesen ganzen Abenteuern kam Theseus endlich an die Tore Athens und begab sich von dort zum Palast seines Vaters.

Der Stier von Marathon

Der wilde Stier, den Herakles aus Kreta mitgebracht hatte, lebte nun in Marathon, wo er sein zerstörerisches Werk fortsetzte. Als Theseus sich in Athen eingewöhnt hatte, beschloß er, das Land von diesem entsetzlichen Tier zu befreien. Auf dem Weg nach Marathon kam ein plötzliches Unwetter auf, doch wurde der Held von einer Alten namens Hekale gastfreundlich aufgenommen. Am folgenden Tag setzte er seine Reise fort und es gelang ihm, den Stier lebend zu fangen. Auf seinem Rückweg kam er wieder am Haus der Hekale vorbei, doch zu seiner Betrübnis erfuhr er, daß die Alte gestorben war. Nachdem Theseus den Stier in einem Triumphzug durch Athen geführt hatte, opferte er ihn dem delphischen Apollon. Dann führte er zu Ehren der Alten die Hekalesischen Riten ein und nannte eine kleine attische Stadt nach ihr.

Theseus am Hof des Aigeus

Auf diesem Bild reicht Aigeus, wie es ihm Medeia, die ungerührt hinter ihm steht, geraten hatte, Theseus den Giftbecher, ohne auch nur daran zu denken, daß der Held vielleicht sein Sohn sein könnte. (Tonrelief, 1./2. Jh. n. Chr.).

Als Theseus am Hofe seines Vaters angelangte, hatte Aigeus bereits von seinen Taten gehört, und empfing ihn, ohne zu ahnen, daß der Held sein Sohn war. Doch Medeia, die eine Zauberin war, erkannte ihn und wollte ihn vernichten, damit er nicht anstelle ihres Sohnes Medos den Thron besteige. Darum überredete sie den König, den Jüngling zu Tisch zu beten und ihn zu vergiften. Bis zu diesem Augenblick hatte Theseus seine wahre Herkunft verschwiegen. Doch bei Tisch nahm er das Schwert seines Vater hervor, angeblich um damit das Fleisch zu schneiden. Kaum hatte Aigeus es gesehen, schleuderte er den Becher mit dem Gift fort, und durch einige Fragen, die er dem Jüngling stellte, vergewisserte er sich, daß dieser sein Sohn war. Sofort rief er alle seine Untertanen herbei, damit sie ihn sähen, und diese hießen ihn mit Hochrufen willkommen, denn sie hatten schon von seinen Heldentaten gehört. Nach der Anerkennung des Theseus durch Aigeus war Medeia gezwungen, mit ihrem Sohn nach Asien zu gehen.

Die Ankunft des Helden in Athen versetzte Pallas und seine fünfzig Söhne in Unruhe, da sie geglaubt hatten, daß Aigeus keine Nachkommen habe und sie selbst an die Macht kommen würden. Sie beschlossen also, die Herrschaft gewaltsam an sich zu reißen. Sie bildeten zwei Gruppen, von denen sich die eine in der Stadt zeigte, während sich die andere versteckte, um Theseus aufzulauern. Theseus jedoch, dem

Auf der Hochzeit des Lapithenkönigs Peirithoos stürzten sich die trunkenen Kentauren auf die Frauen der Lapithen. Auf diesem Bild schlägt Theseus, Freund und Helfer des Peirithoos, mit der Faust auf einen Kentauren ein, der ihn mit einem Gefäß angreift, ohne auf die am Boden liegende Lapithin zu achten. Links versucht ein Lapithe, vielleicht Peirithoos, einen Kentauren zu überwältigen, der ihn mit einem erhobenen Tisch angreift. (Rotfiguriger Krater, 475-450 v. Chr.).

Die Schlacht zwischen Lapithen und Kentauren

Peirithoos nahm Hippodameia zur Frau, und zu seiner Hochzeit lud er auch die Kentauren, die seine Halbbrüder waren, da sie genau wie er den König Ixion zum Vater hatten. Auf dem Fest tranken die Kentauren sehr viel Wein, den sie nicht gewohnt waren. Einer von ihnen namens Eurytion versuchte im Trunk, die Braut zu vergewaltigen. Seinem Beispiel folgend, stürzten sich auch die andere Kentauren auf die Frauen der Lapithen. Es folgte ein großer Kampf, an dem auch Theseus, der zur Hochzeit geladen worden war, teilnahm. Es siegten schließlich die Lapithen, die eine große Zahl Kentauren töteten und die übrigen vertrieben.

man ihre Bewegungen gemeldet hatte, überraschte jene, die sich versteckt hatten, und tötete sie. Die anderen entkamen. Das Gericht, das über den Mord an den Pallantiden zu entscheiden hatte, erklärte Theseus für unschuldig, da das Recht auf seiner Seite gewesen sei. Es wird gesagt, daß dieses das erste Mal war, daß jemand angeklagt wurde, einen Verwandten umgebracht zu haben, und für unschuldig befunden wurde.

Kurze Zeit darauf beschloß Peirithoos, der große Held der thessalischen Lapithen, der von der Tapferkeit des Theseus gehört hatte, diesen auf die Probe zu stellen. Er reiste also nach Marathon und stahl die dort grasenden Rinder des Helden. Als Theseus dies erfuhr, eilte er nach Marathon, um Peirithoos zu töten.

Doch als sie einander gegenüberstanden, waren sie vom edlen Aussehen des andern so beeindruckt, daß zuerst Peirithoos seine Hand ausstreckte und Theseus versprach, den Raub wiedergutzumachen. Theseus seinerseits schlug vor, daß sie Freunde und Verbündete werden sollten. Und so besiegelten sie mit einem Händedruck einen Freundschaftsbund, der sprichwörtlich werden sollte.

Aigeus, der König von Athen, heißt seinen Sohn Theseus in seiner Heimat willkommen. Ein Mädchen kommt von rechts herbei, um den Helden zu bekränzen. (Rotfiguriger Skyphos, 475-470 v. Chr.).

Theseus und Minotauros

Auf diesem Bild ist die bekannteste Heldentat des Theseus dargestellt: Der Held zieht den sterbenden Minotauros aus dem Labyrinth, das durch den monumentalen Vorbau und die mäanderartigen Verzierungen, welche die gewundenden Wege in seinem Innern symbolisieren, angedeutet ist. Athena, links, wacht über das Geschick des Helden. (Innenbild einer rotfigurigen attischen Schale, um 420 v. Chr.).

Androgeus, ein Sohn des kretische Königs Minos, versuchte einst auf Veranlassung des Aigeus, den Stier von Marathon zu überwältigen, was ihm aber im Gegensatz zu Theseus, der den Stier später tötete, nicht gelang. Daraufhin erklärte Minos, der die Athener für den Tod seines Sohnes verantwortlich machte, Aigeus den Krieg. Die Kreter besiegten die Athener und verlangten als Sühne von den Unterlegenen jedes Jahr - oder alle neun Jahre - sieben Jünglinge und sieben Jungfrauen, um sie dem Minotauros zum Fraß vorzuwerfen. Dieses schreckliche Ungeheuer, zur Hälfte Mensch und zur Hälfte Stier, war die Frucht der Vereinigung der Pasiphaë, der Gemahlin des Minos, mit einem Stier. Vor Scham schloß Minos den Minotauros in das Labyrinth ein, das Daidalos für ihn gebaut hatte und das ein seltsames Bauwerk mit verschlungenen Wegen war, aus dem niemand wieder herausfand. Als die Zeit nahte, daß Athen wieder einmal den Tribut leisten sollte, bot sich Theseus als eines der Opfer an. Nach langem Zögern willigte Aigeus ein, doch befahl er dem Kapitän des Schiffes, mit dem die Jünglinge und Jungfrauen nach Kreta reisen sollten, daß er bei Erfolg des Unternehmens die schwarzen Segel durch weiße ersetzen solle. Dies sollte das Zeichen sein, daß Theseus gesiegt hatte und am Leben war.

Kaum war das Schiff auf der Insel vor Anker gegangen, ließ Aphrodite ein Wunder geschehen. Ariadne, die Tochter des Minos, verliebte sich in den Helden und beschloß, ihm zu helfen unter der Voraussetzung, daß er sie mit sich nehme und sie zu seiner Frau

Theseus tötete mit seinem Schwert den Minotauros und befreite auf diese Weise die Athener von ihrer langjährigen Verpflichtung, dem kretischen König Minos sieben Jungfrauen und sieben Jünglinge zu senden, die dem Minotauros zum Fraß vorgeworfen wurden. Vier Jünglinge verfolgen die Szene. (Schwarzfigurige Psykter-Amphora, 560-540 v. Chr.).

Daidalos

Daidalos, ein Enkel des Erechtheus, war ein namhafter Architekt, Bildhauer, Ingenieur und Erfinder. Gerühmt wurden vor allem seine Statuen, die so wirklichkeitsgetreu waren, daß man meinte, sie würden sich bewegen. Einst jedoch ermordete er seinen Neffen Talos aus Neid, da dieser ebenfalls sehr begabt war. Daraufhin mußte er Athen verlassen und ließ sich auf Kreta nieder. Als er jedoch eine hölzerne Kuh fertigte, mit deren Hilfe sich Pasiphaë mit dem Stier vereinigte, zog er den Zorn des Minos auf sich. So fertigte Daidalos gewaltige Flügel, die denen der Vögel ähnelten, und nahm seinen Sohn Ikaros, den ihm eine Sklavin des Königs geboren hatte, und sie entkamen durch die Lüfte. Ikaros flog aber zu nahe an die Sonne heran, das Wachs, mit dem der Vater die Federn zusammengeklebt hatte, schmolz und der Jüngling ertrank im Meer, das seither das Ikarische Meer heißt.

mache. Theseus gelobte dies, und Ariadne gab ihm ein magisches Wollknäuel. Sie riet ihm, das eine Ende des Fadens am Eingang des Labyrinths zu befestigen und dann das Knäuel langsam abrollen zu lassen. So werde er, indem er dem Faden folge, den Weg hinaus ganz einfach finden. Und wirklich gelangte der Held ins Labyrinth, tötete den Minotauros und fand den Weg zurück. Dann lief er schnell, einige Löcher in den Bug der kretischen Schiffe zu bohren, um den Kretern die Verfolgung unmöglich zu machen und floh im Schutze der Dunkelheit mit den anderen Athenern und Ariadne.

Auf der Rückfahrt nach Athen hielt Theseus kurz auf Naxos. Dort war Dionysos von der Schönheit Ariadnes so entzückt, daß er Theseus bat, sie auf der Insel zurückzulassen, damit er sie heiraten könne. Andere wiederum sagen, daß Theseus, entweder weil er eine andere liebte, oder aber weil es ein Befehl der Athena war, weitersegelte, während das Mädchen an einem Strand der Insel schlief, wo sie der Gott gesehen hatte und sie bei sich behielt. Auf jeden Fall setzte das Schiff seine Reise ohne Ariadne fort, doch niemand dachte daran, die schwarzen Segel durch weiße zu ersetzen. Inzwischen erstieg Aigeus jeden Tag die Akropolis, um nach seinem Sohn Ausschau zu halten. Als er in der Ferne schwarze Segel sah, glaubte er, daß Theseus tot sei, und in seiner Verzweiflung stürzte er sich ins Meer, das seither das Ägäische Meer heißt.

Auf den Rat Athenas hin läßt Theseus seine Geliebte Ariadne auf Naxos zurück, da Dionysos von ihrer Schönheit bezaubert war und sie zur Frau nehmen wollte. Auf dem Bild sieht man die schlafende Ariadne und Theseus, der seine Sandalen nimmt, um Hermes zu folgen. (Rotfigurige Schale, 490-480 v. Chr.).

Theseus als König

Theseus ist hier als der ehrwürdige Herrscher dargestellt, der die Gemeinden Attikas vereinte und aufgrund seiner Weisheit und Tugend zum Vorbild wurde. (Fragment einer schwarzfigurigen Amphora, 540-530 v. Chr.).

Nach dem Tode des Aigeus wurde Theseus der König von Athen. Bis dahin war Attika in viele kleine Gemeinden aufgeteilt, die jeweils eine eigene Verwaltung und eigene Archonten besaßen. Theseus beschloß, diese Gemeinden aufzulösen und Athen zum gemeinsamen politischen Zentrum von Attika zu machen. Auch veranlaßte er die Umbenennung der Athenäischen Festspiele, die zu Ehren der Göttin Athena abgehalten wurden, in Panathenäische Festspiele, um diese neue politische Einheit zu symbolisieren. Theseus regierte als gesetzestreuer Herrscher, der sich um sein Volk kümmerte und sich durch seine Menschenliebe auszeichnete.

Als Theseus noch jung war, begleitete er Herakles auf seiner Fahrt, die jener unternahm, um den Gürtel der Hippolyte zu erlangen. Dort verliebte er sich in die Amazone Antiope, die er mit sich nach Athen nahm, wo sie ihm den Sohn Hippolytos gebar. Die Amazonen jedoch, die den Raub der Antiope rächen wollten, gelangten bis vor die Tore Athens. Die Schlacht war zwar siegreich für die Athener, doch fiel ihr Antiope zum Opfer, die an der Seite des Theseus gekämpft hatte.

Nach dem Tode Antiopes nahm der Held Phaidra, eine der Töchter des Minos, zur Frau. Als jedoch Phaidra den wohlgebauten Hippolytos, Sohn des Theseus, erblickte, verliebte sie sich leidenschaftlich in ihn. Nachdem sie vergebens versucht hatte, ihrer Gefühle Herr zu werden, schrieb sie dem Jüngling einen Brief, in dem sie ihm ihre Liebe gestand. Voller Zorn wies sich Hippolytos Phaidra von sich. Aus Angst, daß der

Auf diesem Vasenbild will Herakles dem Theseus helfen, sich von dem Thron zu erheben, auf dem Hades ihn zusammen mit Peirithoos gefangenhielt, weil sie es gewagt hatten, Persephone rauben zu wollen. (Rotfigurige Lekythos, 475-450 v. Chr.).

Theseus und die Athener

Die Tapferkeit des Theseus und die Überzeugung, daß er Athen und die Freiheit liebe, waren so fest in den Herzen der Athener verwurzelt, daß sie 490 v. Chr. in der Schlacht von Marathon glaubten, den Geist des Theseus an ihrer Seite kämpfen zu sehen.

Vorfall bekannt werde, beging Phaidra Selbstmord, schrieb jedoch vorher dem Theseus einen Brief, in dem sie Hippolytos ungeheuerlicher Verbrechen bezichtigte. Kaum hatte Theseus den Brief gelesen, verdammte er seinen Sohn und vertrieb ihn aus Athen. Poseidon, der dem Held die Erfüllung dreier Wünsche versprochen hatte, sandte einen wilden Stier, vor dem die Pferde, die den Wagen des Hippolytos zogen, scheuten. Die wild gewordenen Pferde zerschlugen den Wagen, der Jüngling verwickelte sich in die Zügel und wurde über die Steine geschleift, bis er tot war.

Zur Zeit, als Phaidra Selbstmord beging, war Theseus nunmehr fünfzig Jahre alt. Dennoch vereinbarte er mit Peirithoos, der ebenfalls seine Frau verloren hatte, das jeder die Tochter eines Gottes zur Frau nehmen wolle. Sie begaben sich nach Sparta, wo sie der wunderschönen Helena, Tochter des Zeus und der Leda, begegneten, die damals gerade zwölf Jahre alt war. Sie raubten das Mädchen, das, wie durch Los entschieden wurde, die Gemahlin des Theseus wurde. Danach beschlossen die Freunde, in die Unterwelt hinabzusteigen und Persephone zu rauben, damit sie die Frau des Peirithoos werde. Aber Pluton überlistete sie und ließ sie sich auf den Thron der Lethe niedersetzen, von dem sie sich nicht wieder erheben konnten. Zum Glück gelang es Herakles, als dieser in den Hades hinabstieg, den Theseus zu befreien, nicht aber den Perithoos.

Nach diesem letzten Abenteuer überließ Theseus den Thron dem Menestheus, einem Nachfahren des Erechtheus, und begab sich nach Skyros. Dort herrschte Lykomedes, den Theseus als seinen Freund ansah. Doch eines Tages stieß ihn Lykomedes über einen Abgrund ins Meer. Auf diese klägliche Weise endete das Leben eines der größten griechischen Helden.

Iason

Der Held Iason und neben ihm die Göttin Hera, die ihn beschützt. Detail von einem Sarkophag aus der Zeit der Antoninen.

Tyro, die Tochter des Königs Salmoneus, lebte nach dem Tod ihres Vaters als Gast am Hof ihres Onkels Kretheus in Iolkos. Als das Mädchen heranwuchs, verliebte es sich ihn den Flußgott Enipeus, der sie jedoch nicht beachtete. Tag für Tag wandelte sie an den Ufern des Flusses und weinte. Eines Tages näherte sich ihr Poseidon, der in sie verliebt war und die Gestalt des Flußgottes angenommen hatte und verband sich mit ihr. Danach gab er sich zu erkennen und verkündete ihr, daß sie zwei Knaben gebären werde, doch solle sie ihre Beziehung geheimhalten.

Als sich die Stunde der Geburt nahte, verließ Tyro den Palast unter dem Vorwand, am Fluß Wäsche waschen zu wollen. Dort in der Wildernis gebar sie Zwillinge, die sie in eine Waschschüssel legte und ihrem Schicksal überließ. Die Jungen, die, da sie Söhne eines Gottes waren, natürlich nicht so bald sterben sollten, wurde von einem Pferdehirten gefunden und Pelias und Neleus genannt. Später wurden die Kinder von ihrer Mutter wiedererkannt, als ihr der Hirte erzählte, daß er die Jungen in einer Waschschüssel gefunden habe. In der Zwischenzeit hatte Tyro, die ihren Onkel Kretheus geheiratet hatte, drei weitere Söhne namens Aison, Amythaon und Pheres geboren.

Nach dem Tod des Kretheus übernahm Aison als rechtmäßiger Nachfolger die Macht, die ihm jedoch von Pelias mit Gewalt entrissen wurde. Aison, der um das Leben seine einzigen Sohnes Iason besorgt war, gab vor, das Kind sei gestorben,

Pelias, der mit seinen beiden Töchtern auf der Treppe des Tempels steht, um dem Poseidon den Stier zu opfern, der von einem Jüngling, links geführt wird, erblickt plötzlich den stolzen Fremdling, der nur eine Sandale trägt. Am Opfertisch steht neben Iason die dritte Tochter des Pelias. (Pompejanische Wandmalerei, um 10 n. Chr.).

und brachte es im Schutze der Dunkel zum weisen Kentauren Cheiron, der in einer Höhle des Peliongebirges lebte. Dort wuchs Iason zu einem klugen und starken Jüngling heran, und als er zwanzig Jahre alt war, machte er sich nach Iolkos auf, um den Besitz seines Vaters und die Macht des Landes zurückzuerobern.

Auf seinem Weg traf er auf Hera, welche die Gestalt einer hilflosen Alten angenommen hatte und den Helden, um ihn zu prüfen, bat, sie über den Fluß Anauros zu bringen. Bereitwillig nahm dieser sie auf seine Schultern und brachte sie ans andere Ufer. Doch verlor er dabei eine Sandale und gelangte auf diese Weise mit nur einer Sandale nach Iolkos.

Die Bürger von Iolkos, die sich zu einem Opfer für Poseidon versammelt hatten, bestaunten den schönen Jüngling, der mit seinem langen blonden Haar dem Apollon glich. Pelias hingegen, der in diesem Augenblick auf seinem Gefährt auf den Opferplatz fuhr, versteinerte vor Angst, denn er erinnerte sich an einen alten Orakelspruch, der ihn vor einem Mann mit einer Sandale gewarnt hatte. Als Iason von Pelias die Übergabe der Macht verlangte, gab dieser zum Schein nach, doch stellte er die Bedingung, daß ihm Iason zuvor das Goldene Vlies aus dem fernen Kolchis bringen solle, denn er hoffte, daß der Held auf dieser gefährlichen Reise den Tod finden werde. In seinem jugendlichen Übermut ging Iason auf die Bedingung des listigen Königs ein und begann mit den Vorbereitungen der Reise.

Salmoneus

Aiolos, Sohn des Hellen, der über die Aiolis, wie einst Thessalien genannt wurde, herrschte, hatte fünf Söhne: Kretheus, Athamas, Sisyphos, Salmoneus und Perières. Einer von ihnen, nämlich Salmoneus, wanderte einst mit vielen Aiolern in die Landschaft Elis, wo er die Stadt Salmone gründete und sich zu ihrem König machte. Machttrunken hielt er sich für Zeus selbst. Um ihn zu strafen, schleuderte der König der Götter einen ganzen Regen von Blitzen, die den König und sein Volk töteten. Die einzige Überlebende war Tyro, die von Zeus ins thessalische Iolkos geführt wurde, dessen Herrscher Kretheus, der Bruder ihres Vaters, war.

Das Goldene Vlies

Phrixos, der das Wundertier am rechten Horn gefaßt hat, fliegt hoch über dem Meer. (Rotfigurige Pelike, um 460-450 v. Chr.).

Athamas, Sohn des Aiolos und König des böotischen Orchomenos, hatte sich mit der Göttin Nephele vermählt, die ihm die beiden Kinder Phrixos und Helle gebar. Später vertrieb Athamas Nephele und vermählte sich mit Ino, einer der Töchter des Kadmos, die ihm die beiden Söhne Learchos und Melikertes gebar. Ino jedoch haßte die Kinder der Nephele, und sann auf einen Plan, wie sie diese vernichten könne. Sie überredete die Frauen des Landes, ohne Wissen ihrer Männer alles Saatgut zu verbrennen. Wie zu erwarten, wuchs im nächsten Jahr auf den Feldern nicht eine einzige Ähre, und so sandte Athamas einige Männer nach Delphi, damit der Gott ihnen verkünde, wie das Volk vor dem Hungertod gerettete werden könne. Genau das war die Gelegenheit, auf die Ino gewartet hatte. Sie lauerte den Gesandten auf, schenkte ihnen Gold und wies sie an, dem König zu sagen, daß der einzige Weg zur Abwendung der Not sei, Phrixos auf dem Altar des Zeus zu opfern. Die verzweifelten Bauern drängten ihn so sehr, daß Athamas schließlich gezwungen war, sein Kind zum Opferplatz zu führen. Doch im letzten Augenblick sandte Nephele einen goldenen Widder, den ihr Hermes geschenkt hatte. Sofort stiegen Phrixos und seine Schwester Helle auf den Rücken des Tieres, das mit ihnen davonflog.

Die Geschwister reisten über Meere und Länder. Doch als sie über die Meerenge flogen, die Europa und Asien trennt, verlor Helle den Halt und stürzte in die Meerenge, die ihr zu Ehren Hellespont genannt wurde. Phrixos setzte seine Reise fort,

Ino, die Gemahlin des Athamas, erhebt eine Axt gegen Phrixos, der bereits den goldenen Widder beim Horn gefaßt hat, der ihn ims ferne Kolchis bringen wird. (Rotfigurige Amphora, um 430 v. Chr.).

Phrixos führt den Widder zum Altar, um ihn dem Zeus Phyxios zu opfern; ihm voran schreitet König Aiëtes. (Lukanische Nestoris, um 330 v. Chr.).

Leukothea und Palaimon

Um sich an Ino und Athamas zu rächen, die Dionysos, ein uneheliches Kind des Zeus, großgezogen hatten, strafte Hera sie mit Wahnsinn, was dazu führte, daß Athamas ungewollt seinen Sohn Learchos tötete, weil er ihn für ein Reh hielt, während sich Ino mit ihrem anderen Sohn Melikertes ins Meer stürzte. Poseidon und die Nereiden hatten jedoch Mitleid mit der Frau und ihrem Kind, so daß sie sie nicht allein vor dem Ertrinken retteten, sondern darüber hinaus zu Meeresgottheiten machten. Seither waren Ino, die Leukothea genannt wurde, und Melikertes, der den Namen Palaimon erhielt, wohlmeinende Meeresgeister, die den Seeleuten beistanden und sie oft aus tödlichen Gefahren retteten.

bis er an der Ostküste des Pontos Euxeinos nach Kolchis kam, in dem Aiëtes regierte, der ein Sohn des Helios und der Okeanide Perseïs sowie Bruder der Zauberin Kirke und der Pasiphaë, der Gemahlin des Minos, war. Aiëtes empfing den fremden Jüngling sehr freundlich und vermählte ihn mit Chalkiope, einer der Töchter, die ihm die Okeanide Idyia geboren hatte. Phrixos opferte den goldenen Widder dem Zeus Phyxios und schenkte das goldene Widderfell dem Aiëtes, der es an einer Eiche im heiligen Areshain aufhängte und von einer Schlange, die so lang wie ein Schiff mit fünfzig Rudern war, Tag und Nacht bewachen ließ.

Der Zug der Argonauten

Von der Argo aus beobachten drei der Argonauten ihre Gefährten - hier nicht mitabgebildet - bei einer ihrer Heldentaten. (Rotfiguriger Krater, 400-390 v. Chr.).

Als erstes ließ Iason den Architekten Argos ein Schiff mit fünfzig Rudern bauen. Mit Hilfe der Göttin Athena schuf dieser ein Schiff, das nicht nur äußerst seetüchtig war, sondern auch so leicht, daß es die Mannschaft auf ihren Schultern tragen konnte. Da es außerdem ein sehr schnelles Schiff war, wurde es Argo genannt (*argos* = schnell). Zudem setzte Athena in den Bug des Schiffes einen Orakelbalken ein, den sie aus dem Holz der heiligen Eiche in Dodona gefertigt hatte, welche mit menschlicher Stimme sprechen konnte und wahrsagerische Kräfte besaß. Dann rief Iason die ruhmvollsten Helden Griechenlands herbei, daß sie ihn auf seiner kühnen Fahrt begleiteten, die der Argonautenzug genannt wurde. Zunächst fuhren sie nach Lemnos, das sie von allen Männern verlassen vorfanden. Das Unheil hatte seinen Anfang genommen, als Athena, welche die Lemnerinnen dafür strafen wollte, daß sie sie nicht gebührend verehrten, in einen unerträglichen Gestank einhüllte, so daß ihre Männer bei den Sklavinnen schliefen. Da ermordeten die Frauen alle männlichen Bewohner der Insel und riefen Hypsipyle, die Tochter des Königs Thoas, zur Herrscherin aus. Durch die Vermittlung des Hephaistos richtete es Aphrodite nun jedoch so, daß sich die Lemnierinnen den Argonauten in Liebe hingaben, um eine neue Generation auf die Welt zu bringen.

In der Folge durchstanden die Helden eine Reihe von Abenteuern und landeten schließlich an der Südküste der Propontis, wo sie von Kyzikos, dem König der Dolioner, gastfreundlich aufgenommen wurden. Kaum daß sie wieder Segel gesetzt hatten, gerieten sie in einen furchtbaren Sturm, der sie zur Umkehr zwang. Doch da es inzwischen Nacht geworden war, hielten sie die Dolioner für Feinde und griffen sie an. Erst nach der Schlacht, in der Iason den edlen Kyzikos tötete, begriffen beide Seiten ihren tragischen Fehler. Gemeinsam begruben sie die Toten und ehrten sie mit glanzvollen Wettspielen.

Argos, rechts, arbeitet mit Hammer und Meißel, während Athena, links, die Beschützerin des Iason, dem Steuermann Tiphys (?) hilft, das Segel am Mast der Argo zu befestigen. (Römische Reliefplatte aus Ton, 1. Hälfte des 1. Jhs. n. Chr.).

In der Mitte der Darstellung sieht man den blinden Seher Phineus, der in einem asiatischen Theatergewand und mit einem Zepter in der Hand am Tisch mit den Essenresten sitzt, die ihm die Harpyien gelassen haben. Weiter unten blickt Hermes den Harpyien nach, während über ihm ein Sohn des Boreas sie mit seinem Schwert verfolgt. (Lukanischer Krater, spätes 5. Jh. v. Chr.).

Einer der beiden geflügelten Söhne des Boreas bedroht mit seiner Lanze die furchterregenden Harpyien, die über ihm fliegen und das Essen und das Gefäß mit dem Wein des Phineus halten. (Lukanischer Krater, spätes 5. Jh. v. Chr.).

Als nächstes landeten die Helden an der Küste Mysiens. Dort wurde Hylas von einer Nymphe geraubt, und Herakles, der seine Hilferufe hörte, lief, ihn zu suchen. In der Zwischenzeit jedoch hatten die Argonauten Segel gesetzt und waren abgesegelt, ohne die Abwesenheit ihrer Gefährten zu bemerken. Als sie gewahr wurden, was geschehen war, konnten sie nicht mehr umkehren.

Sie setzten ihre Reise fort, bis sie in das Land des blinden Wahrsagers Phineus kamen, der von Zeus mit Blindheit geschlagen worden war, weil er die Zukunft zu genau voraussagen konnte. Auch wurde er von den Harpyien Aello und Okypete gequält, denn sobald er eine Mahlzeit einnehmen wollte, raubten ihm diese zerstörerischen Windgottheiten das Essen vom Tisch. Zu seinem Glück vertrieben die beiden Argonauten Zetes und Kalais, Söhne des Boreas, diese geflügelten Ungeheuer. Zum Dank sagte Phineus den Argonauten, wie es ihnen gelänge, durch die Symplegaden zu fahren, zwei Felsen, die jedes Schiff, das versuchte, zwischen ihnen hindurchzufahren, erdrückten. Er riet ihnen, zunächst eine Taube zwischen den Felsen hindurchfliegen zu lassen. Wenn dem Vogel nichts zustoße, würden auch sie heil hindurchkommen. Und wirklich, wie der Vogel, der zwischen den Symplegaden hindurchflog und nur einige seine Schwanzfedern verlor, erlitt auch die Argo bei ihrer Durchfahrt nur leichte Schäden, und die Helden setzten ihre Reise ins Land des Aiëtes fort.

Die Liste der Argonauten

Am Zug der Argonauten nahmen die folgenden Helden teil: Peleus, der Vater des Achill, Telamon, der Vater des Aias, Laërtes und Autolykos, der Vater und der Großvater des Odysseus, Meleagros und seine Gefährten, die ihn auf der Jagd des Kalydonischen Ebers begleitet hatten, Orpheus, der namhafte Sänger, Admetos, Sohn des Pheres, Kastor und Polydeukes, Brüder der Helena und der Klytemnaistra, Kalais und Zetes, die geflügelten Söhne des Boreas und der Oreithyia, Herakles mit seinem Gefährten Hylas, die Seher Mopsos und Idmon und viele andere.

Iason in Kolchis

Mit dem erhobenen Schwert in der Hand stiehlt Iason das Goldene Vlies, während der unter dem Baum zusammengerollte Drache arglos den von Medeia gereichten Zaubersaft trinkt. (Krater, wahrscheinlich paestanisch, Beginn des 4. Jhs. v. Chr.).

Kaum war die Argo im Hafen von Kolchis vor Anker gegangen, begab sich Iason zu Aiëtes und sprach zu ihm über seine Herkunft und den Grund seiner Reise. Der König, dem ein Orakelspruch bedeutet hatte, daß er nur so lange an der Macht bleiben werde, wie das Goldene Vlies an der Eiche im Areshain hänge, beschloß, Iason zu töten. Er versprach ihm, daß er ihm das Vlies geben werde, wenn es Iason gelänge, zwei feuerschnaubende Stier mit bronzenen Hufen zu beschlagen, mit ihnen ein Feld zu pflügen, die Zähne eines Drachen auszusäen und die bewaffneten Giganten zu töten, die aus den Zähnen wachsen würden.

Alle diese Aufgaben erfüllte Iason mit Hilfe der Zauberin Medeia, der zweiten Tochter des Aiëtes, die sich dank des Eingreifens Heras in den Helden verliebte. Medeia gab dem Helden einen Zaubersaft, der ihn vor dem feurigen Atem der Stiere schützte. So gelang es dem Helden, die Stiere zu beschlagen. Dann pflügte er das Feld und säte die Zähne. Als er sich dann von den Giganten umgeben sah, warf er einen Stein in ihre Mitte, wie ihm die Zauberin geraten hatte. Alsbald begannen diese, einander zu bekämpfen, bis alle tot darniederlagen.

Als Aiëtes die Taten des Iason sah, begann er, um seinen Thron zu fürchten und wollte dem Helden eine weitere gefährliche Aufgabe stellen. Doch Medeia führte die Argonauten insgeheim in den Areshain, schläferte den Drachen ein, indem

Aiëtes sitzt zusammen mit Apsyrtos (?) auf einem Felsen und beobachtet Iason, der den Stier zu zähmen sucht. (Sarkophag aus der Zeit der Antoninen).

Die Episode, die hier dargestellt ist, wird durch keine der überlieferten literarischen Quellen gestützt. Iason taucht, dem Tode nah, aus dem Rachen des schrecklichen kolchischen Drachens auf. Athena, in voller Rüstung, betrachtet ihn mitleidig. Es scheint, daß der Held, dem Rat der Göttin folgend, in den Bauch des Ungeheuers gestiegen war, um ihm innere Wunden beizubringen, da sein Fell gegen alle Waffen gefeit war. (Rotfigurige Schale, 480-470 v. Chr.).

sie ihm ein Zauberelexier in die Augen träufelte, und Iason konnte das Goldene Vlies an sich nehmen. Eilig klettern Medeia und die Argonauten auf ihr Schiff und segelten gegen die nordwestliche Küste des Pontos Euxeinos, wo sie beschlossen, dem Lauf des Istros zu folgen, um zur Adriatischen Küste zu gelangen. Es wird erzählt, daß Aiëtes seinen Sohn Apsyrtos, den ihm seine zweite Frau Eurylyte geboren hatte, zur Verfolgung der Helden aussandte, doch fand dieser durch eine Falle, die ihm Iason gestellt hatte, einen schrecklichen Tod. Andere wiederum behaupten, daß Medeia ihren noch sehr jungen Halbbruder mit sich nahm. Als sie sah, daß ihr Vater sie verfolgte, tötete sie Apsyrtos, schnitt seine Gliedmaßen ab und warf sie ins Meer. Wie zu erwarten, gab Aiëtes die Verfolgung auf, um die Gliedmaßen aufzusammeln und seinen unschuldig zu Tode gekommenen Sohn zu begraben.

Der Sänger Orpheus, einer der namhaftesten Argonauten, der die Gefährten durch seine weisen Ratschläge und seinen göttlichen Gesang aus vielen Gefahren rettete, besteigt das Bema, um auf seiner siebensaitigen Kithara zu spielen. (Schwarzfigurige Oinochoe, um 530 v. Chr.).

Orpheus

Nach einer anderen Version des Mythos war es Orpheus aus Thrakien, Sohn des Flußgeistes Oiagros und der Muse Kalliope, der mit seiner Musik den Drachen einschläferte. Mit seinem Gesang soll Orpheus die ganze Natur bezaubert haben: die wilden Tiere, die Fische, ja selbst die seelenlosen Steine und Bäume. Während des Zuges der Argonauten half er seine Gefährten oft durch die Macht seiner Musik. Einst stieg Orpheus in den Hades hinab, um seine junge Frau Eurydike, die an einem Schlangenbiß gestorben war, in die Welt der Lebenden zurückzuholen. Von seiner Musik gerührt, erlaubten Pluton und Persephone seiner Frau, ihm zu folgen, jedoch unter der Bedingung, daß Orpheus seinen Blick nicht zu ihr zurückwende, bis sie in der Oberwelt angelangt seien. Doch Orpheus konnte die Begierde, seine Frau zu sehen, nicht beherrschen und soll blieb Eurydike auf ewig im Reich der Schatten.

Die Rückkehr der Argo

Die Zauberin Medeia, in einem prunkvollen orientalischen Gewand, hält in ihrer Hand ein Kästchen mit Zauberkräutern (Detail). (Rotfiguriger Krater, 400-390 v. Chr.).

Nachdem sie den Kolchern entkommen waren, gelangten die Argonauten ins Adriatische Meer und fuhren dann Richtung Süden. Sie näherten sich Korkyra, dem heutigen Korfu, als ein starker, von Hera gesandter Wind sie wieder nach Norden trieb. Da riet ihnen der Orakelbalken der Argo, bei Kirke Zuflucht zu nehmen, der Schwester des Aiëtes, die auf der Insel Aiaia vor der Westküste des heutigen Italien lebte, damit diese sie vom Mord an Apsyrtos reinwasche, der den Zeus erzürnt habe. Sie beugten sich dem Willen des Gottes und fuhren den Eridanos hinauf, von dort weiter auf der Rhone, bis sie ins Tyrrhenische Meer gelangten. Bald darauf ankerten sie vor der Insel der Kirke, welche die notwendigen Rituale vornahm, damit die Helden weiterreisen konnten.

Nachdem die Argonauten heil an der Insel der Sirenen vorbeigefahren waren, mußten sie an den Planktai vorbei, flammenspeienden Felsen, die, vom Wind getrieben, auf dem Meer schwammen. Der Schaum der sie bedeckenden Wellen täuschte die Seefahrer und ihre Schiffe zerschellten an den Felsen. Mit Hilfe der Thetis und der anderen Nereiden fuhr die Argo ohne Schaden an den Planktai vorbei und gelangte ins Land der Phaiaken, nach Korkyra. Dort waren auch einige Kolcher mit ihren Schiffen, die vom König der Insel, Alkinoos, verlangten, daß er ihnen Medeia ausliefere. Doch dank der Vermittlung der Königin Arete vermählten

Der schon fast zu Tode geblutete Bronzeriese Talos fällt sterbend in die Arme der Dioskuren, Kastor und Polydeukes. Poseidon und Amphitrite, rechts, und Medeia, links, sehen dem tragischen Ende des rastlosen Wächters der Insel Kreta zu. (Rotfiguriger Krater, 400-390 v. Chr.).

sich Iason und Medeia, und die Kolcher ließen von jeder weiteren Forderung ab. Die Helden hatten Korkyra schon weit hinter sich gelassen, als ein ungeheuerlicher Sturm aufkam und sie an die Küste Nordafrikas spülte. Verzweifelt, da ihr Schiff auf Sand gelaufen war, gingen sie an Land. Da verkündeten ihnen die Götter, daß sie, wenn sie je ihr Heimatland wiedersehen wollten, die Argo auf ihre Schultern nehmen und so die Libysche Wüste durchqueren sollten. Nachdem sie zwölf Tag und Nächte gewandert und viele Abenteuer überstanden hatten, gelangten sie an den Tritonis-See und von dort wieder auf offene See.

Die Argonauten zogen nordwärts und erreichten Kreta, wo sie Talos an der Landung hinderte. Dieser war ein bronzener Riese, ein Werk des Hephaistos, der die Insel drei Mal täglich umschritt und kein Schiff sich der Inseln nähern ließ. Er lebte dank einer einzigen Vene, die an seiner Ferse mit einem bronzenen Nagel verschlossen war. Medeia jedoch überzeugte den Riesen, daß er unsterblich werde, wenn er den Nagel herausziehe. Talos glaubte ihr und blutete sich zu Tode.

Als sich die Helden schon ziemlich weit von Kreta entfernt hatten, wurden sie plötzlich von einer dunklen Wolke eingehüllt und ein Unwetter brach los. Sie beteten zu Apollon, und der Gott erhob seinen goldenen Bogen, mit dem er Licht auf die tobenden Wellen warf. Sofort sahen sie in geringer Ferne die Insel Anaphe. Und nachdem sie dort die Nacht verbracht hatten, erreichten sie nach gefahrloser Fahrt Iolkos.

Die Sirenen

Die Sirenen, die auf der Insel Anthemoëssa im Tyrrhenischen Meer lebten, waren Wesen mit dem Kopf eines Menschen und dem Körper eines Vogels. Ihr Vater soll der Meeresgott Phorkys oder der Fluß Acheloos gewesen sein, ihre Mutter Chthon (Erde) oder die Muse Terpsichore. Die Sirenen sangen so süß, daß die Seeleute ihre Schiffe verließen und an Land gingen, um sie zu hören. Von dem Gesang bezaubert, vergaßen sie zu essen und zu trinken und starben so einen langsamen Tod. Als sich die Argo der Insel Anthemoëssa näherte, begann Orpheus auf seiner Lyra zu spielen und zu singen. Seine liebliche Musik bezauberte die Argonauten so sehr, daß sie den Sirenen keine Beachtung schenkten und sicher an der Insel entlangkreuzten.

Iason und Medeia

Noch im Dunkel der Nacht ankerten Iason und seine Gefährten in einer Bucht bei Iolkos. Sogleich erfuhren sie, daß Pelias nicht allein keine Absicht hatte, sein Versprechen zu halten, sondern bereits Aison und alle Verwandten des Iason ermordet hatte. Als der Held dies hörte, schwor er, ihren Tod zu rächen. Die Bestrafung des Pelias sollte das Werk der Medeia sein, die Kenntnis der Arzneien und Wunderkräuter besaß. Sie salbte ihre Haut ein, so daß sie runzlig erschien, färbte sich ihr Haar weiß und begab sich als Artemispriesterin gekleidet in den Palast. Nachdem sie sich dem König vorgestellt hatte, entdeckte sie ihm, daß Artemis seine Frömmigkeit belohnen wolle, indem sie ihn verjünge. Damit dies geschehen könne, sollten die Töchter des Pelias ihren Vater im Schlaf töten, ihn in Stücke schneiden und in einem großen Topf zusammen mit einem Zaubersaft, den ihnen Medeia geben würde, kochen. Um die Mädchen zu überzeugen, tötete Medeia einen alten Widder, zerschnitt und kochte ihn, doch ließ sie die Mädchen in dem Topf das Bild eines jungen Lamms sehen. So wurden die Töchter schließlich dazu gebracht, ihren Vater eigenhändig zu töten. Nach diesen Geschehnissen überließ Iason den Thron von Iolkos dem einzigen Sohn des Pelias, Akastos, verließ die Stadt und lebte mit Medeia und ihren beiden Kindern am Hof des Königs von Korinth, Kreon.

Doch die Schicksalsgöttinnen hatten dem Paar kein glückliches Leben beschieden. Iason verliebte sich in Glauke, die Tochter des Königs

In der Mitte des Bildes sieht man Alkeste, die einzige Tochter des Pelias, die den verführerischen Worten der Medeia keinen Glauben schenkte, wie sie voller Abscheu auf das Messer blickt, das eine ihrer Schwestern hält, und sich, um ihren Schrei zu ersticken, die Hand vor den Mund hält. Eine andere Tochter läuft mit einer Geste des Grauens nach rechts. (Rotfigurige Hydria, um 465 v. Chr.).

Pelias, der auf seinem Thron sitzt, empfängt Iason, der als Triumphator ins Vaterland zurückkehrt. Eine Siegesgöttin fliegt zum Helden, um ihn zu bekränzen. (Apulischer Krater, 350-340 v. Chr.).

Hier ist Medeia dargestellt, die in tiefer Verzweiflung darüber, daß Iason sie nicht mehr liebt, mit dem Messer auf eines ihrer Kinder einsticht, während dieses um Erbarmen fleht und bei dem Altar und der Statue des Apollon Schutz sucht. (Kampanische Amphora, um 330-320 v. Chr.).

Medeia, links, spricht die letzte Zauberworte aus und der Widder taucht verjüngt aus dem Kessel auf. Eine der Töchter des Pelias, rechts, gestikuliert erregt. (Rotfiguriges Weingefäß, um 470 v. Chr.).

Kreon, und beschloß, sie zu heiraten. Vergebens erinnerte ihn Medeia daran, daß er ihr ewige Treue geschworen hatte. Weil der König fürchtete, daß Medeia die Hochzeit verhindern könnte, verbannte er sie und ihre Kinder aus der Stadt. Doch Medeia sann auf Rache und schickte der Braut als Hochzeitsgeschenk ein Gewand und einen goldenen Kranz. Kaum hatte Glauke diese angelegt, schossen unlöschbare Flammen empor, in denen sie und ihr Vater, der zu ihrer Rettung herbeieilte, verbrannten.

Die nächsten Opfer ihrer Rachsucht waren ihre eigenen Kinder. Ungerührt von dem Weinen und Flehen der Kinder, zog sie ihren Dolch und erstach sie. Dann bestieg sie ein Flammengefährt, das von geflügelten Drachen gezogen wurde und ihr von Helios, ihrem Großvater, gesandt wurde, und flog auf diese Weise nach Athen, wo sie sich mit König Aigeus vermählte.

Andere Versionen des Mythos

Nach einer anderen Fassung tötete die Heldin ihre Kinder nicht, um sich an Iason zu rächen, sondern um zu verhindern, daß sie Kreon in die Hände fielen. Andere wiederum erzählen, daß sie die Kinder zu deren Schutz in das Heiligtum der Hera Akraia gebracht hatte, wo sie von den Korinthern ermordet wurden, die danach Medeia der Tat bezichtigten. Was Iason betrifft, so soll er zusammen mit Glauke und Kreon verbrannt sein oder sich erhängt haben, während andere behaupten, daß sich Iason, wie ihm Medeia gesagt hatte, unter dem Heck der Argo zum Schlaf niederlegte, das jedoch, da es verrottet war, auf seinen Kopf fiel und ihn tötete. Späteren Ursprungs ist die Überlieferung, daß sich Iason und Medeia versöhnten und nach Kolchis zurückkehrten.

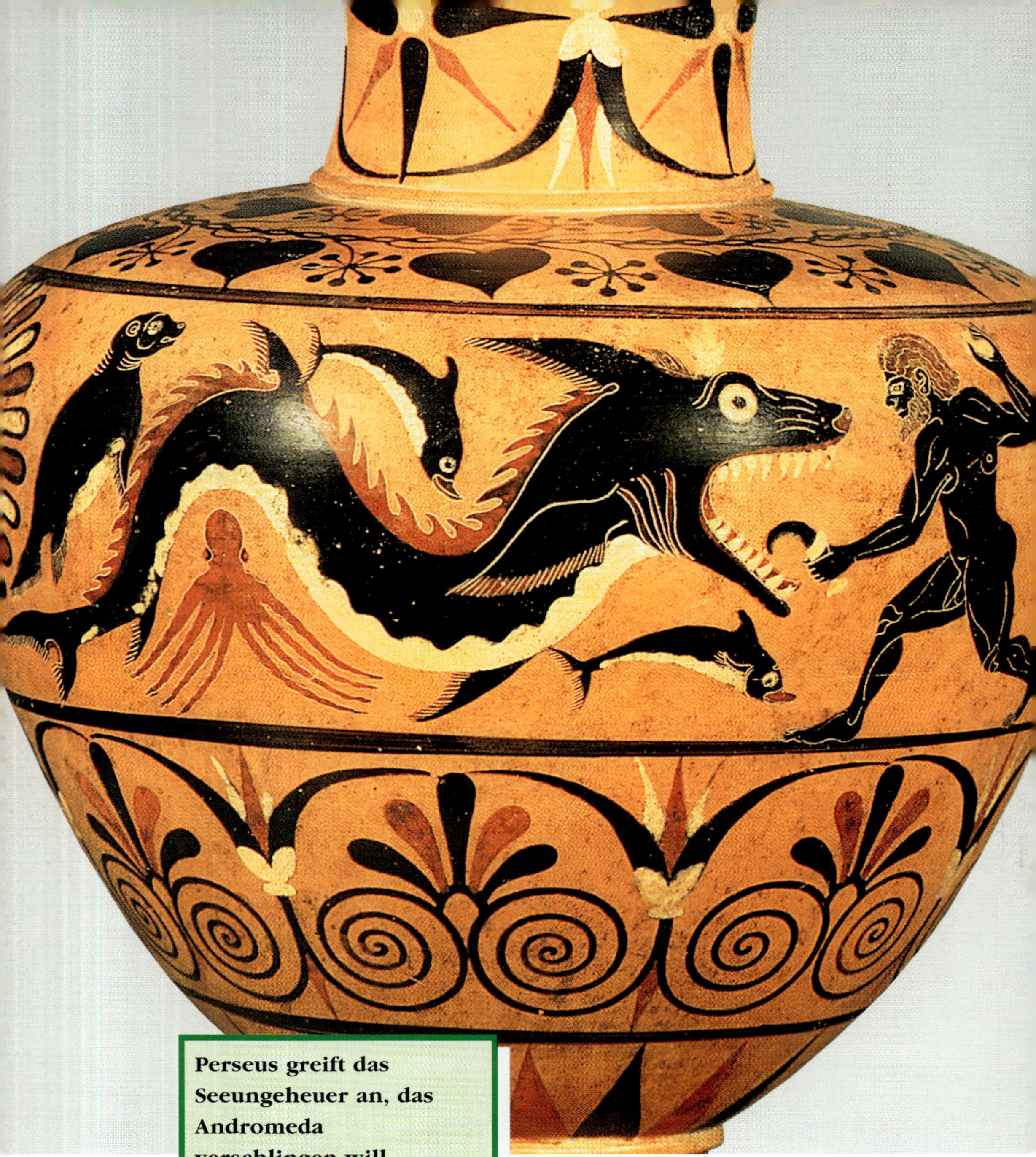

Perseus greift das Seeungeheuer an, das Andromeda verschlingen will. (Schwarzfigurige Caeretaner Hydria, die dem Adlermaler zugeschrieben wird, 530-520 v. Chr.).

Auf der Randzone sind die Taten des Theseus dargestellt und in der Mitte vermutlich der Held selbst mit seinem Freund Perithoos. (Innenbild einer rotfigurigen attischen Schale, das dem Penthesileiamaler zugeschrieben wird, um 450 v. Chr.).

Perseus

Zeus kam als Schauer von Gold in das Verließ, in welches der Argiverkönig Akrisios seine Tochter Danaë eingeschlossen hatte, und verband sich mit ihr. Danaë gebar danach den großen Helden Perseus. (Rotfiguriger Krater, 490-480 v. Chr.).

Der König von Argos, Akrisios, der nur eine Tochter, die wunderschöne Danaë, besaß, wollte eines Tages erfahren, wie er denn einen männlichen Erben bekommen könne, und so wandte er sich an ein Orakel, das ihm antwortete, daß er keine Söhne haben und sein Enkel ihn töten werde. Aus Furcht, daß sich der Orakelspruch bewahrheite, schloß er Danaë in ein tiefes Verließ, damit sich ihr kein Mann nähern könne. Doch aller Vorsicht zum Trotz kam Zeus, der sich in das Mädchen verliebt hatte, in einem Schauer von Gold und verführte es. Sie gebar ihm einen Sohn, den sie Perseus nannte.

Obwohl Danaë versuchte, die Existenz des Kindes vor ihrem Vater zu verbergen, wurden sie durch das Weinen des Säuglings verraten. Als Akrisios erfahren wollte, was geschehen sei, entdeckte sie ihm die ganze Wahrheit, doch ihr Vater glaubte ihr nicht. Voller Zorn sperrte er Mutter und Kind in eine hölzerne Kiste

Auf diesem Bild weist Akrisios, der König von Argos, einen Schreiner an, wie er die Holzkiste bauen soll, in welche der König seine Tochter Danaë und seinen Enkel Perseus, den eine Amme auf dem Arm hält, einsperren will. (Rotfigurige Hydria, um 490 v. Chr.).

Die Gorgonen

Im fernen Westen, nicht weit vom Land der Hesperiden, lebten die Gorgonen, Töchter des Phorkys und der Keto: die sterbliche Medusa oder Gorgo und ihren unsterblichen Schwestern Stheno und Euryale. Die Gorgonen waren Ungeheuer mit Schlangen im Haar, Wildschweinzähnen, bronzenen Händen und goldenen Flügeln, die bei allen, Sterblichen wie Unsterblichen, Furcht und Abscheu erregten. In der neugriechischen Volkstradition ist die Gorgona die Schwester Alexanders des Großen, die zur Strafe in ein Fischweib verwandelt wurde, weil sie, wenn auch ungewollt, das Wasser der ewigen Jugend verschüttete hatte, das ein Geschenk ihres Bruders war, der, um es zu erlangen, einen Drachen getötet hatte. Seither schwamm die Gorgona im Meer umher und fragte die Seeleute, ob König Alexandros noch lebe. Wenn die Seeleute die Frage bejahten, beruhigte sie die Wellen, wenn sie sie jedoch verneinten, ließ sie die Wellen aufpeitschen und versenkte die Schiffe.

und warf sie ins Meer. Die Wellen trieben sie zur Kykladeninsel Seriphos, wo sie Diktys aus dem Meer fischte, der nach einigen ein einfacher Fischer, nach anderen jedoch der Bruder des Königs von Seriphos, Polydektes, war.

Diktys nahm Danaë und Perseus bei sich auf und sorgte für sie. Das Einzig, was ihr Leben trübte, war der Wunsch des Königs Polydektes, Danaë gegen ihren Willen zur Frau zu nehmen. Eines Tages, als Perseus schon zu einem Mann herangewachsen war, lud ihn Polydektes zu einem Gelage, das er für seine Freunde gab, in den Palast. Als Perseus im Palast angelangte, fragt er den Hausherrn, aus welchem Grunde das Gelage stattfinde, und jener antwortete ihm „wegen der Pferde", was bedeutete, daß, wie es damals üblich war, jeder Gast dem Gastgeber ein Pferd zu schenken hatte. Perseus erwiderte ihm, daß er nichts dagegen habe, dem König ein Geschenk zu machen, selbst wenn dies das Haupt der Medusa, einer der drei Gorgonen, sein sollte. Am nächsten Tag nahm der König die Pferde, die ihm seine Freunde brachten, in Empfang. Von Perseus jedoch forderte er das Haupt der Medusa, das ihm jener in jugendlichem Übermut versprochen hatte. Andernfalls werde er seine Mutter mit Gewalt heiraten.

Perseus und Medusa

Die Gorgone Gorgo oder Medusa, vom Westgiebel des Artemistempels auf Korfu, um 580 v. Chr.

Verzweifelt angesichts der ausweglosen Lage, in die er sich mit seiner Prahlerei gebracht hatte, saß Perseus nachdenklich auf einem Felsen, als plötzlich Hermes vor ihm erschien und ihm verkündete, daß er selbst und Athena ihm helfen würden, das Haupt der Medusa zu bekommen. Auch sagte er ihm, daß er zur Vollbringung der Tat ein Paar geflügelte Schuhe, eine Tarnkappe und einen Zaubersack brauche. Alle diese Dinge seien in der Obhut der Nymphen, doch nur die Graien, die Schwestern der Gorgonen, seien in der Lage, ihm den Weg zu den Nymphen zu weisen.

Die Graien, die schon bei ihrer Geburt ein hohes Alter hatten, besaßen alle zusammen nur ein einziges Auge und einen einzigen Zahn, die mal die eine, mal die andere benutzten. Dem Rat der Athena folgend, riß Perseus das Auge und den Zahn an sich und gab diese erst zurück, nachdem sie ihm gesagt hatten, wo die Nymphen lebten. Bereitwillig gaben ihm die Nymphen das Gewünschte, und danach flogen der Held, Hermes und Athena über den Okeanos bis ans Ende der Welt, wo die Gorgonen lebten. Kaum hatte Athena dem Helden die gerade neben ihren Schwestern schlafende Medusa gezeigt, zog Perseus die geflügelten Schuhe und die Tarnkappe an und stürmte mit einer diamantenen Sichel, die er von Hermes erhalten hatte, auf die Medusa zu. Doch durfte er ihr nicht ins Gesicht sehen, denn der Blick der Medusa ließ alle Lebewesen versteinern. Deshalb hatte Athena ihm geraten, seinen glänzenden Schild als Spiegel zu benutzen, was er auch tat. Er schnitt also das Haupt der Medusa ab und warf es in den Zaubersack. Sofort sprangen aus dem offenen Hals der Medusa Chrysaor, der Vater des dreikörprigen Geryon, und das geflügelte Pferd Pegasos hervor, das aus der Verbindung der Medusa mit Poseidon

Perseus, mit der Sichel in der Hand, der Tarnkappe, den Flügelschuhen und dem Haupt der Medusa im Zaubersack, eilt nach Seriphos, während die enthauptete Gorgone sich sterbend zu Boden neigt. Rechts folgt die bewaffnete Athena ihrem Schützling. (Rotfigurige Hydria, um 460 v. Chr.).

Auf diesem Bild sieht Perseus, der Tarnkappe und Flügelschuhe trägt, die äthiopische Königstochter Andromeda, die an Pfähle gefesselt darauf wartet von dem Ungeheuer verschlungen zu werden. (Weißgrundiger Krater, 440-435 v. Chr.)

Einzig die Schwestern der Gorgonen, die Graien, konnten dem Perseus helfen, in den Besitz der Dinge zu gelangen, deren er zur Tötung der Medusa bedurfte. Um sie zu erpressen, nahm er ihnen ihr einziges Auge und ihren einzigen Zahn, woraufhin ihm die Graien ihre Hilfe versprachen. Auf dem Bild springt Perseus vor, um das Auge, das die Graie rechts ihren beiden Schwestern geben will, an sich zu nehmen. Dargestellt sind neben Athena und Hermes auch Phorkys, der Vater der Graien und der Gorgonen, sowie Poseidon, der Geliebte der Medusa. (Deckel einer Pyxis, um 425 v. Chr.).

hervorgegangen war. Beim Rückflug des Perseus sollen einige Tropfen vom Blut der Medusa auf Afrika getropft sein, in dem seither viele wilde Tiere leben.

Auf seinem Rückweg kam der Held durch Äthiopien. Dort traf er auf ein Mädchen, das an einen Felsen gefesselt war. Es war Andromeda, die Tochter des Königs Kepheus und der Kassiope oder Kassiëpeia. Um ihre Mutter zu strafen, die sich gerühmt hatte, daß ihre Tochter schöner als die Nereiden sei, sandte Poseidon eine große Überschwemmung über das Land und ein schreckliches, unersättliches Ungeheuer. In ihrer Angst befragten die Einwohner das Orakel, was sie zu ihrer Rettung tun könnten, und dieses antwortete ihnen, daß sie nur dann gerettet würden, wenn die Königstochter dem Ungeheuer geopfert werde. Als Perseus dies vernahm, lauerte er dem Ungeheuer auf, tötete es und vermählte sich mit Andromeda.

Nach all diesen Abenteuern kehrte Perseus mit seiner Frau nach Seriphos zurück, wo er erfuhr, daß Danaë von Polydektes zur Heirat gedrängt werde. Ohne Zeit zu verlieren, erschien er im Palast, zog das Haupt der Medusa aus dem Zaubersack und zeigte es dem König und seinen Freunden, die bei seinem Anblick versteinerten.

Das Ende des Akrisios

Sobald sich Perseus an Polydektes gerächt hatte, begab er sich nach Argos, um seinen Großvater kennenzulernen. Akrisios jedoch, der den Orakelspruch fürchtete, floh nach Larisa, wo ihn der Held fand und ihm versicherte, daß er ihm kein Leid zufügen wolle, und ihn überredete, zusammen nach Argos zurückzukehren. Doch vor ihrer Abreise nahm der Held an einem Wettkampf teil, und beim Diskuswurf traf seine Scheibe den Fuß des Akrisios und tötete ihn. In seinem Gram wollte Perseus nicht den Thron des Akrisios besteigen und vereinbarte mit Megapenthes, Sohn des Proitos, des Zwillingsbruders des Akrisios, der über Tiryns herrschte, den Tausch ihrer Königreiche. Später dehnte Perseus sein Reich aus, indem er die berühmte Stadt Mykene erbaute.

Kadmos,
der Gründer von Theben

Kadmos nahm Harmonia, eine Tochter des Gottes Ares, zur Frau. Auf dem Bild sind Kadmos und Harmonia auf einem Wagen dargestellt, der von einem Löwen und einem Keiler gezogen wird und den Hochzeitszug anführt, der von Apollon auf der Lyra begleitet wird. (Schwarzfigurige Amphora, Beginn des 5. Jhs. v. Chr.).

Als Agenor, der König von Phönizien, entdeckte, daß Zeus seine schöne Tochter Europa entführt hatte, sandte er seine Söhne Phoinix, Kilix und Kadmos, ihre Schwester zu suchen. Ersterer wandte sich nach Afrika, wo er bis nach Karthago kam, ohne Europa zu finden. Kilix landete auf seiner Suche in Kleinasien, wo er sich in einem Land niederließ, daß seither Kilikien heißt. Der dritte Sohn, Kadmos, zog auf seiner Suche durch Griechenland, doch da auch er sie nicht fand, wandte er sich um Rat an das Orakel von Delphi, das ihm antwortete, er solle mit seiner Suche aufhören und einer Kuh folgen, deren Fell zwei weiße, vollmondgleiche Kreise zeige. Dort, wo sich die Kuh vor Erschöpfung niederlege, solle er eine Stadt gründen und sich niederlassen.

Und wirklich fanden Kadmos und seine Gefährten die Kuh auf einer Weide. Sie kauften die Kuh und ließen sie frei laufen. So gelangten sie nach Böotien, und dort, wo die heutige Stadt Theben steht, legte sich die Kuh erschöpft nieder. Da erkannte Kadmos, daß dies der Ort sei, von dem das Orakel gesprochen hatte, und beschloß, die Kuh der Athena zu opfern. Er sandte seine Gefährten zu einer Quelle in der Nähe, damit sie ihm Wasser brächten. Diese Quelle wurde jedoch von einer Schlange, einer Frucht des Ares, bewacht, die die meisten seiner Männer tötete. Kadmos eilte herbei und zerschmetterte der Schlange mit einem großen Stein das Haupt, holte Wasser und brachte sein Opfer dar.

Danach nahm er, wie ihm Athena geraten hatte, die Zähne des Reptils und säte

Kadmos, der Gründer der Stadt Theben, will mit einem Stein den Drachen, einen Sohn des Ares, töten, der ihn daran hindert, an der Arischen Quelle Wasser zu schöpfen. Eine Frau, vielleicht Harmonia, sitzt neben der Quelle. Athena, die Beschützerin des Kadmos, und Ares, der Vater des Drachen, rahmen die Szene ein. (Rotfiguriger Krater, um 450 v. Chr.).

sie im Boden aus. Sofort sprangen in voller Rüstung die Spartaner, die „Gesäten Männer", aus der Erde. Kadmos warf einen Stein zwischen sie, und die Männer, die glaubten, einer der Ihren habe ihn geworfen, begannen einander niederzumetzeln, bis nur mehr fünf von ihnen übrigblieben. Die überlebenden Spartaner waren die ersten Bewohner der neuen Stadt, die sie auf einem Hügel errichteten und Kadmeia nannten. Später umgaben Amphion und Zethos, Nachfahren der Spartaner, die Stadt mit starken Mauern und bauten auch eine Unterstadt, die sie nach der Gemahlin des Zethos, Thebe, benannten.

Ares war erzürnt über den Mord an seiner Schlange und zwang Kadmos, ihm acht Jahre lang zu dienen. Sofort danach wurde der Held zum König der Stadt ausgerufen und vermählte sich mit Harmonia, einer Tochter des Ares und der Aphrodite. Auf der Hochzeit, von deren Pracht noch lange erzählt wurde, sangen die Musen, und die Götter, die sich alle eingefunden hatten, machten dem Paar reiche Geschenke. Unter all diesen Geschenken ragten jedoch jene hervor, die der Bräutigam der Braut überreicht hatte: ein herrliches Geschmeide, das Hephaistos geschaffen hatte, und einen Schleier, den die Chariten gewebt hatten.

Kadmos in Illyrien

Nachdem er viele Jahre lang über Theben geherrscht hatte, ging Kadmos zusammen mit Harmonia nach Illyrien. Dort lebten die Enchelaier, die sich mit den Illyrern im Krieg befanden und einem Orakelspruch zufolge nur dann siegen würden, wenn sie Kadmos zu ihrem Führer machten. So geschah es auch. Die Enchelaier besiegten die Illyrer, und Kadmos, dem sie ihren Sieg verdankten, wurde König von Illyrien. Inzwischen aber war der Held alt geworden, und da die Schlange, die er in seiner Jugend getötet hatte, die Frucht eines Gottes gewesen war, bat er die Götter, auch ihn und seine Frau in eine Schlange zu verwandeln. Sein Wunsch wurde erhört, und so lebten sie als Schlangen, bis Zeus sie in die Elysischen Gefilde sandte.

Die Kinder des Kadmos

Auf grausame Weise strafte Artemis den Aktaion, Sohn der Kadmostochter Autonoë, der sie nackt beim Bade in einem Bach des Kithairon gesehen hatte: Sie verwandelte ihn in ein Reh und ließ dieses von seinen Hunden zerfleischen. Rechts und links beobachten zwei Pane erstaunt die Szene. (Paestanischer Skyphos, 400-375 v. Chr.).

Während Kadmos über Theben herrschte, gebar ihm Harmonia vier Töchter, Semele, Ino, Agaue und Autonoë, und einen Sohn namens Polydoros.
Mit Semele, der ersten Tochter, verband sich Zeus. Frucht dieser Verbindung war der Gott Dionysos, doch Semele fand aufgrund der Eifersucht der Hera noch vor seiner Geburt ein tragisches Ende.
Ino, die zweite Tochter, heiratete Athamas, den König von Orchomenos, doch auch sie wurde von Hera gestraft, weil sie das Kind ihrer Schwester großzog.
Agaue vermählte sich mit Echion, einem der Spartaner, und gebar den Pentheus, der später über Theben herrschte. Da sie aber schlecht über die Beziehung ihrer Schwester mit Zeus gesprochen hatte, rächte sich Dionysos auf grausamste Weise an ihr. Nachdem er Agaue und ihre Mitbürgerinnen zu Werkzeugen seines orgiastischen Kultes gemacht hatte, begab er sich nach Theben, um dort seinen Kult durchzusetzen. Pentheus jedoch, der sich wie die meisten Könige in anderen Städten diesem neuen Kult widersetzte, ließ den Gott gefangennehmen und einkerkern. Doch gelang es Dionysos nicht allein zu fliehen, sondern auch überredete er den König, ihm vor die Tore der Stadt zu folgen unter dem Vorwand, daß er ihm bei der Verfolgung der Rituale der Frauen helfen könne. So fiel Pentheus in die Hände seiner Mutter und der anderen Mainaden, die ihn in ihrem ekstatischen Zustand für ein wildes Tier hielten und zerfleischten. Agaue selbst stellte den Thebanern das Haupt

Dionysos hatte sich für die Schwestern seiner Mutter Semele, die jene beneideten und verleumdeten, eine grausame Strafe ausgedacht: Er verwirrte ihren Verstand und ließ sie durch die Wälder laufen und führte so seinen orgiastischen Kult ein. Auf dem Bild halten Agaue und die anderen Schwestern der Semele die Glieder des Pentheus, des Sohnes der Agaue und Königs von Theben, den sie auf dem Kithairon angetroffen und in ihrer Geistesverwirrung bei lebendigem Leib zerrissen hatten. (Rotfigurige Kalpis, um 500 v. Chr.).

ihres Sohnes zur Schau, da sie meinte, es sei eine Jagdtrophäe.
Die vierte Schwester, Autonoë, wurde die Gemahlin des Aristaios, eines Sohnes des Apollon, und gebar den Aktaion.
Im Mannesalter wurde Aktaion ein namhafter Jäger und war auch ein Begleiter der Artemis auf ihren Wanderungen durch die Berge. Eines Nachmittags jedoch nahm die Göttin ein Bad in einem Quellbach des Kithairon. Zu seinem Unglück führte der Jüngling seine fünf berühmten Jagdhunde zum Trinken an denselben Bach und sah, ohne es zu wollen, Artemis beim Bad. Voller Zorn verwandelte ihn die Göttin in ein Reh und ließ es von seinen eigenen Hunden zerfleischen. Aus Gram über den Tod ihres Sohnes ging Autonoë in die Verbannung nach Megaris, wo sie bald danach starb.
Polydoros schließlich, der einzige Sohn des Kadmos und der Harmonia, folgte seinem Vater auf dem Thron von Theben. Seine Gemahlin wurde Nykteïs, Tochter des Spartaners Nykteus, die ihm den Labdakos gebar, den Begründer der großen thebanischen Dynastie der Labdakider.

Amphion und Zethos

Antiope, auch sie eine Tochter des Nykteus, war einst von Zeus schwanger. Von ihrem Vater und nach dessen Tod von ihrem Onkel Lykos wegen ihres Fehltritts verfolgt, gebar sie in der Wildernis des Kithairon die beiden Knaben Amphion und Zethos, die sie aber aussetzen mußte. Zurückgekehrt lebte sie bei ihrer Tante Dirke, die sie jedoch sehr schlecht behandelte. Als die beiden Brüder, die bei einem Hirten aufgewachsen waren, erfuhren, wer ihre Mutter war und was diese gelitten hatte, töteten sie Dirke und zwangen Lykos, ihnen den thebanischen Thron zu überlassen. Obgleich sie Zwillinge waren, unterschieden sich Zethos und Amphion sehr. Ersterer war ein guter Krieger und Jäger, letzterer ein begnadeter Lyraspieler. Es ist überliefert, daß sich beim Bau der Stadtmauern von Kadmeia die Steine zum Klang seiner Musik allein zu einer Mauer reihten.

Oidipus begegnet Laios auf dem Weg nach Delphi; er zieht ihn bei den Haaren von seinem Wagen herab (Detail). (Sarkophagdeckel, 3. Jh. n. Chr.).

Oidipus

Oidipus, der tragischste Held der griechischen Mythologie, war ein Nachfahre des Kadmos. Sein Vater war Laios, Sohn des Labdakos und Enkel des Polydoros. Als Laios den Thron von Theben bestieg, heiratete er Iokaste, eine Tochter des Menoikeus und Schwester des Kreon. Jedoch die Jahre vergingen und das Paar blieb kinderlos. Daher wandte sich der König an das Orakel von Delphi, das ihm erklärte, daß sein scheinbares Unglück keines sei, da sein Kind ihn töten, seine Mutter heiraten und unsägliches Verderben über die Stadt bringen würde. Also hielt sich Laios von Iokaste fern, jedoch ohne ihr den Grund zu nennen. Aber bei einem Fest machte Iokaste ihn trunken und lockte ihn in ihre Arme. Als sie dann einen Sohn zur Welt brachte, durchbohrte Laios die Füße des Kindes mit bronzenen Ringen und band diese zusammen. Daraufhin befahl er seinem Hirten, das Kind auf dem Kithairon auszusetzen. Dem Hirten tat das Kind leid, und so überließ er es einigen Pferdehirten, die bei Polybos, dem König von Korinth in Diensten standen, ohne ihnen seine Herkunft zu nennen. Da Polybos und seine Frau Merope kinderlos waren, freuten sie sich, das Kind, das ihnen die Pferdehirten brachten, als ihr eigenes aufzuziehen, und sie nannten es Oidipus (‚Schwellfuß'), weil seine Füße an den Ringwunden entstellt waren.

Hier ist die Begegnung des Oidipus mit der Sphinx dargestellt. Die Sphinx sitzt auf einer hohen Säule, und Oidipus, der einen Hut trägt und auf einem Stein sitzt, hört ihr aufmerksam zu. (Innenbild einer rotfigurigen Schale, 5. Jh. v. Chr.).

Oidipus lebte glücklich am Hof des Polybos, bis es eines Tages zu einem Streit mit einem Trunkenem kam, der ihm sagte, daß er ein Bastard sei. Da ihm seine Eltern das Geheimnis nicht entdecken wollten, wandte er sich an das Orakel von Delphi. Das Einzige, was er erfuhr, war, daß er seinen Vater töten und seine Mutter heiraten werde, und so hielt er weiter Polybos und Merope für seine wahren Eltern.

Damit der Orakelspruch sich nicht erfüllen könne, ging er nicht

Laios hat sich nach Delphi begeben und bringt vor der dortigen Apollonstatue ein Opfer dar, um zu erfahren, wie ihm ein Kind geboren werden könne. Hinter ihm ein Sklave, der ihn begleitet. (Detail). (Sarkophagdeckel, 3. Jh. n. Chr.).

Der Schäfer, der Oidipus auf Befehl des Laios auf dem Kithairon ausgesetzt hat, bereut seine Tat. (Detail). (Sarkophagdeckel, 3. Jh. n. Chr.).

Auf seinem Weg den Kithairon hinauf hält der Schäfer in seinen Armen den kleinen Oidipus, der seinen Kopf vertrauensvoll an die Schulter des Schäfers gelehnt hat und mit der Hand zärtlich seine Brust berührt. (Rotfigurige Amphora, nach 450 v. Chr.).

nach Korinth zurück, sondern wanderte durch Griechenland. Als er sich in der Phokis befand, traf er an einer Wegegabelung auf Laios und sein Gefolge. Als ein Dienstmann ihm befahl, sie vorbeizulassen, weigerte sich Oidipus, und Laios hieß den Wagenlenker, trotzdem loszufahren. Dabei wurde Oidipus am Fuß verletzt; in seinem Zorn tötete er einen Dienstmann und wollte dann seinen Weg fortsetzen. Als er jedoch am Wagen des Königs vorbei kam, schlug ihn dieser mit seinem Stab. Rasend vor Wut, tötete der Held den Laios und alle seine Männer, bis auf einen, der nach Theben lief und dort verbreitete, daß Straßenräuber den König getötet hätten.

Zur selben Zeit wurde das Gebiet von Theben durch die Sphinx geplagt, die ein geflügelte Ungeheuer war mit dem Kopf einer Frau und dem Körper eines Löwen. Es hielt alle Reisenden an und gab ihnen ein Rätsel auf, und da es niemand lösen konnte, verschlang es alle, die des Weges kamen. Um die Stadt zu retten, hatte Kreon, der nach dem Tode des Laios über Theben herrschte, demjenigen, der das Rätsel lösen könne, die Königskrone und die Königin zur Frau versprochen. Der Held fand des Rätsels Lösung und die Sphinx stürzte tot von ihrem Felsen herab. So bestieg Oidipus den Thron Thebens und heiratete Iokaste.

Das Rätsel der Sphinx

Das Rätsel, das die Sphinx den vorbeiziehenden Reisenden aufgab, war das folgende: „Welches Wesen, das nur eine Stimme hat, hat manchmal zwei Beine, manchmal drei, manchmal vier und ist am schwächsten, wenn es die meisten Beine hat?" Oidipus antwortete: „Der Mensch, denn er kriecht als Säugling auf allen vieren, steht in seiner Jugend fester auf seinen zwei Füßen und stützt sich im hohen Alter auf einen Stock."

Oidipus
als König von Theben

Oidipus und seine Familie stehen vor dem Palast von Theben. Von einem Herold wird ihnen die Nachricht vom Tode des korinthischen Königs Polybos überbracht, doch weiß der Herold, daß Oidipus nicht der wirkliche Sohn des Königs ist. Die Darstellung vermittelt die Spannung, die ihren Höhepunkt kurz darauf erreicht, als Oidipus und Iokaste, seine Mutter und Gemahlin, die vernichtende Wahrheit erfahren. (Sizilischer Krater, 3. Viertel des 4. Jhs. v. Chr.).

Iokaste gebar dem Oidipus vier Kinder: zwei Söhne, Eteokles und Polyneikes, und zwei Töchter, Antigone und Ismene. Das Leben in Theben war ruhig, bis die Stadt plötzlich von einer schrecklichen Pest heimgesucht wurde, die die Einwohner dahinraffte. Oidipus sandte daraufhin Kreon nach Delphi, der vom Orakel erfuhr, daß der Mörder des Laios aus Theben vertrieben werden müsse. Der Orakelspruch wurde in der ganzen Stadt bekannt, und der König versprach, daß, wenn der Schuldige ein Einheimischer sei und sich zu seiner Tat bekenne, er frei von dannen ziehen könne. Andernfalls solle der Mörder zu ewiger Wanderung verdammt sein und an keinem Opfer teilnehmen können.

Trotz aller Versprechen und Drohungen wurde der Mörder nicht gefunden. Daher sandte Oidipus nach dem berühmten Seher Teiresias, der zunächst zögerte, den Täter zu entdecken. Als er jedoch vom König beschuldigt wurde, in den Mord verwickelt zu sein, sprach der Seher die furchtbare Wahrheit aus. Der Schuldige war niemand anders als Oidipus selbst. Wenngleich das Wort des Teiresias großes Gewicht besaß, kam in Oidipus der Gedanke auf, daß Kreon den Seher bestochen habe, ihn zu beschuldigen. Er sprach diesen Verdacht sogar aus und drohte Kreon mit dem Tod. Doch da griff Iokaste ein, die Einzelheiten vom Tode des Laios er-

Der Schäfer erkennt in Oidipus das Kind, das er auf dem Kithairon aussetzen sollte. (Sarkophagdeckel, 3. Jh. n. Chr.).

zählte, und Oidipus begann zu erkennen, daß er schuldig war. Dennoch kam ihm noch nicht der Gedanke, daß Laios sein Vater gewesen war.
In diesem Augenblick erschien ein Herold aus Korinth, der verkündete, daß Polybos gestorben sei und daß das Volk Oidipus zum König ausrufen wolle. Jener jedoch äußerte, daß er nicht nach Korinth gehen wolle aus Angst, daß sich der zweite Teil des Orakelspruches, daß er nämlich seine Mutter heiraten werde, erfülle. Um ihn zu beruhigen, entdeckte ihm der Herold, daß er sicher wisse, daß Oidipus nicht der wahre Sohn des Polybos sei, da er selbst es nämlich gewesen sei, der den Helden als Säugling von dem Hirten des Laios erhalten habe. Voller Schreck ließ Oidipus den alten Hirten herbeirufen, der gestand, daß der Knabe, den er dem Herold gegeben habe, ein Kind des Laios gewesen sei. Da erkannte Oidipus, daß er sowohl seinen Vater getötet als auch seine Mutter geheiratet hatte. Kaum war die schrecklich Wahrheit bekannt, erhängt sich Iokaste aus Kummer und Schande, während Oidipus sich mit einer Nadel, die er aus ihrem Gewand genommen hatte, eigenhändig blendete.

Der Seher Teiresias

Teiresias war ein Sohn des Eueres, der von den Spartanern, den ‚Gesäten Männern', abstammte, und der Nymphe Chariklo. Eines Tages sah er zwei Schlangen, die sich paarten. Er schlug sie mit einem Stabe und verwandelte sich in eine Frau. Sieben Jahre später sah er durch Zufall diese beiden Schlangen ein zweites Mal, erneut schlug er sie und wurde wieder zu einem Mann. Als Hera und Zeus einst darüber stritten, ob der Mann oder die Frau den Liebesgenuß stärker empfinde, fragten sie daher Teiresias, da er ja aus eigener Erfahrung sprechen konnte. Dieser antwortete, daß, wenn die Liebesfreude aus zehn Teilen bestünde, der Frau neun Teile und dem Manne nur eins zukommen. Hera, die behauptete hatte, daß der Mann größere Liebesfreuden genieße, blendete in ihrem Zorn den Teiresias, doch Zeus machte den Schaden wieder gut, indem er ihm das innere Sehen gab und ein Leben, das sieben Generationen währte.

Oidipus auf Kolonos

Das Grabmal des Vasenbildes, eine Stele auf einer hohen Basis, wird dem Oidipus zugeschrieben. Antigone nähert sich der Stele mit Opfergaben, ebenso ein Jüngling, Polyneikes oder Eteokles, der dem Toten ein Haarband darbringen will. Von rechts kommt eine Sklavin, die eine Hydria auf dem Kopf trägt. (Lukanische Amphora, Beginn des 4. Jhs. v. Chr.).

Oidipus, der einst durch seine Weisheit Theben gerettet hatte, verließ die Stadt nun geblendet und von allen gejagt; einzig seine Tochter Antigone begleitete ihn. Da sein Schicksal bekannt geworden war und er als von den Göttern verflucht galt, wurde er nirgends aufgenommen. Schließlich führte ihn sein Weg nach Kolonos in Attika, wo er sich auf die Gastfreundschaft der Athener berief und bat, mit König Theseus sprechen zu dürfen, weil dies auch der Stadt zugute kommen werde.
In der Zwischenzeit war auch Ismene in Kolonos angelangt und überbrachte schlechte Nachrichten aus dem Palast: Nach der Flucht des Oidipus habe ein Kampf der beiden Söhne um den Thron begonnen, bis schließlich der jüngere Eteokles seinen Bruder Polyneikes aus der Stadt vertrieben habe. Dieser sei nach Argos geflüchtet, wo er sich mit Argeia, der Tochter des Königs Adrastos, vermählt habe. Mit Hilfe des Adrastos und seines Freundes Tydeus hatte Polyneikes dann den berühmten Zug der „Sieben gegen Theben" geführt, der so genannt wurde, weil er von insgesamt sieben tapferen Feldherren angeführt wurde.
Zugleich war ein Orakelspruch bekannt geworden, der besagte, daß derjenige siegen werde, der Oidipus auf seiner Seite habe. Aus diesem Grunde kam Kreon nach Athen, um den Helden zur Rückkehr zu bewegen. Da er jedoch einen Vatermord begangen hatte, waren die Einwohner nicht gewillt, ihn in die Stadt zu lassen, sondern wollten ihn bis vor die Mauern führen, einzig zu dem Zwecke,

In einer Gewitternacht vernahm der Argiverkönig Adrastos in den Gängen des Palastes Schwertergeklirr und sah zwei junge Fremde, Polyneikes und Tydeus, darum kämpfen, wem welches Bett gehören solle. Der König trennte die beiden, die seither unzertrennliche Freunde waren. (Sizilischer Krater, um 350 v. Chr.).

Tydeus

Tydeus war ein Sohn des Oineus von dessen zweiter Frau, Periboia, der über das aitolische Kalydon herrschte. Der Jüngling war seines Vaterlandes verwiesen worden, weil er durch einen unglücklichen Zufall einen Verwandten getötet hatte, möglicherweise Toxeus, den Sohn des Oineus und der Althaia. So kam er an den Hof des Adrastos, des Königs von Argos. Dort lernte er Polyneikes kennen, und mitten in der Nacht begannen sie, wie wilde Tiere miteinander um eine Bettstelle zu kämpfen. Adrastos trennte die beiden Streithähne, die seither die besten Freunde waren. Tydeus heiratete sogar Deipyla, die Schwester der Argeia. Aus dieser Heirat ging Diomedes hervor, der seinen Vater an Ruhm und Tapferkeit noch übertreffen sollte.

daß der Spruch wahr werde. Von Ismene vorgewarnt, empfing Oidipus den Kreon höchst unfreundlich und lehnte auch sein Ersuchen ab. Da wollte Kreon Ismene und Antigone rauben, um Oidipus zu erpressen, doch in diesem Augenblick griff Theseus ein und zwang Kreon, von seinem Plan abzulassen, da er dadurch die Gesetze der Gastfreundschaft verletzen würde.

Kurz darauf gelangte auch Polyneikes nach Kolonos, um seines Vater Hilfe zu erbitten. Oidipus jedoch, der seine Söhne für seine Verbannung und seine Leiden verantwortlich machte, da sie ihn weder verteidigt, noch angemessen geehrt hatten, sprach den Fluch aus, daß Polyneikes niemals über Theben herrschen und daß sowohl er als auch sein Bruder im Blute ertrinken sollten. Nicht lang danach fühlte der einstige König sein Ende nahen. Nachdem er Theseus ein Geheimnis anvertraut hatte, daß Athen vor einem etwaigen Angriff der Thebaner schützten würde, bat er alle mit Ausnahme des Theseus, sich zu entfernen. Danach entschwand Oidipus auf wundersame Weise vom Angesicht der Erde.

Adrastos, der König von Argos, unternahm einen großen Kriegszug gegen Theben, um seinem Schwiegersohn Polyneikes zur Macht zu verhelfen, die diesem von dessen Bruder Eteokles entrissen worden war. Hier sind die Feldherren dargestellt, die den Zug anführten. (Rotfigurige Kalpis, um 470 v. Chr.).

Antigone und Ismene

Hier ist eine Auswahl der entscheidendsten Augenblicke des vernichtenden Krieges der „Sieben gegen Theben" dargestellt. Links versuchen Oidipus, Iokaste und Antigone, die beiden Brüder Eteokles und Polyneikes, die aufeinander einschlagen wollen, zur Vernunft zu bringen,. Etwas weiter steigt Kapaneus auf einer Treppe zu den Zinnen der Stadtmauer hinauf. Weiter rechts sieht man Amphiaraos auf seinem Gefährt in einer Erdspalte verschwinden, aus der Gaia (?) hervorschaut; darüber liegen drei tote Krieger. Etwas weiter stechen Polyneikes und Eteokles einander nieder, und am rechten Rand sieht man Antigone und Argeia, die den toten Polyneikes vom Schlachtfeld tragen, während die Wächter, die den Leichnam bewachen sollten, arglos schlafen. (Sarkophag, Ende des 2. Jhs. n. Chr.).

Die Expedition der „Sieben gegen Theben" hatte schließlich ein unglückliches Ende. Eteokles und Polyneikes fielen vor den Mauern der Stadt, ein jeder durch die Hand des andern, und danach wurden die Belagerer von den Verteidigern überrannt. Sechs der Feldherren kamen zu Tode; nur Adrastos gelang die Flucht auf dem göttlichen Pferd Arion, einer Frucht der Demeter und des Poseidon. Aber auch die Verteidiger von Kadmeia, der Burg von Theben, erlitten so große Verluste, daß seither jeder Sieg, der eher einer Niederlage gleicht, ‚kadmischer Sieg' heißt.

Nach dem Tod der beiden Brüder und der Rettung Thebens befahl Kreon, Eteokles und seine Gefährten in allen Ehren zu bestatten, während er den Polyneikes beschuldigte, ein Verräter gewesen zu sein, und ihn deshalb vor die Stadtmauern werfen ließ, daß ihn die Vögel und Hunde fräßen. Am selben Abend begab sich Antigone heimlich vor die Stadtmauern, wusch und schmückte ihren Bruder und begrub ihn, da sie es nicht ertragen konnte, ihn nicht bestattet zu sehen.

Als Kreon erfuhr, daß Antigone seinem Befehl zuwider gehandelt hatte, ließ er sie lebend in ein Verließ einmauern, öffnete das Grab des Polyneikes und warf den Leichnam wieder auf ein Feld vor den Stadtmauern. Da erschien der Seher Teiresias und verkündete dem König, daß die Vögel sehr seltsame Schreie ausstießen, daß die Weihgaben nicht richtig brannten und daß die Vögel, die den Leichnam des Sohns des Oidipus berührt hatten, von hoch oben in der Luft Blutstropfen auf die Altäre herabfallen ließen und diese unrein machten. Erschrocken über diese Zeichen der Götter, beschloß Kreon, die Bestattung des Polyneikes zu erlauben und Antigone zu befreien. Doch zu spät. Denn das Mädchen hatte sich in seinem Verließ erhängt, und ihr Verlobter Haimon, ein Sohn des Kreon, hatte sich über dem toten Körper seiner Geliebten erdolcht.

Zwei der grauenvollsten Szenen des thebanischen Krieges sind auf dieser Darstellung zu sehen. Tydeus, der schrecklichste der sieben Kriegsherren, liegt auf dem Erdboden und in wildem Haß auf seine großen Feind Melanippos zerschlägt er diesem den Schädel und saugt ihm in irrem Freudenwahn das Gehirn aus. Athena, links, hält in der Hand das Gefäß mit dem Unsterblichkeitstrank, den sie ihrem Schützling Tydeus vom Olymp gebracht hat, doch angesichts seiner abscheuerregenden Tat versteinert sie vor Schreck. Über den beiden Helden sieht man Zeus (?), der einen Blitz auf Kapaneus schleudert, der vor Staunen und Schreck mit offenem Mund darsteht. (Tonrelief von Giebel des Tempels A in Pyrgi, 2. Viertel des 5. Jhs. v. Chr.).

Das Schicksal der Ismene, der jungen Schwester der Antigone, war nicht minder tragisch. Während der Belagerung Thebens fand Tydeus, der wildeste Krieger des Argiverheeres, das Mädchen zusammen mit ihrem Geliebten Periklymenos im Tempel der Athena. Periklymenos gelang die Flucht, doch Ismene wurde von Tydeus ermordet. Tydeus soll von Athena selbst in den Tempel geführt worden sein, da die Göttin über das Stelldichein der beiden Verliebten in ihrem Tempel erzürnt war, möglicherweise auch aus Haß auf den Periklymenos, der ein Sohn des Poseidon, ihres großen Gegenspielers, war.

Der zweite Zug gegen Theben

Zehn Jahre nach der Niederlage der sieben Helden beschlossen ihre Söhne, den Tod ihrer Väter zu rächen und einen neuen Krieg gegen Theben zu führen. Unter den tapferen jungen Kriegern waren Diomedes, Sohn des Tydeus, Aigialeus, Sohn des Adrastos, und Thersandros, Sohn des Polyneikes, der in Argos lebte, weil Theben von Laodamas, dem Sohn des Eteokles, regiert wurde. Dieses Mal war das Kriegsglück auf der Seite der Belagerer, und so konnten sie die Stadt denn auch ohne größere Verluste einnehmen. Nur Aigialeus, der Sohn des Adrastos, fiel in der Schlacht.

Tydeus tötet Ismene, die halb entblößt auf dem Bett liegt, während ihr Verlobter Periklymenos flüchtet. (Korinthische Amphora, um 560 v. Chr.).

Bellerophon

Hier sieht man den Helden Bellerophon, wie er auf dem geflügelten Pferd Pegasos, einem Geschenk seines Vaters Poseidon, reitet und von hoch oben mit seiner Lanze auf die Chimaira zielt, eine Tochter des Typhon und der Echidne, ein wildes Ungeheuer mit dem Kopf eines Löwen, dem Körper einer Ziege und einem Schlangenschwanz. (Unteritalischer Pinax, 2. Hälfte des 4. Jhs. v. Chr.).

Bellerophon, der große Held Korinths, galt als Sohn des Glaukos und Enkel des Sisyphos, war aber in Wirklichkeit ein Sohn des Poseidon. Seine Mutter war Eurynome oder Eurymede, Tochter des Nisos aus Megara.

Zur Zeit, als Bellerophon über Korinth herrschte, war die Stadt den Argivern untertan. Einst sah Anteia, die Gemahlin des Königs von Argos, Proitos, den schönen und tapferen Helden und verliebte sich in ihn, doch Bellerophon wies ihre Annäherungen zurück. Um sich zu rächen, aber auch aus Angst, daß ihr Mann davon erfahren könne, beschuldigte sie Bellerophon, daß er versucht habe, sie zu vergewaltigen. Proitos schenkten den Anschuldigungen seiner Frau Glauben und beschloß, Bellerophon zu strafen. Da er jedoch seine Hände nicht mit dem Blut eines Gastfreundes verunreinigen wollte, sandte er den Helden nach Lykien zu seinem Schwiegervater Iobates, angeblich um diesem eine wichtige Nachricht zu überbringen. So machte sich Bellerophon nach Lykien auf; bei sich trug er ein versiegeltes Schreiben, in welchem Proitos dem Iobates schrieb, daß er den Überbringer ermorden lassen solle.
Neun Tage lang bewirtete Iobates den Gesandten seine Schwiegersohnes, und erst am zehnten Tage fragte er ihn nach dem Grund seines Besuches. Ohne auch nur den geringsten Verdacht zu schöpfen, übergab ihm Bellerophon das Schreiben. Sein Gastgeber aber scheute vor einem Mord zurück und überlegte sich, daß es besser sei, den Helden auf eine andere Weise zu Tode kommen zu lassen. So bat er ihn, die Chimaira zu töten, eine Tochter des Typhon und der Echidne, ein wildes Ungeheuer mit dem Kopf eines Löwen, dem Körper einer Ziege und einem Schlangenschwanz, das die Herden der Lykier vernichtete. Sofort bestieg der Held

Im Palast des Argiverkönig Proitos war einst der korinthische Held Bellerophon zu Gast. Und so kam es, daß sich Stheneboia (oder Anteia), die Gemahlin des Proitos, in den schönen Helden verliebte. Da dieser ihre Annäherungen zurückwies, beschuldigte sie ihn bei ihrem Mann, daß er versucht habe, sie zu vergewaltigen. In seinem Zorn sandte Proitos den Helden mit einem Schreiben zu seinem Schwiegervater, dem lydischen König Iobates, in welchem Proitos den Iobates bat, Bellerophon zu töten. Hier sieht man die Szene, in der Bellerophon auf Pegasos sitzt und von Proitos, der ihn zusammen mit Stheneboia verabschiedet, den Brief mit seinem Todesurteil empfängt, ohne auch nur das Geringste zu ahnen. (Lukanische Amphora, um 410 v. Chr.).

Auf dieser Darstellung verfolgen die beiden Götter des Hades, Pluton mit seinem Zepter und Persephone mit den Ähren in der Hand, die Qualen des Sisyphos, der nach seinem Tode auf ewig dazu verdammt wurde, einen riesigen Felsen einen Berg hinaufzurollen, der dann immer wieder herabrollte und ihn zwang, von neuem zu beginnen. (Schwarzfigurige Amphora, 510-500 v. Chr.).

sein geflügeltes Pferd Pegasos, das ihm sein Vater Poseidon geschenkt hatte, flog hoch in die Lüfte, fand das Ungeheuer und tötete es mit seinen Pfeilen. Als nächstes sollte Bellerophon die Solymer besiegen, ein kriegerisches Volks Lykiens, das dem Iobates feindlich gesinnt war. Nach seinem Sieg über die Solymer sandte ihn der König auf einen Feldzug gegen die Amazonen, die ebenfalls eine Niederlage erlitten. Auf seinem Rückweg ließ ihn Iobates durch seine tapfersten Krieger in einen Hinterhalt locken, doch auch diese fielen unter den Pfeilen des Bellerophon. Da erkannte Iobates, daß der Held göttlicher Herkunft war.

Nach all diesen Abenteuern behielt der König Bellerophon bei sich, vermählte ihn mit seiner zweitältesten Tochter, die von einigen Kassandra genannt wird, und herrschte mit ihm zusammen. Das Leben des Helden nahm jedoch kein gutes Ende. Aus Hochmut versuchte er mit seinem geflügelten Pferd auf den Olymp hinauf zu fliegen, um mit den Göttern zu speisen. Pegasos jedoch warf ihn ab, und seither wanderte Bellerophon völlig allein, mit wirrem Verstand, verflucht von Göttern und Menschen über die Erde.

Sisyphos

Sisyphos, der Sohn des Aiolos, war für seinen Listenreichtum bekannt. Als er einst dem Fluß Asopos entdeckte, daß Zeus dessen Tochter Aigina entführt habe, beschloß der Gott, ihn zur Strafe in den Hades zu schicken. Sisyphos aber gelang es, den Tod zu überlisten und in Ketten zu legen. Schließlich wurde der Tod von Ares befreit und es gelang ihm, Sisyphos zu greifen, der jedoch zuvor seiner Frau befohlen hatte, ihn nicht mit den angemessenen Ehren zu bestatten. Als er also in der Unterwelt ankam, ging er zu Persephone und bat um Erlaubnis, auf die Erde hinaufsteigen zu dürfen, um seine Frau für ihr Verhalten zu strafen. Persephone erlaubte es ihm und der listenreiche König kehrte in die Welt der Lebenden zurück, ohne natürlich an eine Rückkehr in die Unterwelt zu denken. Als er dann jedoch endgültig ins Reich der Toten kam, mußte er für seine Streiche hart büßen.

Meleagros und die Jagd des Kalydonischen Ebers

Aus ganz Griechenland versammelte Meleagros Helden und Jagdhunde, um den riesigen Keiler zu fangen, den Artemis zur Strafe ins aitolische Kalydon gesandte hatte und der die königlichen Güter verwüstete. Auf diesem Detail greifen den mit Pfeilen verletzten Eber jeweils zu zweit sechs Jäger an: von links Atalante und Melanion sowie Meleagros und Peleus und von rechts Kastor und Polydeukes. Ein anderer Held, Ankaios - nach der Inschrift Antaios - liegt tödlich verletzt am Boden. Tot ist auch der Hund Ormenos, dem der Keiler den Bauch aufgeschlitzt hat. Gerade noch zu erkennen ist Marpsas auf dem Rücken des Keilers; der Hund Korax greift von hinten an, während die Hunde Egertes und Methepon von den Seiten auf das Tier losgehen. (Schwarzfiguriger Krater, bekannt als „Françoisevase“, um 570 v. Chr.).

Im attischen Kalydon herrschte einst Oineus, der sich mit Althaia vermählt hatte, einer Tochter des Thestios, der als König über das benachbarte Pleuron regierte. Eines Sommers, als Oineus den Göttern die ersten Früchte der Erde zum Geschenk darbot, vergaß er, der Artemis, der Schutzgöttin des Landes, zu opfern. Dies erzürnte die Göttin, die einen riesigen Keiler aussandte, der die königlichen Felder zerstörte. Da ließ Meleagros, Sohn des Oineus, durch Herolde die tapfersten Helden aus ganz Griechenland herbeirufen - darunter auch seinen Onkel, den Bruder Althaias und Anführer der Kureten, die in Pleuron lebten -, daß sie mit ihm zusammen den Kalydonischen Eber jagten.

Der Kampf war grausam und viele Helden wurden von den scharfen Zähnen des Keilers zu Tode gerissen. Doch dann gelang es Meleager, das riesige Tier zu töten, nachdem es sein Onkel zuvor schwer verwundet hatte. In diesem Augenblick griff wieder Artemis ein und ließ den Helden mit seinem Onkel streiten, wer denn nun das Fell des Keilers als Jagdtrophäe mit nach Hause nehmen dürfe. Sehr bald wurde der Streit zu einer wahren Schlacht zwischen Aitolern und Kureten, in welcher Meleager ungewollt, oder möglicherweise in einem Zweikampf, seinen Onkel tötete. Als Althaia vom Tod ihres Bruders Nachricht erhielt, bat sie die Götter der Unterwelt, ihren Sohn zu sich zu nehmen.

Kaum hatte Meleager die Worte seiner Mutter erfahren, zog er sich wütend und enttäuscht aus dem Kampf zurück. Dies ermutigte die Kureten, die nun begann, die Mauern von Kalydon zu belagern. Die Stadt war in Gefahr, erobert zu werden, und so versuchten alle Bewohner, selbst Althaia, den Zorn des Helden zu besänftigen, doch dieser ließ sich nicht erweichen, bis schließlich seine Frau Kleopatra unter Tränen erzählte, was eine Stadt erwarte, die von Feinden erobert werde. Durch ihre Worte erschüttert, kehrte der Held auf das Schlachtfeld zurück, vertrieb die Kure-

Meleagros stritt mit dem Bruder seiner Mutter Althaia darum, wer das Fell des Keilers als Trophäe mit nach Hause nehmen dürfe, und ungewollt oder auch im Zweikampf tötete er ihn. Um den Tod ihres Bruder zu rächen, bat Althaia die Götter der Unterwelt, ihren Sohn zu sich zu rufen. Auf dem Bild heben Tydeus und Deianeira Meleager auf sein Totenbett. Eine Frau, vermutlich Althaia, kommt aufgeregt von links herbei, vielleicht, weil sie ihre Tat bereut. (Apulischer Krater, 375-350 v. Chr.).

Meleagros, der sich in die mutige Jägerin Atalante verliebt hatte, bietet ihr das Keilerfell als Trophäe an. Aphrodite, links, beobachtet die Szene, während Eros zwischen dem Paar umherfliegt. (Apulische Amphora, um 330 v. Chr.).

ten und rettete das Land. Er selbst jedoch konnte sich nicht mehr über den Sieg freuen, denn die Götter der Unterwelt hatten den Wunsch seiner Mutter erhört.

Es ist überliefert, daß an der Jagd des Kalydonischen Ebers viele tapfere Männer teilnahmen, darunter Peleus, Akastos, Admetos, Iason, Mopsos, Perithoos, Kastor, Polydeukes, Iphikles oder sein Sohn Iolaos, Theseus und Telamon, daneben aber auch eine Frau, die mutige Atalante. Als Atalante geboren wurde, setzte sie ihr Vater, der sich einen Sohn gewünscht hatte, auf einem Berg in Arkadien aus. Doch starb das Kind nicht, sondern wurde von einer Bärin gesäugt, bis es Jäger fanden und großzogen. Das Mädchen, das in den Bergen aufgewachsen war, lief schnell wie der Wind, war gewandt im Kampfe und eine gute Jägerin. Eine andere Version des Mythos, die durch Euripides überliefert ist, besagt, daß Atalante als Erste den Keiler verletzte und Meleager ihn schließlich tötete. Da sich der Held in das schöne Mädchen verliebt hatte, schenkte er ihr das Fell. Die übrigen Jäger waren so erzürnt darüber, daß eine Frau die Trophäe bekommen sollte, daß sie ihr das Fell mit Gewalt entrissen. Als Atalante dies dem Meleager klagte, ermordete er seine Onkel und beschwor dadurch die tödliche Rache seiner Mutter herauf.

Auf diesem Vasenbild ist ein Teil aus einer vielfigurigen Komposition herausgegriffen. Zwei Jäger, vermutlich Meleagros und Atalante, die Hauptpersonen der Jagd, stürmen mit Lanzen gegen den Keiler. (Innenbild einer lakonischen Schale, um 550 v. Chr.).

Die Entdeckung des Weins

Eines Tages beobachtete Staphylos, ein Hirte des Königs Oineus, daß eine der Ziegen, die die Früchte einer unbekannten Pflanze fraß, lebhafter als die anderen war. Dies wunderte ihn, und er brachte die Früchte zum König, der sie auspreßte, den Saft trank und sich sogleich kräftiger fühlte. So nannte er die Frucht nach seinem Hirten ‚Traube' (*staphyli*) und den Saft nach sich selbst ‚Wein' (*oinos*).

Pelops

Pelops, zusammen mit Hippodameia auf seinem Wagen, lenkt seine Pferde mit großem Geschick dem Sieg entgegen. Hippodameia erhebt erstaunt ihre Hand, als sie vor sich die beiden Tauben sieht, mit denen Aphrodite ihr bedeutet, daß sie die Frau des jungen Helden werden wird. (Rotfigurige Amphora, um 410 v. Chr.).

Der lydische König Tantalos, ein Sohn des Zeus, war von den Göttern zu einem Mahl auf den Olymp geladen worden und hatte dort Ambrosia und Nektar gekostet. Um ihnen zu danken, wollte auch er sie zu einem Mahl einladen. Da er die Götter jedoch auf die Probe stellen wollte, schnitt er seinen Sohn Pelops, den ihm Dione, eine Tochter der Atalante, geboren hatte, in Stücke, kochte diese und setzte sie den Göttern zum Verzehr vor. Die Götter, die sogleich die grausige Tat des Tantalos erkannten, verdammten ihn dazu, im Hades auf ewig an Hunger und Durst zu leiden, während sie Pelops erneut das Leben schenkten.

Zu jener Zeit herrschte über Elis und Pisa König Oinomaos, ein Sohn des Ares, der den Orakelspruch erhalten hatte, daß die Heirat seiner einzigen Tochter Hippodameia sein eigenes Ende bedeuten würde. Daher ließ er verkünden, daß er Hippodameia nur demjenigen zu Frau geben werde, der ihn im Wagenrennen besiege. Oinomaos bestand darauf, daß Hippodameia stets an der Seite des Bewerbers im Wagen fahre, um so dessen Aufmerksamkeit vom Gespann abzulenken. Auch hatte Oinomaos von seinem Vater Ares zwei unsterbliche Pferde zum Geschenk erhalten, die schneller als der Wind liefen. Dank dieser Pferde und der Geschicklichkeit seines Wagenlenkers Myrtilos gelang es dem König, obwohl er den Bewerbern einen Vorsprung gab, diese zu überholen und zu töten.

Auch Pelops bewarb sich um die Hand der Hippodameia, da er sich in sie verliebt hatte und sie seine Gefühle erwiderte. Um sich der Hilfe des Myrtilos zu vergewissern, versprach er diesem die Hälfte des Königreichs und eine Nacht mit Hippodameia. Und wirklich gelobte der Wagenlenker, der insgeheim in die Königstochter ver-

Als Pelops erkannte, daß er nur mit göttlicher Hilfe den Oinomaos besiegen könne, ging er zum Strand hinab und bat Poseidon um Beistand. Der Gott erhörte sein Bitten und schenkte ihm einen golden Wagen und nie ermüdende geflügelte Pferd, die schnell wie der Wind liefen. Hier steigt der mächtige Poseidon auf einem Seepferd aus dem Meer empor, um die Bitte des Pelops zu erfüllen. (Rotfigurige Hydria, nach 400 v. Chr.).

liebt war, ihm zu helfen. Er ersetzte die bronzenen Nägel, welche die Räder des Wagens hielten, durch solche aus Wachs. Als nun das Wagenrennen begann, schmolz das Wachs, der König verwickelte sich in die Zügel und wurde von den Pferden zu Tode geschleift. Kurz vor seinem Tod verfluchte er Myrtilos, daß er von der Hand des Pelops sterben solle. Bald darauf wurde der Fluch wahr. Blind vor Lustbegier, versuchte Myrtilos Hippodameia zu vergewaltigen und Pelops, der nach einem Vorwand suchte, Myrtilos zu beseitigen, damit der Betrug nicht ans Licht komme, warf ihn ins Meer. Myrtilos jedoch war ein Sohn des Hermes, der aus Zorn über den Mord dem Haus des Pelops ein Unglück nach dem anderen sandte.

Nach dem Mord an Myrtilos wurde Pelops durch Hephaistos reingewaschen und regierte danach über Pisa. Später herrschte er über das ganze Gebiet südlich des Isthmos von Korinth, das nach ihm Peloponnes genannt wurde.

Die Kinder des Pelops

Pelops hatte zahlreiche Kinder, darunter den Atreus, den Thyestes, den Pittheus, den Großvater des Theseus, die Nikippe, Mutter des Eurystheus, aber auch einen unehelichen Sohn namens Chrysippos, den er ganz besonders liebte. Als Atreus und Thyestes Chrysippos ermordeten, weil sie fürchteten, daß er an ihrer Statt den Vater beerben werde, wurden sie von Pelops aus Elis vertrieben. So gelangten sie nach Triphylien, wo Thyestes dem Atreus durch eine List die Macht entriß. Da riet Zeus, der keine Ungerechtigkeit duldete, dem Atreus, mit dem Thyestes zu wetten, daß die Sonne am nächsten Tag im Westen aufgehen werde. Der Gewinner sollte dann über das Königreich herrschen. Atreus wurde schließlich König, da Zeus die Sonne im Westen aufgehen ließ. Später wurde Atreus durch Aigisthos, den Sohn des Thyestes, ermordet, woraufhin die Söhne des toten Königs, Agamemnon und Menelaos, gezwungen waren, das Land zu verlassen.

Auf diesem Bild ist Tantalos in der Unterwelt dargestellt, wie er versucht -so eine Version des Mythos-, den riesigen Felsen zu halten, der auf ihn zu fallen droht und auf ewig seine Seele quält; eine Strafe, zu der ihn die Götter wegen seines frevelhaften Verhaltens ihnen gegenüber verdammt hatten. (Apulischer Krater, Ende 4. Jhs. v. Chr.).

Der Trojanische Krieg
Der Trojanische Krieg
Der Trojanische Krieg

Der Trojanische Krieg

Der trojanische Königssohn Paris raubte einst Helena, die Königin von Sparta, die von allen für ihre Schönheit gerühmt wurde. Um diese Tat zu rächen, stellten die Achaier eine große Streitkraft auf, schifften sich ein und fuhren gen Troja. In den zehn endlosen Jahren, während deren die Achaier gegen die Troer kämpften, starben auf beiden Seiten viele Männer, einige von ihnen ruhmvoll, andere in Schande. Schließlich wurde Troja mit der Hilfe einer List erobert und dem Erdboden gleichgemacht.

In den nachmykenischen Jahrhunderten wurden die Sagen, die sich um die Ereignisse des Krieges gesponnen hatten, von vielen bedeutenden epischen Dichtern an die nächsten Generationen weitergegeben, bis ihnen schließlich in der zweiten Hälfte des 8. vorchristlichen Jahrhunderts von Homer in seiner genialen epischen Schöpfung der Ilias eine neue Gestalt gegeben wurde. Vom Zorn des Achill ausgehend, gelingt es Homer, vor unseren Augen alle Ereignisse des zehnjährigen Krieges zwischen Achaiern und Troern vorbeiziehen zu lassen in einem Werk, das durch seine Meisterschaft in Handlungsaufbau und Sprachbehandlung beeindruckt.

Bis vor etwa hundert Jahren wurden die griechischen Mythen von der Forschung als reine Phantasieprodukte angesehen. Doch dann geschah 1871 ein archäologisches Wunder. Der Amateurarchäologe Heinrich Schliemann, der davon überzeugt war, daß sich die von Homer beschriebenen Ereignisse wirklich abgespielt hatten, beschloß, in der Nähe des heutigen türkischen Dorfes Hissarlik Ausgrabungen durchzuführen, um die Stadt Troja zu finden. Und wirklich entdeckte er nicht al-

Paris führt Helena zu seinem Schiff, während diese ihm zögernd folgt. Hinter ihr sieht man Aphrodite, die sie mit einem Brautschleier bedeckt, und vor ihr Eros, der ihre Krone richtet. Ganz rechts im Bild Peitho und links Aineias, ein Sohn der Aphrodite. (Rotfiguriger Skyphos, um 480 v. Chr.).

Auf diesem Bild ist das Trojanische Pferd dargestellt; es ist riesig, steht auf Rädern und weist zahlreiche Öffnungen auf. Im Pferd sind sieben Achaier zu erkennen, während man von anderen nur ihre Arme und Waffen sieht, die sie aus den Öffnungen herausgestreckt haben. Sieben weitere Krieger, Achaier oder Troer, stehen vor dem Pferd. (Amphora mit Reliefdarstellungen, um 670 v. Chr.).

lein Troja, sondern dank seines unermüdlichen Forschungsdranges kam durch seine Grabungen in Mykene, Tiryns und Orchomenos die bis dahin unbekannte mykenische Kultur ans Licht. Und die Fülle der Schätze, die bei diesen Grabungen gefunden wurden, belegte, daß das „goldreiche Mykene" und die „gold- und kupferreiche Stadt des Priamos" durchaus keine Erfindungen des Homer waren. Die Burgen, die man in Mykene und Troja fand, bedeuten jedoch nicht notwendigerweise, daß der Krieg zwischen diese Städten tatsächlich stattgefunden hat, noch daß Achill, Hektor oder Odysseus wirklich gelebt haben. In welcher Relation diese griechischen Mythen zur historischen Wirklichkeit stehen, ist in der Forschung immer noch umstritten. Einer Meinung nach stellt der Mythos eine glaubwürdige historische Quelle dar, während ihm von anderen jeglicher Bezug zur geschichtlichen Wirklichkeit abgestritten wird; eine dritte Ansicht schließlich bewegt sich zwischen diesen beiden Extremen.

Die Forschungen zur jüngeren epischen Dichtung anderer Völker sind zu dem Schluß gekommen, daß es in der Volksdichtung durchaus üblich war, wirkliche Ereignisse mit einer Fülle volkstümlicher Geschichten und dichterischen Motiven aus allen Gebieten und Zeiten miteinander zu verbinden; ebenso begegnen Personen, die in verschiedenen Jahrhunderten lebten, einander als Freund oder Feind auf dem Schlachtfeld, und selbst große Siege oder Niederlagen können sich in ihr Gegenteil verwandeln. Ähnlich dürfte es sich auch mit dem Trojanischen Krieg verhalten haben. Ihren Ausgang nahmen die Sagen von einem wirklichen Ereignis, doch wann sich dies ereignete, unter welchen Umständen und was daraus folgte, das dürfte für immer ein Rätsel bleiben.

Die Hochzeit des Peleus und der Thetis

Auf dem Hochzeitsfest des Peleus und der Thetis legten sich die drei Göttinnen, Hera, Athena und Aphrodite, auf die bequemen Klinen, nachdem sie zuvor ihre Schuhe ausgezogen und an die Wand gehängt hatten. Hinter ihnen sieht man den dämonischen Kopf der Eris, die durch den Streit, den sie zwischen den Göttinnen anstiftete, unwiederbringlich den Tod unzähliger Menschen heraufbeschwor. (Etruskische Amphora, um 540 v. Chr.).

Aiakos, der ein Sohn des Zeus und König von Aigina war, hatte drei Söhne: Peleus und Telamon von seiner Frau Endeïs und Phokos von der Nereide Psamathe. Doch Phokos war bei allen athletischen Spielen immer der Erste, was ihm den Neid der beiden anderen zuzog. Und so wurde er eines Tages von seinen Brüdern ermordet, die seine Leiche im Wald versteckten. Als der Mord entdeckt wurde, vertrieb Aiakos die beiden Brudermörder von Aigina. Telamon fand Zuflucht auf Salamis und Peleus im thessalischen Phthia, wo er später König wurde.

Obwohl Peleus ein Sterblicher war, nahm er eine Göttin zur Frau, nämlich die Nereide Thetis. Einst warben sowohl Zeus als auch Poseidon um die Gunst der Thetis. Doch als ihnen diese eröffnete, es sei geschrieben, daß sie einen Sohn gebären werde, der seinen Vater an Stärke übertreffen werde, fürchteten beide um ihre Weltherrschaft und beschlossen, Thetis mit einem Sterblichen zu vermählen. Und diese Ehre fiel Peleus zu, von dem gesagt wurde, daß er der gottesfürchtigste Mensch in ganz Thessalien gewesen sei.

Die Hochzeit des Peleus und der Thetis wurde mit großer Pracht auf dem Pelion begangen. Die Götter stiegen vom Olymp herab, ein jeder brachte ein Geschenk, und auf dem Fest sangen die Musen zum Lyraspiel des Apollon. Die Einzige, die nicht geladen worden war, war die Göttin des Streits, Eris, die, um sich zu rächen, einen Apfel in die Mitte der Versammelten rollen ließ mit der Inschrift: „Der Schönsten!" Als daraufhin Hera, Athena und Aphrodite darum stritten, wer denn nun die Schön-

Hermes hat die drei Göttinnen zu Paris auf den Berg Ida geführt, damit dieser den Streit beilege. Eris ist halbversteckt in der Mitte des Bildes zu sehen. Auch Zeus ist anwesend, oben links, ebenso die Personifizierung des Glücks, oben rechts. (Rotfigurige Hydria, 400-390 v. Chr.).

Nach einer Version des Mythos fragte Zeus Themis um Rat, wie er die Zahl der Menschen verringern könne, die der Erde zur Last geworden waren. Themis, die auf dem delphischen „Nabel der Welt" sitzt, unterhält sich mit Zeus, während Hermes und Athena ihnen aufmerksam zuhören und Selene, rechts, auf einem Pferd davonreitet. (Rotfigurige Pelike, 350-340 v. Chr.).

ste von ihnen sei, befahl Zeus dem Hermes, die Göttinnen auf den Ida zu führen, wo Paris, der Sohn des Troerkönigs Priamos, seine Herden hüte. Er solle entscheiden, welcher der drei Göttinnen der Preis gebühre.

Kaum sah Paris die Göttinnen vor sich, erschrak er sehr und wollte davonlaufen. Doch Hermes hielt ihn zurück und berichtete ihm, was geschehen war. Paris war also gezwungen, den Streit der Göttinnen zu schlichten. Um ihn für sich einzunehmen, versprach ihm jede Göttin ein ganz besonderes Geschenk. Hera wollte ihn zum Herrscher über ganz Europa und ganz Asien machen, Athena zu einem unbesiegbaren Helden, und Aphrodite versprach ihm, daß er die schönste Frau der Welt, welche keine andere als Helena selbst war, zur Gemahlin bekommen solle. Ohne auch nur einen Augenblick zu zögern, wählte Paris das Geschenk der Aphrodite und gab ihr den Apfel. Der erste Schritt zum Ausbruch des Trojanischen Krieges war getan.

Der Grund des Übels

Als einst die Menschen zu viele und der Erde zur Last geworden waren, ließ Zeus den Thebanischen Krieg ausbrechen, in dem viele Menschen getötet wurden. Doch bald waren die Menschen wieder genauso zahlreich wie vorher, und daher bat Zeus Momos, den Sohn der Nacht, um Rat. Dieser riet ihm zwei Dinge: er solle eine wunderschöne Tochter gebären und die Nereide Thetis mit einem Sterblichen vermählen. Und wirklich wurde Zeus der Vater der Helena, und auch gab er dem Peleus die Nereide Thetis zur Frau. Diese beiden Dinge führten zum Trojanischen Krieg, dem unzählige Sterbliche zum Opfer fielen und der die Erde von ihrer übergroßen Last erleichterte. Einer anderen Ansicht zufolge war es die Titanin Themis, welche dem Zeus riet, wie er das Menschengeschlecht vermindern könne.

Auf diesem Bild sitzt Paris auf einem Felsen mit seiner Lyra in der Hand, und Hermes führt die drei Göttinnen vor ihn. Athena ist mit Helm und Lanze dargestellt, Hera mit ihrem Zepter und Aphrodite mit einer Schar geflügelter Eroten, die sie umgeben. (Rotfigurige Schale, 500-490 v. Chr.).

Helena

Helena, die schöne Tochter des Zeus und der Leda, wurde zum Anlaß für den Trojanischen Krieg, den schrecklichsten Krieg in der antiken griechischen Mythologie. (Detail). (Schwarzfigurige Amphora, um 540 v. Chr.).

Einst nahm Leda, Tochter des Thestios, des Königs von Pleuron, und Gemahlin des Lakedaimonerkönigs Tyndareus, ein Bad in Eurotas-Fluß, als plötzlich ein Schwan, der von einem Adler gejagt wurde, sich zum Schutz in ihre Arme flüchtete. Der Adler war kein anderer als Hermes und der Schwan war Zeus selbst, der Leda durch diese List verführen wollte. In derselben Nacht schlief Leda auch mit ihrem Mann, und so gebar sie wenige Monate später Helena und die Zwillinge Kastor und Polydeukes. Helena und Polydeukes waren die unsterblichen Kinder des Zeus, der sterblich Kastor hingegen der Sohn des Tyndareus.

Als Helena zwölf Jahre alt war, geschah es, daß Theseus, von ihrer Schönheit geblendet, sie entführte und in dem von Mauern umgebenen Aphidnai bewachen ließ. Doch ihre Brüder Kastor und Polydeukes erstürmten die Feste, überwältigten Aphidnos, dem Helena anvertraut war, und befreiten ihre Schwester.

Auf diesem Bild betrachten Tyndareos, Leda und die Dioskuren das auf dem Altar liegende Ei, aus dem, so eine Variante des Mythos, Helena geboren wurde. Auf einer hohen Säule steht eine Statue des Zeus. (Rotfiguriger Krater, um 420 v. Chr.).

Nach dem Abenteuer von Aphidnai beschloß Tyndareos, Helena zu vermählen. Da ihre Schönheit in ganz Griechenland gerühmt wurde, kamen zahlreiche Freier nach Sparta, von denen der eine reicher und mächtiger als der andere war. Nur Odysseus, der König von Ithaka, begab sich nicht nach Sparta, doch sandte er seine Boten zu den Brüdern der Helena. Tyndareos befand sich in einer sehr heiklen Lage, denn ihm war klar, daß, wen immer er auch zum Schwiegersohn wählte, er sich die übrigen zu Feinden machen würde. Er folgte also einem Rat des Odysseus und ließ die Freier, so eine der Versionen, schwören, daß, wenn Helena je

Zeus heißt die Dioskuren in seinem Palast auf dem Olymp willkommen, als sie nach dem Ende ihres Erdenlebens zu Göttern erhoben wurden. Poseidon und Ares bilden das Ehrengefolge. (Schwarzfigurige Amphora, 550-540 v. Chr.).

Nach der anerkanntesten Version des Mythos näherte sich Zeus der schönen Leda in der Gestalt eines Schwanes und zeugte mit ihr Polydeukes und Helena; am selben Tag empfing Leda von ihrem sterblichen Gemahl Tyndareos den Kastor. (Römische Kopie einer Originalstatue des Bildhauers Timotheos, um 370 v. Chr.).

entführt werden sollte, sie alle zusammen die Tat rächen würden. Bereitwillig gaben alle ihr Wort, ohne zu wissen, wohin sie dieses Versprechen führen sollte.

Helenas Wahl fiel schließlich auf Menelaos, Sohn des Atreus und Bruder des Agamemnon. Zusammen hatten sie eine Tochter, die sie Hermione nannten. Zehn Jahre lang führten sie ein glückliches Eheleben, bis eines Tages Paris, von Aphrodite geführt, auf seiner Suche nach „Frau aller Frauen" nach Sparta gelangte. Neun Tage lang bewirtete Menelaos den hohen Gast, doch am zehnten mußte er sich auf den Weg nach Kreta machen, um Katreus, den Vater seiner Mutter, zu bestatten. Die Abwesenheit des Königs kam den Plänen Aphrodites entgegen. Gleich einer gewöhnlichen Sterblichen unterlag Helena der Macht der Göttin und verband sich mit Paris. In der Nacht ließ sie Schätze und Sklaven auf das Schiff des jungen Königssohnes bringen und segelte mit ihm davon.

Die Dioskuren

Die Zwillinge Kastor und Polydeukes, die auch die Dioskuren (= Söhne des Zeus) genannt wurden, beendeten ihr Erdenleben in einem Kampf mit ihrer Vettern Idas und Lynkeus, Söhnen des Königs von Messinien, Aphareus. Die Dioskuren hatten nämlich Phoibe und Ilaeira geraubt, die mit Idas und Lynkeus verlobt waren. In dem Kampf fiel zuerst Kastor durch die Lanze des Idas, dann Lynkeus durch einen Todesstoß des Polydeukes und schließlich Idas durch einen Blitz des Zeus. Da der unsterbliche Polydeukes sich jedoch nicht von seinem Bruder trennen wollte, erlaubt ihnen Zeus, jeweils den einen Tag bei den Göttern auf dem Olymp und den anderen im Innern der Erde zu verbringen. Später wurden sie zu Göttern gemacht und als das Sternbild der Zwillinge an das Firmament gehoben.

Der Aufstellung des Heeres

Menelaos und Odysseus, die hier dargestellt sind, hatten die Verantwortung für Aufstellung des Heeres für den trojanischen Feldzug. Achill und Patroklos, die sich dem Zug anschlossen, verabschieden sich von Thetis. Am linken Rand ist Menestheus dargestellt, der Anführer des Athener Heeres, dessen Präsenz der Athener Maler besonders betonen wollte: HOΔI („er hier ist es") steht hinter seinem Namen. (Schwarzfiguriger Kantharos, um 550 v. Chr.).

Nachdem Paris und Helena geflüchtet waren, eilte Menelaos, dem Iris die Nachricht überbracht hatte, nach Sparta zurück und sah das Unheil, das ihn getroffen hatte. Verzweifelt wandte er sich an seinen Bruder Agamemnon, der über Mykene herrschte, und bat ihn, alle Herrscher zu sammeln, um Helena zurückzuholen, wie sie es ja geschworen hatten. Agamemnon schickte Herolde aus, um die Könige zu benachrichtigen und aufzufordern, mit den Kriegsvorbereitungen zu beginnen, was auch alle bereitwillig taten, während Menelaos und Nestor, der König von Pylos, fortreisten, um zwei Helden, die nicht durch den Schwur gebunden waren, ebenfalls für den Zug zu gewinnen: Odysseus und Achill, der noch ein Kind gewesen war, als Helena den Menelaos heiratete.

Nach Ithaka, über das Odysseus herrschte, wurden Menelaos und Nestor von Palamides begleitet, dem Sohn des Nauplios, der für seine Erfindungsgabe bekannt war. Als die drei Gefährten auf Ithaka angelangten, sahen sie Odysseus, der ein Pferd und einen Ochsen vor seinen Pflug gespannt hatte, eine Mütze trug, die der des Hephaistos glich, und Salzkörner statt Samen ausstreute. Der Held hatte beschlossen, sich als vom Wahn befallen auszugeben, da er einen Orakelspruch erhalten hatte, der besagte, daß er, sollte er an dem Kriegszug teilnehmen, erst nach zwanzig Jahren seine Heimat wiedersehen werde. Palamides jedoch, der seine List durchschaute, riß den neugeborenen Sohn des Odysseus aus den Armen seiner Frau Penelope und legte ihn vor die Pflugscharen. Odysseus hielt natürlich sofort mit dem Pflügen an, wodurch er sich verriet und gezwungen war, dem Menelaos seine Teilnahme am Kriegszug zu versprechen.

Achill war der einzige Sohn des Peleus und der Thetis. Nach seiner Geburt wollte ihn seine Mutter unsterblich machen und hielt ihn deshalb nachts in ein Feuer. Ei-

Achill, der in Frauengewänder gekleidet ist, wird am Hof des skyrischen Königs Lykomedes von Odysseus und einem seiner Gefährten erkannt. Dort hielt ihn seine Mutter Thetis versteckt, damit er nicht am Trojanischen Krieg teilnehme, von dem er, wie die Göttin wußte, nicht heimkehren sollte. (Wandmalerei in dem „Haus der Dioskuren" in Pompeji, um 70 n. Chr.).

nes Nachts jedoch sah Peleus dies, und voller Schreck riß er das Kind aus ihren Armen, der Zauber wurde wirkungslos und die Nereide kehrte voller Zorn zu ihrem Vater in die Tiefen des Meeres zurück. Danach überließ Peleus seinen Sohn dem Kentauren Cheiron. Bei ihm lernte Achill Reiten, Musik, Heilkunde und vieles mehr und wurde einer der tapfersten Jünglinge Griechenlands. Später, als der Junge neun Jahre alt war, erfuhr Thetis, daß, wenn ihr Sohn in den Krieg ziehen würde, sie ihn niemals lebend wiedersehen sollte, und so versteckte sie ihn im Palast des Lykomedes auf Skyros. Dort lebte Achill, in Frauengewänder gekleidet, zusammen mit den Töchtern des Königs. Der Seher Kalchas jedoch hatte vorausgesagt, daß die Achaier die Stadt Troja ohne Achill niemals würden einnehmen können. Achill mußte also gefunden werden. Als die Gesandten der Achaier vor Lykomedes erschienen, sagte ihnen dieser, daß Achill nicht an seinem Hof lebe. Da verkleidete sich Odysseus als Händler und betrat die Frauengemächer, um den Königstöchtern seine Ware zu zeigen. Doch hatte er unter seinen Waren auch ein Schwert versteckt. Während die Mädchen Stoffe auswählten, sah Achill plötzlich das Schwert, und kaum hatte er es gesehen, griff er danach. So verriet er sich und mußte versprechen, daß er die Krieger von Phthia, die Myrmidonen, gegen Troja führen werde.
Zum Ort der Versammlung hatte man Aulis bestimmt, und nach und nach trafen dort die Könige mit ihren Männern und Schiffen ein.

Deidameia

Als Achill auf Skyros lebte, verliebte er sich in Deidameia, eine der Töchter des Lykomedes, die ihm einen Sohn namens Neoptolemos gebar. Einer anderen Version nach wuchs Achill nicht am Hof des skyrischen Königs auf, sondern er lernte Deidameia kennen, als er auf der Rückkehr nach der Niederlage in Mysien in ein Unwetter kam und auf der Insel strandete.

Hier sind die achäischen Herrscher vor ihrem Aufbruch nach Troja dargestellt. Sie ragen aus der Masse hervor, sind groß an Tugenden und gewaltig in ihren Gefühlen. (Zeichnung einer Darstellung auf einem Kraterunteruntersatz, vor 650 v. Chr.).

Die Achaier

Anführer der am Trojanischen Krieg teilnehmenden Achaier war Agamemnon, der über eine große militärische Macht verfügte und hier dargestellt ist, wie er vor dem Scheiterhaufen des Patroklos ein Trankopfer spendet. (Apulischer Krater, 340-330 v. Chr.).

Menelaos, der jüngere Bruder des Agamemnon und König von Sparta, wird von Homer als ein tapferer und gutherziger Mann beschrieben. (Rotfiguriger Krater, 440-430 v. Chr.).

Die Griechen, die am Trojanischen Krieg teilnahmen, wurden von Homer und den anderen Epikern Achaier, daneben aber auch Argiver oder Danaer genannt. Ihr Anführer war Agamemnon, Sohn des Atreus, der über ein gewaltiges Heer befahl. Er war mit Klytaimnestra, der Schwester der Helena, vermählt, und hatte mit Hilfe seines Schwiegervaters Tyndareos den Thron von Mykene zurückerobert, den ihm sein Onkel mit Gewalt entrissen hatte. Sein Reich erstreckte sich über ganz Argos und zahlreiche Inseln, doch ist unbekannt, ob Homer unter dem Begriff Argos die Stadt Argolis oder den ganzen Peloponnes verstand. Der oberste Feldherr der Achaier, der sich zwar nicht durch besondere Tapferkeit auszeichnete, übertraf alle anderen jedoch an Schönheit und Herrschaftlichkeit.

Menelaos, der jüngere Bruder des Agamemnon, war König von Sparta und bekannt für seinen großen Reichtum. Neben Hermione, seiner Tochter, die er mit Helena gezeugt hatte, hatte der Held auch noch einen Sohn von einer Sklavin, den er Megapenthes („Große Trauer") nannte im Gedenken an die Trauer, die er seit der Flucht seiner Frau fühlte. In der Ilias wird Menelaos als ein blonder Mann mit breiten Schultern beschrieben, den seine Vernunft und seine Großherzigkeit auszeichnen.

Nestor, der greise und weise Königs von Pylos, war der Sohn des Neleus, eines Sohnes des Poseidon. Er nahm nicht sehr häufig an Schlachten teil, doch gab es keinen Achaier, der ihn nicht ehrte und achtete. Die Tapferkeit des Nestor hatten seine beiden Söhne, Antilochos und Thrasymedes, geerbt.

Odysseus, der mutige Könige von Ithaka, war vor allem für seine Klugheit und seine diplomatischen Fähigkeiten bekannt. Wann immer in den Jah-

Der ehrwürdige Alte dieser Darstellung ist der Inschrift nach der weise König von Pylos, Nestor. (Detail). (Rotfigurige Amphora, um 480 v. Chr.).

Achill war den anderen Achaiern an Schönheit und Tapferkeit voraus. Seine heldenhafte Gestalt mit dem stolzen Kopf und dem wohlgebauten Körper ist hier gottgleich dargestellt. (Rotfigurige Amphora, um 450 v. Chr.).

Die Waffen des Achill

Peleus gab seinem Sohn den Helm, den Brustharnisch und den Schild, die ihm die Götter zu seiner Hochzeit mit Thetis geschenkt hatten. Er gab ihm auch eine Lanze aus Eschenholz, die ihm Cheiron zum Geschenk gemacht hatte und die so schwer war, das sie kein anderer Achaier heben konnte. Auch hatte Achill die unsterblichen Pferde seines Vaters bei sich, Xanthos und Balios, die Kinder der Harpyie Podarge und des Zephyros waren und schnell wie der Wind liefen.

ren des Krieges die Achaier ein strategisches oder politisches Problem zu lösen, eine schwierige Entscheidung zu treffen oder zu einer List zu greifen hatten, war Odysseus der Mann der Stunde.

Eine wichtige Rolle spielten aber auch die beiden Helden namens Aias. Der eine, Aias aus Salamis, Sohn des Telamon, des Bruders des Peleus, wird im Epos mit den Attributen „groß" und „riesenhaft" beschrieben. Sein riesiger Schild war so schwer, daß ihn kein anderer Held heben konnte. Sein Stiefbruder war der unvergleichliche Bogenschütze Teukros, ein Sohn des Telamon und der Hesione, der Tochter des Laomedon. Der andere war Aias der Lokrer, der als Sohn des Oïleus aus dem östlichen Lokris angesehen wurde. Obwohl sie nicht miteinander verwandt waren, kämpften die beiden Aias immer Seite an Seite.

Der Titel des schönsten und tapfersten Griechen gebührte unzweifelhaft dem Achill. Nach Troja begleiteten ihn sein unzertrennlicher Freund Patroklos, Sohn des Menoitios, und sein verehrter Erzieher Phoinix, Sohn des Amyntor, des Königs eines Gebietes in Thessalien, das Hellas hieß.

Noch viele andere Helden nahmen mit ihren Schiffen und ihren Männern am Kriegszug gegen Troja teil. Darunter der furchtlose Diomedes, Sohn des Tydeus, Idomeneus, Sohn des Deukalion und Enkel des Minos, Podaleirios und Machaon, Söhne des Asklepios, Eumelos, Sohn des Admetos, Polypoites, Sohn des Peirithoos, Tlepolemos, Sohn des Herakles sowie Akamas und Demophon, Söhnes des Theseus und der Phaidra.

Nachdenklich zeigt sich hier der listenreiche Odysseus, der seinen Hut vom Kopf gestreift hat und das Schwert in seinem starken Arm hält. (Detail). (Rotfigurige Pelike, um 440 v. Chr.).

Herrschaftlichkeit kennzeichnet die tragische Gestalt des Priamos, des greisen Königs von Troja. (Detail). Rotfiguriger Skyphos, 485-480 v. Chr.).

Die Troer

Die Gegner der Achaier werden in der Ilias Troer oder Dardaner genannt. Mit ersterer Bezeichnung scheint Homer die Einwohner von Ilion, der Hauptstadt von Troja zu meinen, mit letzterer hingegen die übrigen Bewohner des Landes, wenngleich diese Unterscheidung nicht immer streng durchgehalten wird. König von Troja war der gütige Priamos, einer der Söhne des Laomedon. Priamos hatte Hekabe zur Frau genommen, die Tochter des Phrygerkönigs Dymas, die ihm neunzehn Söhne schenkte, darunter auch den tapferen Deiphobos und den Helenos. Weitere einunddreißig Söhne gebaren ihm seine übrigen Frauen und zudem hatte er noch zwölf Töchter.

Hektor bereitet sich auf den Kampf vor. Seine Mutter Hekabe hält ihm Helm und Lanze hin, während ihm seine Vater Priamos die letzten Ratschläge gibt. (Rotfigurige Amphora, 510-500 v. Chr.).

Hektor, der älteste Sohn des Priamos, war das Sinnbild des heldenhaften Kriegers. Seine Feinde zitterten vor ihm, und seine Landsleute ehrten ihn, denn mit seinem Heldenmut beschützte er die Stadt. Von seiner geliebten Gemahlin Andromache, Tochter des Königs Eëtion, war ihm sein Sohn Astyanax geboren worden.

Was Paris betrifft, so erzählt die Sage, daß Hekabe, als sie ihn unter ihrem Herzen trug, träumte, daß sie eine brennenden Fackel gebäre, die Blut tropfte und Troja in Flammen legte. Aisakos, der uneheliche Sohn des Priamos, der Träume zu deuten wußte, riet seinem Vater, das Kind zu töten, sobald es geboren sei, sonst würde Troja bald nicht mehr sein. Die Tötung des Kindes wurde einem Sklaven aufgetragen, dem der Knabe jedoch leid tat und der ihn an den Hängen des Ida aussetzte. Dort wurde er von einer Bärin gesäugt und dann von einem Hirten gefunden, der ihn großzog. Später wurde Pa-

Kassandra, die schöne Tochter des Priamos, ist eine der tragischsten Figuren der griechischen Mythologie. Hier umklammert sie die Statue der Athene und fleht die Göttin um Schutz vor Aias dem Lokrer an, der sie im Tempel vergewaltigen will. (Rotfigurige Amphora, um 450 v. Chr.).

Auf diesem herrlichen Vasenbild wacht Hermes darüber, wie der Leichnam des reichen Lykierkönigs Sarpedon, eines Sohnes des Zeus und der Europa, vom Schlachtfeld gebracht wird. Getragen wird er von Hypnos und Thanatos (Schlaf und Tod), den Zwillingssöhnen der Nacht. Der noch junge Sarpedon ist riesenhaft dargestellt, mit erloschenem Auge und zusammengebissenen Zähnen, während seine Glieder schon erstarrt sind. Die beiden Hopliten, Leodamas und Hippolytos, bilden die Ehrenwache. (Rotfiguriger Krater, um 510 v. Chr.).

ris von seiner Familie wiedererkannt und mit großen Freuden am Hof aufgenommen. In der Ilias wird der zweite Sohn des Priamos als ein schöner Mann dargestellt, der den Frauen gefällt, zugleich aber ein feiger und prahlerischer Mensch ist.

Andere Helden der Troer waren Aineias, Sohn des Anchises und der Göttin Aphrodite, der gerechte Greis Antenor, Neffe des Priamos, und dessen Söhne, von denen Agenor und Akamas zu den tapfersten zählten, schließlich noch Panthoos, der zum Ältestenrat von Troja gehörte, und dessen Söhne Hyperenor, Euphorbos und Pulydamas, von denen letzterer Seher sowie ein treuer Freund und Berater des Hektor war.

An dem Krieg nahmen auch viele Verbündete der Troer teil, die mit ihren Heerscharen aus fernen Ländern gekommen waren. Einer der wichtigsten war Sarpedon, der reiche König von Lykien. Sarpedon soll ein Sohn des Zeus und der Europa und ein Bruder des Minos und des Rhadamanthys gewesen sein, während andere meinen, daß er ein Sohn des Zeus und der Laodameia, der Tochter des Bellerophon gewesen sei, und wieder andere, daß der Sohn der Laodameia der Enkel des ersten Sarpedon gewesen sei und andere schließlich, daß es nur einen Sarpedon gegeben haben, dem sein Vater Zeus das Leben dreier Generationen geschenkt habe. Ein treuer Gefährte des Sarpedon war Glaukos, auch dieser ein Enkel des Bellerophon.

Kassandra

Apollon verliebte sich in die schöne Tochter des Priamos, Kassandra, und diese versprach ihm, die Seine zu werden, wenn er ihr die Gabe verleihe, die Zukunft vorauszusagen zu können. Als der Gott jedoch ihren Wunsch erfüllt hatte, weigerte sie sich, auch ihre Seite des Versprechens zu erfüllen. Dies erzürnte den Gott, doch da er sein Geschenk nicht zurücknehmen konnte, verfluchte er die Seherin, daß niemand ihre Prophezeiungen glauben sollte, wie wahr sie auch immer sein mochten. Einer anderen Sage nach war Kassandra die Zwillingsschwester des Helenos. Einst vergaßen die Eltern nach einem Fest die Kinder im Tempel des Apollon Thymbraios. Dort kamen in der Nacht Schlangen, die die Kinder am Ohr leckten und ihnen die Macht gaben, geheime Stimmen zu hören. So wurde den Geschwistern die Sehergabe verliehen.

Der Beginn des Feldzuges

Iphigenie nähert sich dem Altar, während hinter ihr bereits das Reh zu sehen ist. Auf dieser Darstellung ist Agamemnon selbst der Opferpriester, wie durch sein Zepter angedeutet wird. Bei dem Opfer, das Apollon und Artemis von hoch oben mitverfolgen, geht ihm ein Jüngling zur Hand. (Apulischer Krater 370-350 v. Chr.).

Nachdem die Achaier den Göttern geopfert hatten, zogen sie gen Troja. Doch da sie nicht genau wußten, wo dieses lag, landeten sie ihn Mysien und plünderten es. Zu jener Zeit war Telephos, Sohn des Herakles, König über Mysien, der sofort sein Heer gegen die Achaier sandte, diese zur Umkehr zwang und so den ersten Feldzug der Achaier in einer Niederlage enden ließ. Während der Schlacht jedoch wurde Telephos von der Lanze des Achill am Schenkel verletzt, und die Wunde wollte und wollte nicht schließen. Er wandte sich um Rat an ein Orakel, das ihm bedeutete, daß er nur von demjenigen geheilt werden könne, der ihn verwundet habe. So kleidete er sich als Bettler und begab sich nach Argos, wo die Könige versammelt waren. Obwohl die Achaier den Telephos zunächst für einen Spion der Troer hielten, erklärten sie sich schließlich bereit, ihm zu helfen. Odysseus, der erkannte, daß der Orakelspruch sich nicht auf Achill, sondern auf seine Lanze bezog, nahm etwas Rost von der Lanzenschneide und bestrich damit die Wunde, die sofort schloß. Aus Dankbarkeit zeigte Telephos den Achaiern den Weg nach Troja.

Acht Jahre später, als sich die Achaier nach langen Vorbereitungen wieder in Aulis versammelt hatten, ging Agamemnon auf die Jagd und begab sich dabei unwissentlich in einen der Artemis geweihten Hain und erlegte ein heiliges Reh. Er prahlte sogar, daß auch die Göttin es nicht besser gekonnt hätte. In ihrem Zorn ließ Artemis alle Winde schweigen, so daß die Schiffe der Achaier in Aulis festlagen. Da verkündete der Seher Kalchas, daß zur Besänftigung der Göttin die schönste Tochter des Agamemnon, Iphigenie, geopfert werden müsse. Nach langem Zögern sandte der König schließlich eine Nachricht an Klytaimnestra, daß sie ihre Tochter nach Aulis bringen solle, da angeblich Achill sie zu heiraten wünsche. Voller Freude eilte die Königin zusammen mit Iphigenie ins Lager, wo sich heraus-

Als Telephos beschuldigt wurde, ein Spion der Troer zu sein, griff er sich Orestes, den Sohn des Agamemnon, setzte sich als Schutzflehender auf den Altar des Zeus und drohte, den Knaben zu töten, wenn Achill ihn nicht heile und dann in seine Heimat ziehen lasse. Hier sieht man den Helden mit einem Verband am Bein auf dem Altar sitzen. Auf dem Arm hat er den kleinen Orestes, der seine Arme Agamemnon entgegenstreckt, der von links herbeieilt. (Rotfiurige Pelike, um 450 v. Chr.).

stellte, daß Achill von keiner Hochzeit wußte. Empört, daß man ihn als Köder mißbraucht hatte, versprach der Held Klytaimnestra, daß er das Opfer nicht erlauben werde, doch das Heer bestand darauf. Angesichts der vielen Männer, die bereit waren, in Troja zu sterben, willigte Iphigenie schließlich ein, sich für den Ruhm Griechenlands zu opfern. Doch als Kalchas sein Messer zum Todesstoß erhob, nahm Artemis das Mädchen vom Altar und legte an ihrer Statt ein herrliches Reh dorthin. Sie brachte Iphigenie ins Land der Taurer, wo sie Priesterin im Tempel der Göttin wurde.

Mit günstigen Winden segelten nun die Achaier nach Troas. Da es jedoch einen Orakelspruch gab, der besagte, daß der Erste, der seinen Fuß an Land setze, sofort sterbe, wollte niemand den Anfang machen. Da warf Odysseus seinen Schild auf den Strand und sprang aus dem Schiff auf diesen. Durch sein Beispiel angespornt, folgte ihm der Thessaler Protesilaos, der in den folgenden Schlachten viele Troer tötete. Doch war in Wirklichkeit Protesilaos der Erste gewesen, der die trojanische Erde berührte, und so fiel er bald von der Lanze des Hektor. Zunächst versuchten die Achaier, ihren Streit mit den Troern friedlich beizulegen, doch gelangten sie zu keiner Einigung. So begann der Krieg.

Protesilaos, der erste Achaier, der sein Leben auf trojanischem Boden ließ, wird hier in dem Moment gezeigt, als er vom Schiff an Land springt. (Silbermünze aus Theben in Phthiotis, 302-286 v. Chr.).

Protesilaos

Protesilaos, Sohn des Iphiklos und König von Phylake, zog nach Troja nur einen Tag nach seiner Hochzeit mit Laodameia, Tochter des Akastos, die, als sie von ihrem Tod hörte, nicht glauben konnte, daß dies wirklich wahr sei. Aber auch Protesilaos wurde in der Unterwelt von der Liebe zu seiner Frau gequält. Er bat Pluton, daß er ihm erlauben möge, drei Stunden mit ihr zu verbringen. Der Gott erfüllte ihm den Wunsch. Als die drei Stunden vorüber waren, bat Protesilaos seine Geliebte, ihm in den Hades zu folgen, und ohne auch nur ein weiteres Wort zu sagen, nahm diese sein Schwert und gab sich selbst den Tod.

Der Zorn des Achill

Nach dem Eingreifen Athenas willigte Achill trotz seines Zorns schließlich ein, seine Sklavin Briseïs dem Agamemnon zu überlassen. Der Sohn des Peleus und der Thetis sitzt hier fest in seinen Mantel gewickelt und beobachtet die beiden Herolde, welche die Sklavin aus seinem Zelt führen. Vor ihm steht ein weiterer Held. (Rotfigurige Schale, um 480 v. Chr.).

Neun Jahre hindurch belagerten die Achaier die Mauern von Troja, doch ohne Erfolg. Im zehnten Jahr erschien im griechischen Lager Chryses, ein Priester des Apollon. Bei sich hatte er eine Fülle wertvoller Gegenstände, die er für seine Tochter Chryseïs eintauschen wollte, die bei einem Überfall der Achaier auf die trojanische Stadt Theben gefangen genommen und dem Agamemnon als Sklavin gegeben worden war. Alle, Könige wie einfache Soldaten, waren bereit, dem Vater seine Tochter zurückzugeben, allein Agamemnon weigerte sich und trieb den greisen Priester aus dem Lager. Um die Achaier zu strafen, begann Apollon, mit seinem Bogen Menschen und Tiere zu töten. Neun Tage später eröffnete Kalchas, daß sie, um den Gott zu besänftigen, Chryseïs zu ihrem Vater schicken müßten, und zwar ohne Lösegeld zu fordern. Agamemnon wurde zum Nachgeben gezwungen, doch wollte er als Ersatz die Sklavin des Achill, Briseïs. Nach einem Wortgefecht zwischen den beiden Königen, erklärte Achill, daß er Briseïs dem Agamemnon gebe, daß er aber aufgrund der ihm zugefügten Beleidigung an keiner Schlacht mehr teilnehmen werde.

Ohne den furchtlosen Achill waren die Achaier dem Feind unterlegen. Daher sandte Zeus, der den Sieg der Troer wünschte, Agamemnon einen Traum, in dem er ihm sagen ließ, daß angeblich die Stunde gekommen sei, die Stadt einzunehmen. Die beiden Heere bereiteten sich auf die Schlacht vor. Prahlerisch verkündete zuerst Paris, daß er es mit jedem der Achaier aufnehmen könne, und Menelaos nahm seine Aufforderung an. Man beschloß, den Krieg zu unterbrechen, und Helena dem Sieger des Zweikampfes zu überlassen. In dem Augenblick jedoch, als Menelaos den Paris beim Helm gepackt hatte und zum Lager der Achaier schleifte, griff dessen Schutzgöttin Aphrodite ins Geschehen ein, nahm ihn und brachte ihn in den Palast zurück. Gleichzeitig näherte sich Athena, die den Fortgang des Krieges wünschte, in der Gestalt eines Troers dem Lykier Pan-

Chryseïs, die schöne Sklavin des Agamemnon, gefolgt von ihrem Vater, dem Priester Chryses. (Rotfiguriger Skyphos, um 480 v. Chr.).

Die Götter und der Trojanische Krieg

Die olympischen Götter hatten in Bezug auf den Trojanischen Krieg jeder seine eigenen Vorlieben und Abneigungen. Hera und Athena standen auf der Seite der Achaier, da sie von Paris beleidigt worden waren, als er den Apfel der Aphrodite gab. Auch Poseidon, Hermes und Hephaistos unterstützten die Achaier, während Apollon, Artemis, Ares und Aphrodite auf jede nur mögliche Weise den Troern halfen.

daros und überredete ihn, Menelaos mit einem Pfeil niederzuschießen, obwohl der Waffenstillstand noch nicht aufgehoben war. Der Held wurde zwar nur leicht verwundet, doch ließ dieser Vertragsbruch jede Hoffnung auf Befriedung schwinden. In der folgenden Schlacht kämpfte Hektor mit Aias dem Telamoniden, ohne daß es zu einer Entscheidung gekommen wäre.

Als am nächsten Tag die Schlacht erneut anhob, verbot Zeus allen Göttern aufs strengste, ihren jeweiligen Schützlingen zu Hilfe zu kommen. Dann reiste er auf seinem Gefährt auf den Ida, den Berg, der sich über Troja erhebt, und verfolgte von dort den Kampf. Bis zur Mittagsstunde war die Schlacht noch unentschieden, doch später begann Zeus, Hektor und den Troern Mut zu machen; als er jedoch sah, daß Hera und Athena auf die Erde herabgestiegen waren, um ihrerseits den Achaiern beizustehen, drohte er ihnen mit seinen Blitzen.

Als die Dämmerung kam, sandte der Rat der Achaier eine Gesandtschaft zu Achill, die ihm erklärte, daß Agamemnon bereit sei, die Beleidigung wieder gutzumachen. Doch der Held lehnte es ab, sich mit dem obersten Feldherrn auszusöhnen. In derselben Nacht schlichen Odysseus und Diomedes ins feindliche Lager und töteten Rhesos, den König der Thraker, der am Tag zuvor mit seinen Männern in Troja angekommen war. Danach raubten sie seine schneeweißen Pferde, die wie Sonnenstrahlen leuchteten, und verschwanden.

Mit gezogenem Schwert greift Menelaos Paris an, der davonläuft. Dem trojanischen Helden stehen zwei Göttinnen zur Seite, Artemis rechts und Aphrodite links. (Rotfigurige Schale, um 485 v. Chr.).

Der Tod des Patroklos

Einer Ansicht zufolge stellt dieses Vasenbild den Tod des Patroklos dar. Der Held, der mit einem schönen Tuch bedeckt ist, wird von seinen Gefährten vom Boden gehoben, während seine Seele, die einem gerüsteten Krieger gleicht, frei umherfliegt. (Rotfiguriger Krater, um 500 v. Chr.).

Am folgenden Morgen wurden die wichtigsten Krieger der Achaier, Agamemnon, Odysseus und Diomedes, auf dem Schlachtfeld verwundet, während sich die Troer zugleich den Schiffen ihrer Gegner gefährlich näherten. In der Überzeugung, daß keiner der Götter seinem Verbot zuwiderhandeln und in das Kriegsgeschehen eingreifen werde, hatte Zeus seinen Blick in ferne Länder gerichtet. Diese Gelegenheit nutzte Poseidon, um den Achaiern Mut zu machen, die daraufhin die vordringenden Troer zurückschlugen.

Auch Hera, die es nicht zulassen wollte, daß Zeus den Troern den Sieg überließ, beschloß, das Ihrige zu tun. Sie badete, salbte ihren Körper mit Duftölen und lieh sich den Gürtel der Aphrodite, dem kein Mann widerstehen konnte, und ging zu Zeus, angeblich, weil sie ihn um Erlaubnis bitten wollte, Okeanos und Tethys zu besuchen, in Wirklichkeit jedoch, weil sie ihn verführen wollte, was ihr auch gelang. Als dann später Zeus in ihren Armen schlief, sandte sie Hypnos, den Schlaf, zu Poseidon, dem sie sagen ließ, daß er ungestört den Achaiern bestehen könne. Daraufhin konnte Aias mit einem riesigen Stein Hektor zu Boden werfen, so daß ihn die Troer bis an die Ufer des Skamandros schleifen mußten, um ihn zu retten.

Als der König der Götter erwachte und einen Blick auf die Ebene von Troja warf, erkannte er bald, was vorgefallen war. Wenngleich ihn Hera überzeugen konnte, daß sie an den Taten ihre Bruders unschuldig sei, so schickte er sie doch zurück auf den Olymp und ließ Poseidon wissen, daß er vom Schlachtfeld verschwinden solle. Dann befahl er Apollon, den sterbenden Hektor wiederzubeleben. Und unter der Führung des Gottes erstürmten nun Hektor und die anderen Troer die Schiffe der Achaier.

Die Freunde beim letzten Abschied: Patroklos, der die Waffen eines Freundes trägt, steht vor einem Altar und wendet sich dem sitzenden Achill zu, der ein Trankopfer darbringt. (Rotfiguriges Weingefäß, frühes 5. Jh. v. Chr.).

Kaum wachte Zeus nicht mehr über die Schlacht zwischen Griechen und Troern, lief Poseidon nach Ilion, um seinen Schützlingen Mut zu machen. Hier sieht man den Gott zwischen den beiden Aias, wie er heftig gestikulierierend auf Aias den Telamoniden einredet, hinter dem dessen Bruder, der Bogenschütze Teukros, steht. (Schwarzfigurige Schale, um 540 v. Chr.).

Die neue Rüstung des Achill

Nachdem Hektor die Waffen des Achill an sich genommen hatte, bat Thetis den Hephaistos, ihrem Sohn neue Waffen zu schmieden. Der Gott schloß sich in seine Werkstatt ein und fertigte Brustharnisch, Beinschienen und einen Schild, auf dem er Meere und Länder, die Sonne, den Mond, den Himmel mit den Sternen, Felder und Paläste und am Rand den unendlichen Okeanos darstellte.

In diesem entscheidenden Augenblick bat Patroklos, der dazu von Nestor ermuntert worden war, den Achill um seine Waffen und die Erlaubnis, die Myrmidonen in den Kampf führen zu dürfen. Achill willigte ein, bat ihn jedoch, den Kampf abzubrechen, sobald der Feind zurückgeschlagen sei.

Der Anblick des derart gerüsteten Patroklos ließ die Troer erstarren, die glaubten, Achill habe wieder zu seinen Waffen gegriffen. Sie begannen den Rückzug, doch sofort stürzte sich Patroklos auf die Lykier und kämpfte mit Sarpedon, der bald fiel. Nicht mehr der Worte seine Freundes gedenkend, setzte er den Angriff fort. Fast wäre er bis in die Burg der Troer gestürmt, doch Apollon griff rechtzeitig ein, schlug ihn mit aller Kraft auf den Rücken und schleuderte seine Waffen, eine nach der anderen, fort. Der Held war von dem Schlag des Gottes noch leicht betäubt, als er von der Lanze des Euphorbos, Sohn des Panthoos, getroffen wurde, doch war es Hektor, der ihm den Todesstoß versetzte. Kaum war Patroklos tot zu Boden gesunken, legte sich Hektor die Waffen des Achill um. Zugleich brach ein wilder Kampf um die Leiche des Helden aus. Obwohl die Achaier sich mit allen Kräften schlugen, fehlte nicht viel, und der Tote wäre den Troern in die Hände gefallen. Doch als Achill von dem Tod seines Freundes erfuhr, stieß er einen solchen Schrei aus, daß die Troer in wilder Panik davonrannten. So brachten die Achaier den leblosen Körper in das Zelt des Achill, der über den Verlust seines Freundes untröstlich war.

Hera erscheint verführerisch gekleidet vor Zeus, um ihn in ihre Arme zu locken, damit er nicht weiter das Geschehen auf dem Schlachtfeld vor Troja verfolge. Ohne etwas von ihrer List zu ahnen, empfängt Zeus seine Frau. (Metope vom Tempel E in Selinus, um 460 v. Chr.).

Achill verbindet seinem geliebten Freund Patroklos eine Wunde. (Rotfigurige attische Schale, die von dem Töpfer Sosias signiert ist und deren Bild dem Sosiasmaler zugeschrieben wird, um 500 v. Chr.).

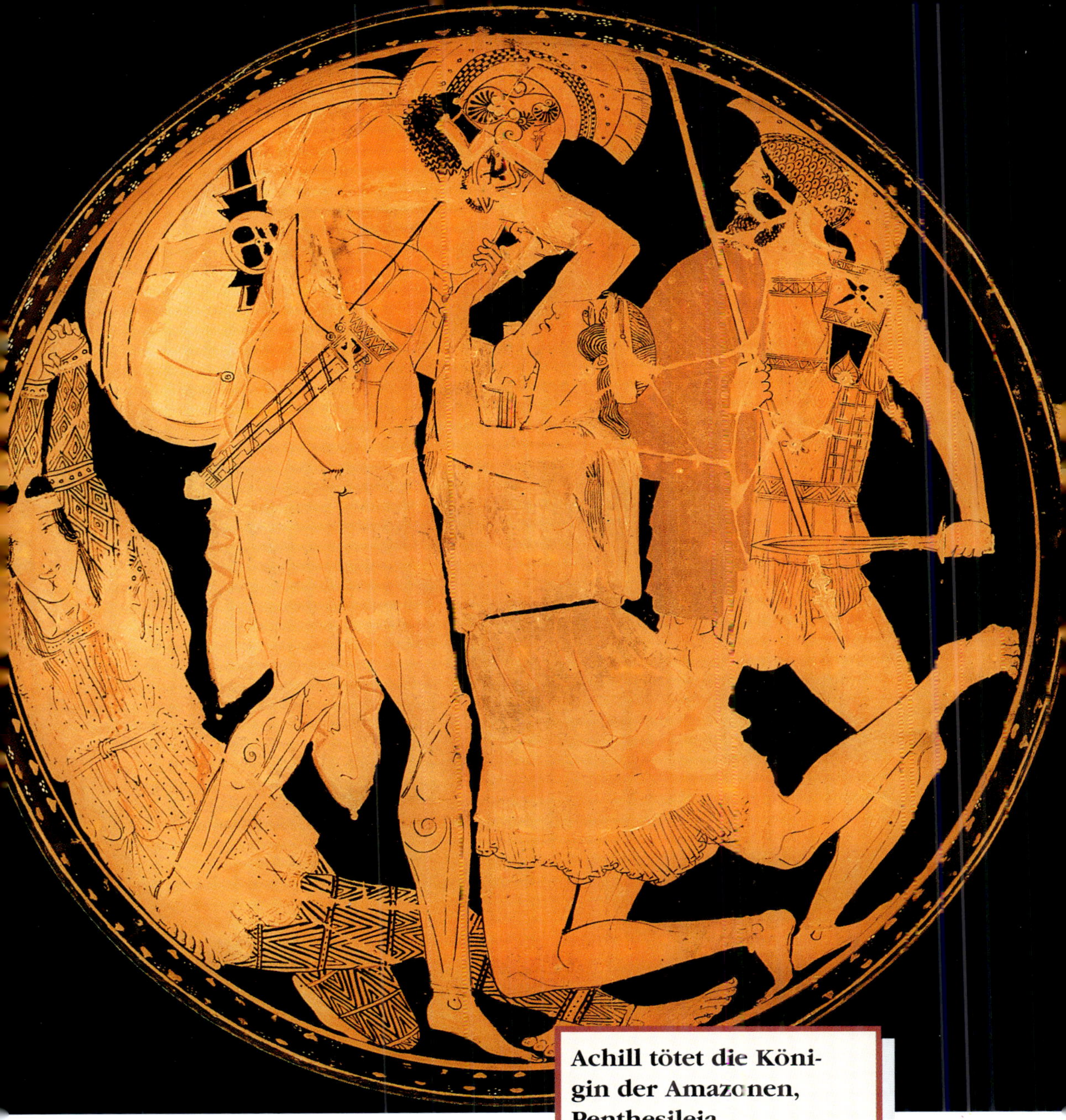

Achill tötet die Königin der Amazonen, Penthesileia. (Innenbild einer rotfigurigen attischen Schale, das dem Penthesileiamaler zugeschrieben wird, um 455 v. Chr.).

Hektor und Achill

Mit all seinem Zorn, den er wegen des Todes seines Freundes empfindet, greift Achill mit seinem Schwert Hektor an, der schon fast zusammengebrochen ist. Den Todeskampf verfolgen Athena, links, und Apollon, rechts. (Rotfigurige Hydria, um 490 v. Chr.).

Obwohl Thetis ihren Sohn vorgewarnt hatte, daß die Schicksalsgöttin seinen Tod beschlossen hatte, falls er Hektor töten sollte, war Achill entschlossen, den Tod seines Freundes zu rächen. Nachdem er eine ganze Nacht hindurch um seinen Gefährten getrauert hatte, erschien er vor den versammelten Achaiern und erklärte Agamemnon, daß er bereit sei, wieder an seiner Seite zu kämpfen. Am selben Morgen verkündete Zeus den anderen Göttern, daß sein Befehl, der ihnen verbot, in den Krieg einzugreifen, nicht mehr gelte.

In der Zwischenzeit stürmte Achill mit den Waffen, die ihm seine Mutter geschenkt hatte, gegen die Troer und metzelte einen nach dem anderen nieder. Aber auch die Götter, die sich in der Ebene vor Troja eingefunden hatten, kämpften miteinander. Es siegten schließlich jene Götter, die auf Seiten der Achaier standen, während die Troer in ihrer Burg Zuflucht suchen mußten. Nur Agenor traute sich, dem unbändigen Achill Widerstand zu leisten, doch Apollon ergriff ihn und rettete ihn. Dann nahm der Gott selbst die Gestalt des Agenor an und drängte Achill im Kampf von den Toren fort, damit sich die übrigen Troer in die Burg flüchten konnten.

Nur Hektor war noch vor den Mauern zurückgeblieben. Vergeblich flehten ihn seine Eltern an, er möge doch an sich und an seine Eltern denken. Der Held wollte es ganz allein mit dem Feind aufnehmen. Doch als Achill, der es aufgegeben hatte, hinter Apollon herzujagen, auf ihn losstürmte, rannte Hektor davon. Drei Mal liefen sie um die ganze Burg herum, ohne daß Achill ihn hätte fangen können. Doch war die Todesstunde des Troers nun gekommen. Mit Erlaubnis ihres Vater nahm Athena die Gestalt des Deiphobos an, näherte sich Hektor und sagte

Achill, der auf einer kunstvoll verzierten Kline liegt und sich dem jungen Wagenlenker zu seiner Linken zuwendet, scheint Priamos noch nicht bemerkt zu haben, der gekommen ist, um von ihm die Übergabe seines toten Sohnes zu erbitten. Der tote Hektor liegt auf dem Boden. (Rotfiguriger Skyphos, um 485-480 v. Chr.).

Obgleich Achill seine Lanze in den Hals der schönen Amazonenkönigin gestoßen hat, besitzt Penthesileia noch genügend Kraft, ihre Lanze gegen den Helden zu richten. Der Blick des Helden, den er auf ihre Augen gerichtet ist, erinnert an die Überlieferung, daß sein Herz in dem Augenblick in Liebe zu Penthesileia entbrannte, als er die blendende Schönheit der toten Frau sah. (Schwarzfigurige Amphora, um 530-525 v. Chr.).

In einer Verbindung von Geschehnissen, die sowohl örtlich als auch zeitlich auseinanderliegen, zeigt hier der Vasenmaler den Achill, der läuft, um neben den Wagenlenker auf den Wagen zu springen, auf dem hinten der Körper des Hektor festgebunden ist. Links trauern Priamos und Hekabe um ihren Sohn, während Iris, in der Mitte, herbeifliegt, um die Botschaft der Götter zu überbringen. Rechts sieht man den Grabhügel des Patroklos und seine geflügelte Seele. (Schwarzfigurige Hydria, um 510 v. Chr.).

ihm, daß er zu seiner Hilfe die Burg verlassen habe. Auf diesen Beistand zählend, blieb Hektor stehen, um mit dem Achaier zu kämpfen. Nur wenig später versetzte ihm Achill mit seiner Lanze den Todesstoß.

Doch machte die Rache des Achill hier noch nicht halt. Er entkleidete den Toten, band ihn an seinen Wagen und zog ihn über den Boden bis ins Lager der Achaier, wo er ihn auf einen Erdhügel warf. Danach verbrannte er den Leichnam des Patroklos und ließ zu seinen Ehren Leichenspiele abhalten.

Nachdem zwölf Tage vergangen waren, ließ Zeus dem Achill durch Thetis ausrichten, daß er durch sein Verhalten die Götter erzürnt habe und ihm rate, den toten Hektor den Troern zu übergeben. Der Held willigte ein, und als Priamos, der durch Iris benachrichtigt worden war, in sein Zelt kam, hieß er ihn voller Achtung und Güte willkommen. Nachdem sie gegessen, getrunken und geschlafen hatten, versprach Achill, daß der Krieg für die Bestattungsfeiern unterbrochen werde, und der König kehrte mit dem Leichnam seines Sohnes in die Burg zurück.

Penthesileia

Kaum war Hektor begraben worden, kam die Königin der Amazonen, Penthesileia, eine Tochter des Ares, nach Troja, um die Streitkräfte des Priamos zu unterstützen. Furchtlos stürmte die Amazone gegen die Achaier und machte selbst vor dem unbesiegbaren Achill nicht halt. Der Held tötete Penthesileia nach einem wilden Kampf; als er jedoch ihr schönes Gesicht erblickte, bereute er seine Tat, denn die Amazonenkönigin hätte ihm wohl eine ebenbürtige Lebensgefährtin sein können. Und so nahm er nicht ihre Waffen und warf sie nicht den Hunden und den wilden Vögeln zum Fraß, wie es im Krieg üblich war, sondern übergab den Leichnam den Troern, damit er würdig bestattet werde.

Das Ende des Achill

Aias der Telamonide, der Held, der sich durch seine körperliche und seelische Stärke auszeichnete, hebt den gewaltigen Körper des toten Achill auf seine Schultern, um ihn den Myrmidonen zu übergeben. (Vom Griff der „Françoisevase", um 570 v. Chr.).

Die Troer faßten neuen Mut, als ein weiterer Verbündeter auf dem Schlachtfeld erschien. Es war der schöne und wagemutige König der Äthioper, Memnon, Sohn der Eos und des Tithonos, Bruder des Priamos. Doch ihr Frohsinn sollte nicht lange währen. Als Memnon den Antilochos, den treuen Freund des Achill, tötete, griff ihn jener wie ein wütender Sturmwind an. Während die beiden miteinander kämpfte, stiegen Thetis und Eos zum Olymp hinauf, und eine jede flehte Zeus an, daß er ihren Sohn retten möge. Das Schicksal jedoch hatte das Ende des Memnon beschlossen. Das Einzige, was seiner Mutter blieb, war Zeus zu bitten, daß er ihm die Unsterblichkeit schenken möge, was jener auch tat.

Doch stand es ebenfalls geschrieben, daß nach dem Tod des Äthioperkönigs das Ende des Achill gekommen war. Während die Troer voller Schrecken davonliefen, stürmte Achill gegen die Burg. Vor den Toren wurde er jedoch von Apollon erwartet. Dieser befahl Paris, auf den Helden zu zielen, und der Gott lenkte den Pfeil. Alsbald lag der Sohn der Thetis, der tapferste Krieger der Achaier, leblos am Boden.

Sofort entspann sich ein wilder Kampf um seinen Leichnam. Schließlich konnte Aias den leblosen Körper auf seine Schultern laden und zum Lager der Achaier laufen, wobei ihm Odysseus Schutzdeckung gab. Dort wuschen seine Gefährten seinen Leib, während Thetis und ihre Schwester, die Nereiden und die Musen so herzzerreißend um ihn trauerten, daß niemand die Tränen zurückhalten konnte. Siebzehn Tage und Nächte trauerten die Sterblichen und die Göttinnen um den Toten und am achtzehnten Tag übergaben sie seine sterbliche Hülle dem Feuer. Als das Feuer erloschen war, nahmen sie seine Gebeine, wuschen sie mit Wein und legten sie zusammen mit denen des Patroklos in eine Amphora aus Gold, die der Gott Hephaistos ei-

Mit ohrenbetäubendem Brausen, so die Überlieferung, erheben sich Thetis und ihre Schwestern, die Nereiden, aus dem Meer, um den toten Achill zu betrauern. Auf diesem Bild sitzen die Göttinnen trauernd um das Totenbett, und ihr Totengesang wird von einer der Nereiden auf der Lyra begleitet. (Korinthische Hydria, um 570 v. Chr.).

Gebeugt, mit nachdenklichem und traurigem Gesichtsausdruck, stößt Aias den Griff seines Schwertes in den Boden. In der Einsamkeit der Landschaft sieht man nur eine Palme und die Rüstung des Helden, die einen unsichtbaren Krieger zu kleiden scheint, die als einzige Zeugen seiner Tat zugegen sind. (Schwarzfigurige Amphora, um 530 v. Chr.).

genhändig gefertigt hatte. Danach errichteten sie einen riesigen Grabhügel in Sigeion, das auf einer in den Hellespont hineinreichenden Landzunge liegt, und hielten ihm zu Ehren Leichenspiele ab.

Nach den Wettspielen beschloß Thetis, die Waffen ihres Sohnes dem Besten der Achaier zum Geschenk zu machen. Von allen wagten allein Odysseus und Aias, Anspruch darauf zu erheben. Da jedoch keiner die Überlegenheit des anderen anerkennen wollte, schlug der weise Nestor vor, daß die Troer entscheiden sollten, wer denn der Tapferste von den beiden sei, da sie durch keine Vorlieben oder Abneigungen beeinflußt seien. Und so sandten sie Spione aus, denen es gelang, zwei Troerinnen zu belauschen, die darüber sprachen, wie Odysseus und Aias den toten Achill den Troern entrissen hatten. Beide Frauen fanden, daß Odysseus der Tapferere gewesen war, und so wurden die Waffen dem König von Ithaka zugesprochen. Für Aias war die Beleidigung so gewaltig, daß er in blindem Zorn beschloß, noch in der gleichen Nacht seine Gefährten zu töten. Im letzten Augenblick jedoch verwirrte Athena seinen Verstand und so tötete er nur die Schafe und Rinder der Achaier. Im Morgengrauen, als er wieder zu Sinnen kam, wurde ihm klar, daß alle Könige über ihn lachen würden und daß sein Ruf für immer dahin war. Er stieß sein Schwert aufrecht in die Erde, warf sich darauf und setzte so seinem Leben ein Ende.

Eos, die geflügelte Göttin der Morgenröte, hebt in großer Trauer den toten Körper ihres geliebten Sohnes Memnon auf. (Innenbild einer rotfigurigen Schale, um 485 v. Chr.).

Tithonos

Als sich Eos, die Göttin der Morgenröte, in Tithonos verliebte, bat sie Zeus, ihn unsterblich zu machen, vergaß jedoch, ihn zugleich auch um ewige Jugend für ihren Geliebten zu bitten. Die Jahre vergingen und Tithonos' Haare wurden grau. Eos kümmerte sich weiter um ihn, doch blieb sie seinem Bett fern. Und als er ein hohes Greisenalter erreicht hatte, verwandelte sie ihn in eine Zikade, um sich wenigstens an seiner Stimme erfreuen zu können.

Philoktet und Neoptolemos in Troja

An einem einsamen Ort auf der Insel Lemnos sitzt Philoktet traurig auf einem Felsen; Bogen und Pfeilköcher des Herakles liegen neben ihm. Mit seiner linken Hand hebt er sein verwundetes Bein. (Rotfigurige Lekythos, 430-420 v. Chr.).

Eines Tages eröffnete Kalchas, der Seher der Achaier, dem Odysseus, daß Helenos, der Sohn des Priamos, der Einzige sei, der die Orakelsprüche kenne, die sich auf die Eroberung von Troja bezögen. So lauerte Odysseus dem Helenos auf, nahm ihn gefangen und zwang ihn, ihm das Geheimnis zu entdecken: Ilion könne nur fallen, wenn die Achaier im Besitz des Bogens und der Pfeile des Herakles wären. Diese Waffen gehörten Philoktet, dem Sohn des Poias aus dem thessalischen Magnesien, der mit sieben Schiffen der Achaierflotte nach Troja gefolgt war. Auf ihrer Reise landeten die Achaier auf der Insel Chryse. Dort wurde Philoktet von einer Schlange ins Bein gebissen, und seine Gefährten, die seine Schmerzensschreie und die Ausdünstungen seiner Wunde nicht aushalten konnten, ließen ihn allein auf Lemnos zurück. Neun Jahre lang hatten sich die Anführer der Achaier nicht um sein Schicksal gekümmert, doch nun mußten sie ihn finden, um die Waffen des Herakles zu erlangen. Daher sandten sie Odysseus und Diomedes nach Lemnos, die ihm mit einer List die Waffen abnahmen. Um nicht ohne seinen Bogen, der ihm zum Jagen diente, in der Wildernis zu bleiben, folgte der Helden den beiden nach Troja. Als sie im Lager der Achaier ankamen, wurde Philoktet von Machaon geheilt. Sofort stürzte er sich in die Schlacht, tötete zahlreiche Troer und schließlich den Paris, der ihn zum Zweikampf herausgefordert hatte.

Gemäß dem, was Helenos ihnen verraten hatte, gab es noch eine weitere Bedingung, die erfüllt sein mußte, damit die Achaier Troja erobern konnten. Neoptole-

Odysseus übergibt Neoptolemos, dem Sohn des Achill, die Waffen des toten Helden. Der Junge untersucht die Waffen seines Vaters mit Neugier und offensichtlicher Befriedigung. (Innenbild einer rotfigurigen Schale, um 490 v. Chr.).

Detail von der Darstellung des Raubes zweier Palladia - des Originals und einer Nachbildung - durch Odysseus und Diomedes. (Rotfigurige Amphora, 490-480 v. Chr.).

Die Göttin Athena wirft einige letzte prüfende Blicke auf das Trojanische Pferd, das hier nur bis zur Brust abgebildet ist. Der Bau des Pferdes, zu dem die Göttin geraten hatte, war entscheidend für den Ausgang des Trojanischen Krieges. (Innenbild einer rotfigurigen Schale, 470-460 v. Chr.).

mos, der Sohn des Achill und der Deidameia, der mit seiner Mutter und seinen Großeltern auf Skyros lebte, mußte an dem Krieg teilnehmen. Und so reiste wiederum Odysseus nach Skyros und brachte unter vielen Schwierigkeiten Neoptolemos mit sich zurück. Trotz seiner Jugend zeichnete sich der Held sofort durch seinen Verstand und sein großes Kampfgeschick aus. Gerüstet mit den Waffen seines Vater, die ihm Odysseus übergeben hatte, verbreitete er Schrecken und Verderbnis unter seinen Gegnern.

Entscheidend für den Ausgang des Krieges war auch das Eingreifen der Athena, die Odysseus geraten hatte, ein große hölzernes Pferd, das berühmte Trojanische Pferd, zu bauen. Binnen weniger Tage entstand unter der Aufsicht des Epeios, des Sohnes des Panopeus, ein riesiges Pferd, das auf beiden Seiten Geheimtüren besaß, Tausende Krieger fassen konnte und die Aufschrift trug: „In dankbarer Erwartung einer sicheren Rückkehr in ihre Heimat widmen die Griechen dieses Opfer der Göttin". Dann versteckten sich die tapfersten Helden im Bauch des Pferdes, während die übrigen Achaier ihre Zelte niederbrannten, ihre Schiffe bestiegen und in der Nacht in See stachen. Doch kehrten sie nicht nach Griechenland zurück, sondern versteckten sich in der Nähe der Insel Tenedos.

Das Palladion

Ein dritter Orakelspruch des Helenos besagte, daß Troja solange sicher sei, wie sich das Palladion, die hölzerne Kultstatue der Athena Pallas, in seinen Mauern befinde. Eines Nachts schlichen Odysseus und Diomedes in die Burg und stahlen die Statue. So war Troja nun den Achaiern ausgeliefert. Die Vorstellung, daß die uralte Statue eines Gottes die Stadt beschütze, ist bei vielen Völkern anzutreffen und auch sehr logisch zu erklären. Durch die Statue wurde der Gott als gegenwärtig empfunden, was andererseits wiederum bedeutete, daß bei Zerstörung oder Entfernung des Kultbildes auch der Gott die Stadt verließ.

Helena sucht Zuflucht bei der Statue der Athena, um dem Zorn ihres Mannes, Menelaos, zu entgehen. Doch Aphrodite und Eros greifen ein, und so wirft Menelaos das Schwert fort und verzeiht seiner untreuen Frau. (Rotfigurige Oinochoe, 430-425 v. Chr.).

Die Zerstörung Trojas

Szene von der Eroberung Trojas. In der Mitte der Komposition sieht man Priamos, der verwundet auf einem Altar sitzt und die Hände in Verzweiflung zum Kopf führt, während auf seinen Knien sein toter Enkel Astyanax liegt. Vor ihm Neoptolemos, der ihn an der Schulter zieht und ihm den Todesstoß versetzen will. Vor dem Altar liegt, schon ermordet, einer der Söhne des Priamos. Links knien Kassandra und andere Troerinnen vor der Statue der Athena und flehen sie um Rettung an. Rechts will eine Troerin mit einem Holzgegenstand auf einen Griechen einschlagen. (Rotfigurige Kalpis, 480-475 v. Chr.).

Am nächsten Morgen konnten die Troer nicht glauben, was ihre Augen sahen. Das Lager der Achaier war wie leergefegt. Erst zögernd, dann aber schon mutiger, öffneten sie die Stadttore und gingen in die Ebene hinab, wo sie das große Pferd bestaunten. In diesem Augenblick entdeckten einige Schäfer am Strand den Bruder des Odysseus, Sinon, der zurückgeblieben war, um die Troer in die Irre zu führen. Als diese ihn ausfragten, gab Sinon, der von seinem schlauen Bruder Anweisungen erhalten hatte, die richtigen Antworten, so daß er sie schließlich überzeugen konnte, das Pferd in die Stadt zu bringen. Ohne Zeit zu verlieren, rissen die Troer einen Teil der Stadtmauer nieder, um Platz für das Pferd zu machen, und zogen es unter großen Mühen bis vor den Palast des Priamos. Da kam Kassandra herbeigelaufen, die ihnen zurief, daß sich im Innern des Pferdes Achaier verbergen würden, doch niemand beachtete ihre Worte. Vergebens versuchte auch der Bruder des Anchises, Laokoon, der Seher und Apollonpriester war, seine Landsleute vor dem Übel, das sie erwartete, zu warnen, indem er eine Lanze in den Bauch des Pferdes stieß. Später, als Laokoon dem Poseidon am Strand ein Opfer darbrachte, erhoben sich zwei riesige Schlangen aus den Wellen des Meeres und verschlangen den Priester und einen seiner Söhne. Ihrer Rettung gewiß, glaubten die Troer, daß der Priester bestraft worden sei, weil er das der Athena zugedachte Pferd mit seiner Lanze verletzt hatte, und feierten ihren Sieg.

Um Mitternacht bestieg Sinon des Grabhügel des Achill und bedeutete der achaischen Flotte, die sich bei Tenedos versteckt hielt, mit einer brennenden Fackel, zur Küste vor Troja zurückzukehren. Zur selben Stunde öffneten Odysseus, Neoptolemos, Diomedes, Menelaos, Philoktet und die anderen Helden, die sich im Bauch

Vergeblich suchte Laokoon, Seher und Apollonpriester, die Troer vor der Katastrophe, die durch die im Trojanischen Pferd versteckten Achaier auf sie zukommen würde, zu warnen. Etwas später, während des Festes, das die Troer im Glauben, daß sie gerettet seien, feierten, erschienen zwei riesige Schlangen, die Laokoon und eines seiner Kinder erwürgten. Der ältere Sohn flieht nach rechts. (Laokoon-Gruppe, 1. Jh. n. Chr.).

Aineias

Einer der wenigen Troer, die überlebten, war Aineias, Sohn des Anchises und der Aphrodite. Er soll zwar in die Hände der Achaier gefallen sein, doch wollten diese ihm nichts Böses tun, weil sie wußten, wie sehr ihn Zeus liebte. Sie ließen ihn gehen und erlaubten ihm, das Wertvollste, was er besäße, mit sich zu nehmen. Da nahm Aineias seinen gelähmten Vater auf die Schultern und verließ zusammen mit seiner Frau Kreusa und seinen Kindern die Stadt. Nach vielen Wanderungen gelangte Aineias nach Italien, wo er selbst oder einer seiner Nachfahren Rom gründete.

des Pferdes versteckt hielten, die Falltüren, sprangen heraus und öffneten die Stadttore, um dem Heer den Weg in die Stadt frei zu machen. Blitzschnell stürmten die Achaier in die Häuser der Troer und metzelten sie nieder. Neoptolemos tötete König Priamos und entriß selbst den jungen Astyanax, den Sohn des Hektor, den Armen seiner Mutter und warf ihn über die Stadtmauern. Tragisch war auch das Schicksal der Kassandra. Die schöne Wahrsagerin war in den Tempel der Athena geflüchtet, doch wurde sie von Aias dem Lokrer entdeckt, und im Tempel selbst vergewaltigt. Inzwischen suchten Menelaos und Odysseus die schöne Helena im Haus des Deiphobos, der sie nach dem Tod des Paris geheiratet hatte.

Nach einer Version des Mythos soll Menelaos, kaum daß er der Frau gegenüber stand, deren Untreue so vielen tapferen Männern den Tod gekostete hatte, sein Schwert gezogen haben, um sie zu töten. Helena jedoch entblößte ihre Brust und von ihrer Schönheit überwältigt versöhnte sich Menelaos mit ihr und führte sie zu seinem Schiff.

Zwei der Reliefdarstellungen, die den Körper einer Amphora schmücken und auf denen schlicht und ergreifend das tragische Schicksal der trojanischen Frauen und Kinder nach der Eroberung der Stadt dargestellt ist. Die voll ausgerüsteten Achaier überfallen sie mit unglaublicher Wildheit, stoßen das Schwert in die kindlichen Körper, töten die Mütter oder nehmen sie als Sklavinnen mit sich. (Amphora mit Reliefdarstellungen, um 670 v. Chr.).

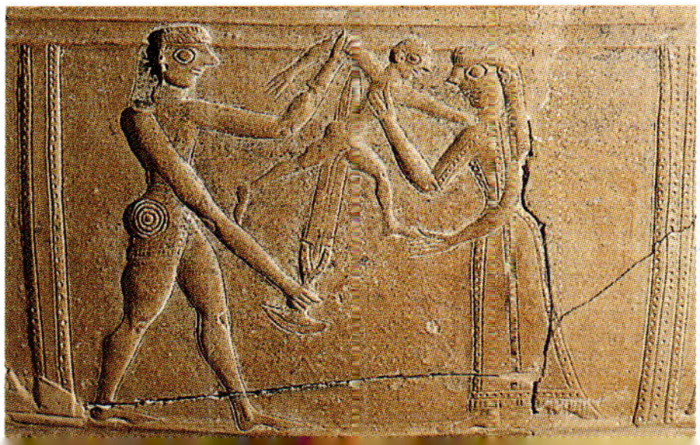

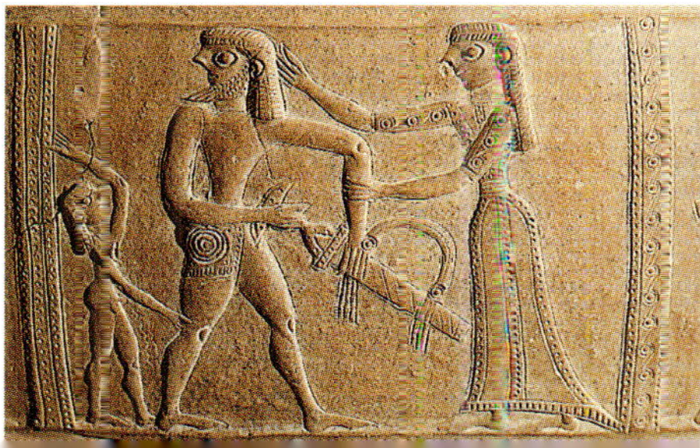

Die Rückkehr der Helden

Nach Kriegen und Fahrten in ferne Länder kehrt Menelaos zusammen mit Helena in sein Heimatland zurück. (Schwarzfigurige Amphora, um 540 v. Chr.).

Nachdem die Achaier die Stadt niedergebrannt hatten, teilten sie untereinander die wertvolle Beute und nahmen die Frauen der Troer als Sklavinnen. So wurde Andromache dem Neoptolemos gegeben, Kassandra dem Agamemnon und andere anderen. Danach bereiteten sich die Helden auf ihre Rückkehr in die Heimat vor. Athena jedoch, die ihnen so lange Jahre zur Seite gestanden hatte, erzürnte sich nun über die Plünderung der Heiligtümer von Troja und sann auf ihr Verderben. Das erste böse Omen war der Streit zwischen Menelaos und Agamemnon. Da sich die beiden Brüder nicht wieder versöhnten, wurde das Heer zweigeteilt. Ein Teil der Achaier folgten mit ihren Schiffen dem Menelaos, der sofort absegelte, während der andere Teil zusammen mit Agamemnon in Troja blieb.

Agamemnon und seine Gefährten opferten erst der Athena, ohne sie jedoch besänftigen zu können, und setzten dann trotz aller bösen Vorzeichen ihre Segel. Zunächst schien das Wetter gut zu bleiben, doch beim Kaphereus-Kap der Insel Euböa erhob sich ein schrecklicher Sturm, in dem viele Schiffe untergingen. Aias der Lokrer, dessen Schiff durch einen Blitz der Athena versenkt wurde, war nahe daran, in den hohen Wellen zu ertrinken, doch Poseidon hatte Mitleid mit ihm und half ihm, auf einen rettenden Felsen zu klettern. Als der Held jedoch prahlte, daß er sich habe retten können, obwohl Athena seinen Tod beschlossen hatte, wurde Poseidon so zornig, daß er mit seinem Dreizack den Felsen entzweischlug und so dem Leben des hochmütigen Aias ein Ende setzte.

Nestor und Diomedes, die beiden Könige, die zusammen mit Menelaos Troja verlassen hatten, waren binnen weniger Tage in ihrer Heimat angelangt. Menelaos hingegen und Helena konnten erst nach achtjähriger Irrfahrt ihre Heimat Sparta wiederer-

Erbarmungslos erhebt Königin Klytaimnestra die Axt, um Kassandra zu töten, die schöne Tochter des Priamos, die Agamemnon als seine Geliebte von Troja mit nach Argos gebracht hatte. (Innenbild einer rotfigurigen Schale, um 430 v. Chr.).

Kassandra, die von Aias dem Lokrer verfolgt wird, sucht Zuflucht bei der Statue der Athen. Doch vergebens, denn Aias zieht sie bei den Haaren über den Boden und vergewaltigt sie im Tempel. Für diese frevelhafte Tat wurden die Lokrer gezwungen, tausend Jahre lang einen schweren Tribut zu entrichten. (Apulischer Krater, um 350 v. Chr.).

blicken. Es gibt allerdings auch eine andere Version des Mythos, nach der Helena nie nach Troja gelangt war. Die Frau, die Paris geraubt hatte, war nur eine Wolke in der Gestalt der Helena, die Hera gesandt hatte, um sich dafür zu rächen, daß Paris den Apfel der Aphrodite gegeben hatte. Die wirkliche Helena war von Hermes zu Proteus, dem König von Ägypten, geführt worden, damit er sie beschütze, bis die Zeit für sie gekommen sei, heil und gesund zu ihrem Gemahl zurückzukehren. Doch nach dem Tod des Proteus wollte dessen Sohn Theoklymenos Helena vergewaltigen. In diesem Augenblick gelangte Menelaos nach Ägypten, der, obwohl die Zerstörung Troja schon neun Jahre zurücklag, immer noch auf den Meeren umhersegelte. Dort traf er Helena, und nachdem sie ihm berichtet hatte, was geschehen war, rettete er sie aus den Händen des Königs, und sie kehrten zusammen nach Sparta zurück.

Von den übrigen Achaiern hatten Neoptolemos und Idomeneus keine größeren Schwierigkeiten, in ihrer Heimat zurückzukehren, während Philoktet vor der Küste Süditaliens strandete, wo er sich dann niederließ.

Der Tribut der Lokrer

Drei Jahre, nachdem das lokrische Heer aus Troja zurückgekehrt war, brach in dem Land eine furchtbare Hungersnot aus. Da bedeutete das delphische Orakel den Lokrern, daß Athena sich über die Vergewaltigung der Kassandra durch Aias in ihrem Tempel erzürnt habe und daß sie zur ihrer Besänftigung eintausend Jahre lang jährlich zwei Jungfrauen in den Tempel der Göttin nach Troja zu entsenden hätten. Im Phokischen Krieg (345 v. Chr.) gingen die Lokrer von der Annahme aus, daß die tausend Jahre vergangen seien und sandten keine Jungfrauen mehr. Ein Jahrhundert später kam es jedoch zu einer weiteren Katastrophe. Der Boden trug keine Früchte und es wurden viele mißgestaltete Kinder geboren. Und da ihnen das Orakel verkündete, daß Athena noch immer nicht besänftigt sei, sandten die Lokrer bis etwa 150 v. Chr. weiter jährlich zwei Jungfrauen nach Troja.

Der Mord des Agamemnon und die Rache des Orest

Hier ist der Mord des Agamemnon in seinem Palast dargestellt. Agamemnon ist in ein Tuch gewickelt und Aigisthos, der ihn bei den Haaren gepackt hat, bereitet sich, ihm den Todesstoß zu versetzen. Hinter Agamemnon sieht man Elektra (?), die verzweifelt gestikuliert. (Rotfiguriger Krater, 470-460 v. Chr.).

Die Schiffe des Agamemnon waren einige der wenigen, die mit Heras Hilfe den Sturm am Kaphereus-Kap überlebten. Doch war es dem Anführer der Achaier bestimmt, in seinem eigenen Palast den Tod zu finden. In der Abwesenheit des Agamemnon hatte sich seine Frau Klytaimnestra den Aigisthos zum Geliebten genommen, der ein Sohn des Thyestes war. Als das Liebespaar erfuhr, daß sich der oberste Heerführer der Achaier auf dem Heimweg befinde, beschlossen sie seinen Tod. Ohne auch nur den geringsten Verdacht geschöpft zu haben, wurde Agamemnon von Aigisthos, oder, wie eine andere Version besagt, von seiner Frau ermordetet.

In der Zwischenzeit war Orestes, der Sohn des Agamemnon und der Klytaimnestra, am Hofe des Königs Strophios in Phokis aufgewachsen, wohin ihn seine Mutter geschickt hatte, damit er ihr Treiben nicht sehe. Acht Jahre nach dem Mord des Agamemnon kam Orestes zusammen mit seinem treuen Freund Pylades, einem Sohn des Strophios, nach Argos. Dort fand er auch seine Schwester Elektra, und rächte den Tod seines Vaters, indem er Aigisthos und Klytaimnestra ermordete. Daraufhin floh Orestes, der von den Erinnyen, dunklen und erbarmungslosen Unterweltsgöttinnen, die ihn strafen wollten, gejagt wurde, nach Athen, wo er sich dem Schutz der Athena anvertraute. Die Göttin rief den Areopag zusammen, ein Gericht aus auserwählten Athenern, dem sie selbst vorsaß, und sprach den Helden von jeder Schuld frei. Die Erinnyen, die sich über dieses Urteil sehr erzürnten, wurden von Athena in die gutwilligen Eumeniden verwandelt, die seither als Schutzgöttinnen über die Vegetation und die Ernte wachen. Trotz Athenas Eingreifen waren einige Erinnyen nicht damit einverstanden, sich als Eumeniden in Attika niederzulassen und verfolgten Orestes weiterhin. Seine einzige Hoffnung auf Rettung war, wie ihm Apollon entdeckte, die uralte Kultstatue der Ar-

Orest stößt sein Schwert dem Aigisthos in die Brust, und erobert so den Thron des Agamemnon zurück, den jener Jahre zuvor mit Gewalt an sich gerissen hatte. Die Schwester des Orest, Chrysothemis, geht verzweifelt davon. (Rotfigurige Pelike, um 500 v. Chr.).

Auf diesem Bild ist die Feier dargestellt, durch welche Orest im Heiligtum von Delphi von seiner Bluttat gereinigt wurde. Links des Orest sieht man Athene und rechts den Apollon sowie eine Erinnye. Hinter dem delphischen Dreifuß steht eine weitere Erinnye; weiter oben sind Leto und Pylades zu erkennen, zwischen ihnen die zum Teil verdeckte Sonne. (Paestanischer Krater, 350-340 v. Chr.).

Auf diesem Vasenbild ist die Begegnung zwischen Elektra und Orest am Grab des Agamemnon dargestellt. Elektra sitzt traurig auf den Stufen des Grabmals, auf dem sie die Geschenke für den Toten niedergelegt hat. Orest kommt von links und hält seine Lanze und eine Phiale. Rechts steht Hermes, der sich auf seinen Heroldsstab stützt und einen Kranz hält. (Lukanische Pelike, um 350 v. Chr.).

temis aus dem Tempel der Göttin in Skythien, dem Land der Taurer, zu rauben und nach Attika zu bringen. So machten sich Orestes und sein unzertrennlicher Freund Pylades auf ins Land der Taurer. In diesem fernen Land, wo es üblich war, Fremde den Göttern zu opfern, wurden Orestes und Pylades von einigen Einheimischen gefangengenommen und zum Tempel der Artemis geführt. Priesterin in diesem Tempel war die Schwester des Orestes, Iphigenie, von der ihre Familie glaubte, daß sie tot sei. Iphigenie war gezwungen, die beiden Jünglinge zu opfern, doch erklärte sie sich bereit, einen von beiden freizulassen, damit dieser nach Argos reise, und ihrem Bruder auftrage, sie aus den Händen der Taurer zu befreien, da sie nicht länger Menschenopfer darbringen könne. Aufs Tiefste bewegt, gab Orestes sich zu erkennen, und unter großen Gefahren gelang es ihm schließlich, mit seiner Schwester zu fliehen. Auch die Kultstatue der Artemis konnte er mitnehmen, die er in Brauron in einem Tempel aufstellte, den er zu Ehren der Göttin errichtete. Nach diesen ganzen Abenteuern konnte Orestes endlich die Nachfolge seines Vaters antreten und über eine lange Zeit regieren, bis er im Alter von siebzig oder neunzig an einem Schlangenbiß starb.

Tisamenos

Während ihres Aufenthaltes in Troja hatte Menelaos dem Neoptolemos versprochen, daß er ihm seine einzige Tochter, Hermione, zu Frau geben werde, ohne jedoch zu wissen, daß diese in der Zwischenzeit von Tyndareos mit dem Orestes vermählt worden war. Und so war Menelaos nach seiner Rückkehr aus dem Krieg gezwungen, seine Tochter von seinem Neffen zu trennen, und sie dem Sohn des Achill zur Frau zu geben. Später jedoch wurde Neoptolemos in Delphi getötet, Hermione kehrte zu Orestes zurück und gebar ihm einen Sohn, den er Tisamenos nannte (nach dem altgrch. Wort für „Rache nehmen"), um sich immer daran zu erinnern, daß er den Mord des Agamemnon gerächt hatte.

DIE ODYSSEE

Odysseus, der ein Bein auf einen Felsen gestützt hat, beugt sich vor und gestikuliert, als unterhalte er sich mit jemandem. In der Linken hält er eine Scheide mit Schwert. (Siegelstein, 4. Jh. v. Chr.).

Die Odyssee, die zweite epische Schöpfung des Homer, erzählt von den Abenteuern des Odysseus, nachdem er mit seiner Flotte Troja verlassen hatte bis zu seiner Rückkehr nach Ithaka. Die Ereignisse der Reise mußte der Dichter aus älteren epischen Dichtungen schöpfen, die jedoch, da sie nicht niedergeschrieben wurden, bald in Vergessenheit gerieten, und deren Existenz wir heute nur noch vermuten können. Seit dem 7. Jh. v. Chr. jedenfalls ist es das Homerische Epos, welches den Griechen und später der ganzen Welt über die Irrfahrt des Odysseus berichtet und wie er schließlich wieder in sein Heimatland gelangt. Die sagenhafte Abenteuerreise des Odysseus beginnt an wirklichen Orten. Von Troja aus gelangte er nach Thrakien, in das Land der Kikonen, eines Volkes, das zwischen den Flüssen Hebros und Nestos siedelte, und von dort zum Kap Malea. In der Folge beschreibt der Dichter phantastische Länder. Doch obgleich es sich bei der Odyssee um ein Werk dichterischer Erfindung handelt, unternahm man bereits in der Antike Versuche, die belegen sollten, daß es sich hierbei um das erste schriftliche Denkmal der wissenschaftlichen Geographie in griechischer Sprache handle. Was die neuere Zeit betrifft, so wurden sowohl von Wissenschaftlern als auch von Amateuren unzählige Theorien aufgestellt, die Odysseus durch die ganze Welt reisen lassen, von den norwegischen Fjorden bis nach Afrika, nach Kanada oder auch bis in den Golf von Mexiko. Bezeichnend für die Vergeblichkeit des Versuches, die Orte, welche der Held kennenlernte, auf einer Landkarte zu lokalisieren, ist die Meinung des großen Mathematikers und Geographen des 3. Jhs. v. Chr., Erasthenes: „Erst dann wirst du die Orte finden, an die Odysseus reiste, wenn es dir zuvor gelingt, den Handwerker ausfindig zu machen, welcher den

Die Begegnung zwischen Odysseus und seiner Frau Penelope. Sie sitzt mit übereinander geschlagenen Beinen und hat verzweifelt den Kopf auf ihre Hand gestützt, denn noch hat sie ihren Gemahl nicht erkannt, der in der Gestalt eines Bettlers vor ihr steht. („Melisches" Relief, um 460-450 v. Chr.).

Nach der Eroberung Trojas wurde Odysseus lange Jahre durch unbekannte Meere getrieben, ohne daß ihn je der Wunsch, nach Ithaka zurückzukehren, verlassen hätte. Selbst in der Zeit, in der er an der Seite der schönen Kalypso lebte, die ihm die Unsterblichkeit versprochen hatte, wenn er bei ihr bliebe, saß er oft am Strand und blickte auf das Meer, und das Heimweh trieb ihm bittere Tränen in die Augen. (Wangenklappe eines Helms, 425-400 v. Chr.).

Sack nähte, in welchen Aiolos dem Odysseus zuliebe die Winde sperrte!"

Dem Mythos nach war Odysseus ein Nachfahre des Kephalos, des schönen Sohnes des phokischen Königs Deioneus, oder, einer anderen Ansicht zufolge, des Hermes und der Kreusa, einer Tochter des Erechtheus. Kephalos hatte an dem Zug des Amphitryon, des Vaters des Herakles, zu den Inseln der Taphier teilgenommen und von Amphitryon dafür eine Insel zum Geschenk bekommen, die seither Kephallenia hieß. Da der Held jedoch kinderlos war, begab er sich zum Orakel von Delphi. Der Gott befahl ihm, sich nach seiner Rückkehr auf die Insel mit dem ersten weiblichen Wesen zu verbinden, das er anträfe. Das erste weibliche Wesen, welches Kephalos sah, war eine Bärin, die sich, als er sich mit ihr verband, in eine Frau verwandelte und neun Monate später den Arkeisios zur Welt brachte. Sohn des Arkeisios war Laërtes, dem seine Frau Antikleia den Sohn Odysseus gebar. Großvater des Odysseus mütterlicherseits war der berühmte Dieb Autolykos, ein Sohn des Hermes.

Als Held verband Odysseus Tapferkeit mit Gedankenwitz und Redegewandtheit. Er verkörperte also das Ideal der Zeit, das Menschen der Tat und des Wortes forderte. Im Epos wird der Held gewöhnlich als „speerberühmt", „geschickt im Kampfe" und als „mutig" charakterisiert. Da jedoch seine weiteren Taten und Leiden sehr bekannt waren, wurde er bereits in der Ilias als „listenreich", „vielgeprüft" und „standhaft" bezeichnet. Schließlich gibt es ein Adjektiv, das ausschließlich für Odysseus gebraucht wird, und zwar das Wort *„polyainos"*, das „vielgepriesen" bedeutet.

Bei den Kikonen, den Lotophagen und im Land der Kyklopen

Polyphem, riesig und erschreckend wie ein Märchendrache, versucht unter Schmerzensschreien mit der einen Hand den Zweig herauszuziehen, den Odysseus in sein Auge gestoßen hatte, während er mit der anderen noch die Weinschale hält. (Frühattischer Krater, um 670 v. Chr.).

Odysseus hatte Troja schon weit hinter sich gelassen, als die Winde seine Schiffe zum thrakischen Ismaros trieben, einer Stadt der Kikonen, die er plünderte. Er verschonte allein die Familie des Maron, des Apollonpriesters, der ihm dankbar Gold, Silber und zwölf Krüge süßen Weines schenkte. In der Zwischenzeit hatten jedoch die Bewohner der besiegten Stadt ihre Nachbarn verständigt, die nun gegen die Achaier stürmten. Nachdem die Schlacht einen ganzen Tag lang gewährt und mehr als siebzig seiner Männer das Leben gekostet hatte, war Odysseus gezwungen, Segel zu setzen.

Nun wandte sich der Held südwärts, doch am Kap Malea erhoben sich heftige Nordwinde und trieben ihn an Kythera vorbei in unbekannte Meere, auf denen er neun Tage lang umherirrte. Am zehnten Tag kam er ins Land der Lotophagen, der Lotos-Esser, die sich von dieser exotischen Frucht oder Blüte ernährten. Wenn jedoch ein Fremder von dieser Frucht aß, nahm sie ihm die Erinnerung an sein Heimatland. So geschah es drei Gefährten des Odysseus, doch der Held brachte sie mit Gewalt zurück, band sie an den Schiffsbänken fest und segelte davon. Auf seiner Weiterfahrt ins Unbekannte gelangte er daraufhin zur Insel der Kyklopen.

Als sie an Land gegangen waren, wählte Odysseus zwölf seiner tapfersten Gefährten, nahm einen Sack mit dem Wein des Maron und begann, die Insel zu erkunden. Er gelangte zu einer Höhle, die voll mit Käselaiben, Schafen und Ziegen war. Vergeblich beschworen die Gefährten den Helden, soviel Tiere und Käse als möglich mitzunehmen und schnellstens die Insel wieder zu verlassen. Jener jedoch bestand darauf, daß sie sich dort niederließen, um den Bewohner der Höhle kennenzulernen. Gegen Abend erschien der riesenhafte Kyklop Polyphemos, Sohn des Poseidon und der Thoosa, einer Tochter des Phorkys. Ohne

Maron, Apollonpriester im Land der Kikonen, reicht Odysseus einen Sack mit süßem Wein. Neben den beiden Männern stehen Opora und Ampelis, die Personifizierungen der Ernte bzw. der Weinrebe. (Sizilischer Krater, Mitte des 4. Jhs. v. Chr.).

Odysseus, der sich unter dem Bauch eines Widders festgebunden hat, entkommt aus der Höhle des Kyklopen Polyphem. (Schwarzfiguriger Krater, um 500 v. Chr.).

Auf diesem Vasenbild sind verschiedene Episoden der Geschichte von Odysseus und Polyphem in einer einzigen Szene miteinander verbunden. Der Held und seine Männer blenden den Kyklopen, bieten ihm zugleich Wein an, um ihn trunken zu machen, während jener ihren Gefährten noch nicht ganz verschlungen hat. (Lakonische Schale, um 550 v. Chr.).

sich auch nur im geringsten um die Worte des Odysseus zu kümmern, der ihn bat, die Gesetze der Gastfreundschaft zu achten, griff sich der Kyklop zwei Gefährten des Odysseus und verschlang sie. Am nächsten Morgen ging Polyphem fort und verschloß hinter sich den Höhleneingang mit einem riesigen Felsbrocken. Da sann Odysseus auf eine List, die sie aus dieser scheinbar ausweglosen Lage bringen könne.

Die Kyklopen

Die Kyklopen, die nur ein einziges Auge auf der Stirn besaßen, waren ein wildes und barbarisches Volk, das sich allein mit der Viehzucht beschäftigte. Auch waren sie nicht in Städten oder größeren Siedlungen organisiert. Jeder lebte allein mit seinen Frauen und seinen Kindern in Höhlen oder in den Bergen, ohne sich um engere Bande zu seinen Nachbarn zu bemühen.

Am selben Abend kehrte der Kyklop zurück und verschlang zwei weitere Gefährten des Odysseus. Nichtsdestotrotz setzte sich Odysseus zu ihm und bot ihm Wein an. Sehr erfreut fragte Polyphem Odysseus nach seinem Namen und dieser antwortete: „Niemand.“ Dann schenkte er dem Kyklopen erneut ein, so daß dieser bald vom Wein trunken in einen tiefen Schlaf fiel. Ohne Zeit zu verlieren, nahm der Held einen großen Olivenzweig und stieß ihn in das einzige Auge Polyphems. Dieser schrie in wildem Schmerz um Hilfe; als jedoch die anderen Kyklopen herbeikamen und ihn fragten, was geschehen sei, erwiderte Polyphem, daß ihm Niemand sein Auge ausgestochen habe, woraufhin sie ihn nicht weiter beachteten und sich davonmachten. Als es Morgen wurde, stellte sich der Kyklop an den Höhleneingang und suchte die Rücken seiner Tiere ab, um sicherzugehen, daß niemand auf ihnen reite. Doch die Achaier waren schlauer als er. Sie hatten sich mit Weidenbast unter den Bäuchen der Widder festgebunden und konnten so entfliehen. Als aber die Schiffe schon Segel gesetzt hatten, schrie der Held: „Sollte irgendeiner dich fragen, wer dich geblendet hat, so sage ihm, es war nicht Niemand, sondern Odysseus, Sohn des Laërtes von Ithaka.“ Der erboste Kyklop betete laut zu Poseidon, seinem Vater, und bat ihn, Odysseus zu strafen. Und der Gott erhörte seine Bitte.

Kirke rührt mit ihrem Stab den Zaubertrank an, den sie Odysseus reichen will. Einer der verwandelten Achaier entfernt sich, blickt sich dabei jedoch voller Sorge um. (Schwarzfigurige weißgrundige Lekythos, 490-480 v. Chr.).

Von der Insel des Aiolos zur Insel der Kirke

Auf der Weiterreise gelangten die Schiffe des Odysseus nach Aiolia, einer von Bronzemauern umgebenden schwimmenden Insel, auf welcher Aiolos, der Hüter der Winde, zusammen mit seiner Frau und seinen Kindern lebte. Einen ganzen Monat lang bewirtete Aiolos den Odysseus und seine Gefährten. Dann schloß er mit Ausnahme des Zephyros alle Winde in einen Sack und übergab diesen dem Helden mit der Anweisung, den Sack während seiner Reise nicht zu öffnen und ließ ihn von dannen ziehen. Vom Zephyros, dem sanften Westwind, getrieben, fuhren die Schiffe neun Tage und neun Nächte lang heimwärts. Doch als sie schon die Küste von Ithaka erkennen konnten, überkam den Helden eine solche Müdigkeit, daß er einschlief. Seine Gefährten nutzen dieses Gelegenheit, denn sie glaubten, daß der Sack des Aiolos Silber und Gold enthalte, und so öffneten sie ihn. Sofort erhob sich ein furchtbarer Sturm, der die Schiffe zurück zur Insel des Aiolos trieb, doch weigerte sich der Herr der Winde, dem Odysseus ein zweites Mal zu helfen.

Nach einer Reise von sieben Tagen kam Odysseus zum Land der Laistrygoner. Er sandte zwei seiner Gefährten zusammen mit einem Herold aus, damit sie erkundeten, wer in diesem Land lebe. Doch erwartete sie eine sehr unangenehme Überraschung. Die Bewohner waren nämlich wilde Riesen, und einer der Achaier wurde sogar von Antiphates, dem König der Riesen, verschlungen, während die beiden anderen davonliefen. Die Laistrygoner verfolgten sie bis zum Strand, wo sie mit riesigen Felsbrocken die Schiffe der Achaier versenkten und alle Mannschaften töten. Allein das Schiff des Odysseus, das in einiger Entfernung geankert hatte, entging der Katastrophe, ebenso die fünfundvierzig Männer, die sich auf ihm befanden.

Einer der Gefährten des Odysseus öffnet den Sack des Aiolos. Aus der Sacköffnung erscheint der Kopf eines Windgottes, der schon bedrohlich zu blasen begonnen hat. (Etruskischer Siegelstein, 2. Hälfte des 5. Jhs. v. Chr.).

Die riesigen Laistrygoner, die mit Steinen und Felsbrocken bewaffnet sind, greifen die griechischen Schiffe an. (Wandmalerei von einem Haus auf dem Esquilino in Rom, Mitte des 1. Jhs. v. Chr.).

Die Winde

Die Winde Boreas, Zephyros und Notos waren ebenfalls Götter und zwar Kinder der Eos und des Astraios, eines Sohnes des Titanen Krios und der Eruybia. In einigen Quellen ist ein weiterer Gott namens Euros erwähnt, der den Nordostwind personifizierte.

Das Land der Laistrygoner

Homer schreibt, daß es im Land der Laistrygoner so ist, daß, wenn der Hirte, der eintreibt, ruft, ihn der Hirte hört, der austreibt, denn „nahe sind dort die Pfade der Nacht und des Tages". Dieser rätselhafte Satz hat bis heute nicht erklärt werden können. Die meisten Homerforscher nehmen an, daß sich darin ein Nachhall des Wissens verbirgt, daß in den weit nördlich gelegenen Ländern die Sommernächte sehr kurz sind.

Auf der Weiterreise gelangte Odysseus nach Aiaia, der Insel der Göttin Kirke, einer Tochter des Helios. Die Erkundung der Insel übernahm die Hälfte der Männer unter Führung des Eurylochos. Kirke empfing die Männer sehr freundlich, doch kaum hatten diese ihren Palast betreten, bot sie ihnen einen Zaubertrank an, der sie ihre Heimat vergessen ließ. Anschließend berührte sie sie mit ihrem Stab und verwandelte sie in Schweine. Eurylochos, der als einziger sich nicht durch die Freundlichkeit der Göttin hatte täuschen lassen, wartete vor dem Palast vergebens auf die Rückkehr seiner Freunde. Verzweifelt kehrte er zu Odysseus zurück, der sich allein aufmachte, um es mit der Zauberin aufzunehmen. Zu seinem Glück erschien Hermes, der ihm die Zauberblume *moly* gab, damit sie ihn vor dem Zauber der Kirke schütze. Und wirklich blieben alle Zauberkräfte der Göttin wirkungslos. Da verwandelte Kirke alle seine Gefährten zurück in Männer, und zwar schöner und jünger, als sie zuvor gewesen waren. Als Odysseus dies sah, widerstand er den Verführungskünsten Kirkes nicht länger, und lebte mit seinen Männern ein Jahr lang in ihrem Palast, wo es ihnen an nichts fehlte. Dann aber beschlossen sie, daß es an der Zeit sei, in die Heimat zurückzukehren. Beim Abschied riet Kirke dem Odysseus, sich zunächst in den Hades zu begeben, um von der Seele des Sehers Teiresias zu erfahren, wie er denn nun endlich nach Ithaka zurückkehren könne.

Kirke, in der Mitte des Bildes, hält ihre Zauberutensilien. Um sie herum sieht man die Achaier, die sie in Löwe, Eber, Widder und Wolf verwandelt hat, verzweifelt oder flehentlich gestikulieren. Eurylochos läuft erschrocken nach rechts, während sich Odysseus von links nähert, entschlossen, seine Männer zu retten. (Schwarzfigurige Schale, um 550 v. Chr.).

Odysseus im Hades

Odysseus sitzt vor den Toren des Hades und hält sein Schwert, um die Seelen fortzudrängen, die von dem Blut trinken wollen. Gleichzeitig schaut er mit entrücktem Blick auf Elpenor, der in der Öffnung erscheint. Hinter dem Helden steht Hermes, dessen Anwesenheit zwar bei Homer nicht erwähnt ist, sich jedoch rechtfertigt, da er die Toten zum Acheron führte, um sie dem Charon zu übergeben. (Rotfigurige Pelike, um 440 v. Chr.).

Am nächsten Morgen brachen Odysseus und seine Gefährten zum Land der Kimmerer auf, das sich am anderen Ende des Okeanos befand und von einem undurchdringlichen Dunkel umgeben war. Dem Rat der Kirke folgend, fuhr Odysseus den Okeanosstrom entlang - den großen Fluß, der, wie die Griechen glaubten, die Erde umfloß -, bis er zum Eingang des Hades gelangte. Dort hob er einen Graben aus, brachten den Toten Trankopfer dar, opferte einen schwarzen Widder und ein schwarzes Schaf. Bald begannen sich die Seelen der Toten um den Graben zu versammeln, weil ihnen nach dem Blut dürstete. Odysseus jedoch hinderte sie am Trinken, weil er noch auf das Erscheinen des Teiresias wartete. In diesem Augenblick näherte sich Elpenor, ein Mann seiner Mannschaft, der am Tage ihrer Abfahrt vom Dach des Palastes der Kirke gefallen und gestorben war, ohne daß jemand dies bemerkt hatte. Da Elpenor noch unbestattet war, konnte er sprechen, ohne zuvor Blut trinken zu müssen, und er bat Odysseus, für seine Beerdigung zu sorgen. Endlich erschien Teiresias, der von dem Blut trank und dem Helden mitteilte, daß Poseidon über die Blendung des Polyphem so erzürnt sei, daß er nun alles, was in seiner Macht stehe, unternehme, um die Rückkehr des Helden zu verhindern. Teiresias sagte weiter, daß aber noch nicht alle Hoffnung dahin sei, doch dürften sie keinesfalls das Vieh des Helios stehlen, wenn sie nach Thrinakia kämen. Falls sie dennoch eines der Tiere schlachten sollten, so würde Odysseus seine Heimatinsel erst nach vielen weiteren Nöten, völlig allein und auf einem fremden Schiff erreichen. Und dort würde ihn dann neues Unheil erwarten, denn in seinem Palast hätten sich zahlreiche hochmütige Königssöhne versammelt, die seine Frau Penelope freiten.

Odysseus dankte Teiresias und ließ nun auch die anderen Seelen Blut trinken, damit

Odysseus, der zwischen seinen Gefährten Eurylochos und Perimedes sitzt, hört aufmerksam die Ratschläge und Weissagungen des blinden Sehers Teiresias, dessen Kopf zu Füßen des Helden zu erkennen ist. (Lukanischer Krater, 400-390 v. Chr.).

sie sprechen konnten. Als erste sprach zu ihm seine Mutter Antikleia, die ihm berichtete, daß Penelope ihm treu geblieben sei und daß sein Vater, der König Laërtes, verbittert über das Ausbleiben seines einzigen Sohnes, in einem Haus fern der Stadt lebe. Dann erschienen viele Frauen von Helden der vorangegangenen Generation und erzählten ihre Geschichte. Darauf trat die Seele des Agamemnon hervor, welcher dem Odysseus seine tragische Ermordung berichtete. Schließlich näherte sich Achill mit seinen Freunden Patroklos, Antilochos und Aias dem Telamoniden. Erfreut vernahm Achill aus dem Munde des Odysseus die Nachrichten über die Heldentaten seines Sohnes Neoptolemos, während Aias etwas abseits stand, da er noch immer wegen der Waffen des Achill verärgert war. Der Held sah auch Minos, wie er mit seinem golden Stab in der Hand Recht sprach, den Sisyphos und den Tantalos in ihrem ewigen Martyrium sowie Herakles, allerdings nur seinen Schatten, weil der Held selbst mit den anderen Göttern auf dem Olymp lebte. Nach und nach versammelten sich immer mehr Seelen, die verzweifelt um einen Schluck von dem Blut kämpften, so daß es dem Odysseus unheimlich wurde und er schnell zu seinen Gefährten zurückkehrte. Ohne Zeit zu verlieren, sprangen alle auf das Schiff und ein günstiger Wind trieb sie bald zur Insel der Kirke.

Danaos und die Danaiden

Danaos, ein Sohn des Ägypterkönigs Belos geriet nach dem Tot seines Vaters in einen Streit mit seinem Bruder Aigyptos. Der Grund dafür war entweder der Anteil am Erbe des Vaters oder aber der Neid, den Aigyptos fühlte, da er selbst fünfzig Söhne hatte, Danaos jedoch fünfzig Töchter. Da nahm Danaos seine Töchter und begab sich nach Argos, wo er dann König wurde. Einige Zeit später sandte Aigyptos seine Söhne nach Argos, damit sie sich mit den Töchtern des Danaos vermählten. Diese aber folgten dem Befehl ihres Vaters, und, bis auf eine oder zwei, ermordeten alle ihre Männer in der Hochzeitsnacht. Deshalb wurden sie von den Richtern der Toten dazu verurteilt, auf ewig in durchlöcherten Krügen Wasser herbeizutragen.

Von den Sirenen nach Thrinakia

An eine Säule gefesselt, die auf den Mast seines Schiffes verweist, hört Odysseus die süße Musik, die aus der Flöte einer Sirene ertönt. Neben ihm spielt ein Delphin mit den Wellen. (Schwarzfigurige weißgrundige Lekythos, um 500 v. Chr.).

Odysseus verweilte nicht nach lange auf Aiaia, der Insel der Kirke. Nachdem er Elpenor bestattet hatte, hörte er die Ratschläge der Kirke für die weitere Reise, verabschiedete sich von ihr und fuhr gen Heimat. Die erste Insel, der sich das Schiff näherte, war die Insel der Sirenen, jener dämonischen Wesen, die mit ihrem süßen Gesang die Seeleute anlocken und dann vernichten. Dem Rat der Kirke folgend, verklebte er seiner Mannschaft die Ohren mit Wachs, damit sie nichts hören könnten. Er selbst jedoch wollte sich natürlich ihren Gesang nicht entgehen lassen. Darum ließ er sich von seinen Männern am Mast des Schiffes festbinden und beschwor sie, ihn nicht loszubinden, was immer er ihnen auch befehlen möge. Als sie sich der Insel näherten hörte Odysseus die Sirenen, die ihn beim Namen riefen und ihn einluden, bei ihnen zu verweilen. Sofort verwirrte sich sein Verstand, er vergaß Ruhm, Vaterland und seine Frau, und das Einzige, was er noch wünschte, war, an Land zu gehen, um sich nurmehr dem Genuß des bezaubernden Gesangs hinzugeben. Verzweifelt bedeutete er seinen Männern, ihn loszubinden, doch banden sie ihn, wie er ihnen zuvor befohlen hatte, nur noch fester. Als sie die Insel der Sirenen hinter sich gelassen hatten, nahmen sie sich erleichtert den Wachs aus den Ohren und banden den Helden los.

Für seine Weiterfahrt hatte Odysseus zwischen zwei Wegen zu wählen. Der eine führte durch die Planktai, gefährliche Felsen, die nur die berühmte Argo heil durchfahren hatte; der andere Kurs lenkte ihn durch die enge Durchfahrt zwischen Skylla und Charybdis. Kirke hatte ihnen geraten, die Planktai und die Klippe der Charybdis zu meiden, da dieser Weg ihren sicheren Tod bedeuten würde. Also beschloß Odysseus, am

Es ist überliefert, daß die Sirenen, nachdem es ihnen mißlungen war, Odysseus mit ihrem Gesang anzulocken, sich im Meer ertränkten. Dies scheint das Thema dieser Szene zu sein, in der sich eine Sirene mit geschlossenen Augen von einem Felsen stürzt, während eine andere, links, ihre Flügel ausbreitet, um ihrer Schwester in den Tod zu folgen. (Rotfiguriges Weingefäß, um 475 v. Chr.).

Felsen der Skylla vorbeizufahren, in der Hoffnung, daß ihm dies gelingen werde, ohne weitere Männer zu verlieren. In dem Augenblick jedoch, als sie sich zwischen den beiden Klippen befanden, sog Charybdis Unmengen von Wasser an und die Seeleute erstarrten vor Schreck beim Anblick des Ungeheuers. Darauf hatte Skylla nur gewartet; das Ungeheuer ergriff sechs der tapfersten Achaier und verschlang sie vor den Augen ihrer Gefährten.
Nach dieser unheilvollen Begegnung mit der Skylla legten sich die Achaier in die Ruder und gelangten bald zur Insel Thrinakia, auf welcher die Rinder des Helios weideten. Odysseus, dem die Worte des Teiresias im Gedächtnis waren, wollte nicht an Land gehen. Als ihm jedoch seine Gefährten schworen, die Rinder nicht anzurühren, gab er ihren Bitten nach. Zu ihrem Unglück erhob sich am nächsten Tag ein furchtbarer Sturm, der sie einen Monat lang auf der Insel festhielt. Solange die Vorräte reichten, die ihnen Kirke mitgegeben hatte, hielten die Männer ihr Versprechen. Als diese jedoch verbraucht waren, nutzten sie die Abwesenheit des Odysseus aus, der sich zu einem Gebet an die Götter an einen einsamen Ort zurückgezogen hatte, schlachteten die fettesten Kühe des Gottes und stillten ihren Hunger. Sieben Tage später legte sich der Sturm und die Achaier setzten in aller Eile die Segel, um in die Heimat zurückzukehren. Doch kaum hatten sie sich von Thrinakia entfernt, sandte Zeus, der dem Helios versprochen hatte, die Schlächter seiner Tiere zu strafen, einen Blitz und spaltete das Schiff inzwei.

Skylla und Charybdis

Die Skylla, ein schreckliches Ungeheuer mit zwölf Beinen, sechs Köpfen und einer Hundegebell ähnlichen Stimme, hauste auf einem Meeresfelsen, dessen Spitze bis in den Himmel reichte. Von dort streckte sie ihre langen Hälse bis zum Meer hinab, um große Fische oder vorbeifahrende Seeleute zu verschlingen. Der Skylla gegenüber auf einem viel niedrigeren Felsen, lebte die Charybdis. Unter einer Wildfeige versteckt, verschlang das Ungeheuer dreimal täglich ungeheure Mengen Meereswasser, um es gleich wieder auszuspeien. Und wenn sich ein Schiff in der Nähe befand, wurde es natürlich mitangesogen und versank mit Mann und Maus.

Den Aberglauben der Seeleute, die sich vor Ungeheuern in den Meeren fürchteten, zeigt diese Münze, auf der neben einem riesigen Krebs die dämonische Skylla dargestellt ist, wie sie mit der Hand ihre Augen beschattet, um ihre neuen Opfer, die noch in weiter Ferne sind, besser sehen zu können. (Silbernes Tetradrachmon von Akragas/Agrigent, 420-415 v. Chr.).

Von der Insel der Kalypso zur Insel der Phaiaken

Odysseus, mit dem wollumwundenen Ölzweig der Schutzflehenden in der Hand, nähert sich den phaiakischen Mädchen. Athena, neben ihm, umgibt ihn mit ihrem schützenden Blick. (Rotfigurige Amphora, 450-440 v. Chr.).

Der Einzige, der den Schiffsuntergang überlebte, war Odysseus, der sich geweigert hatte, vom Fleisch der göttlichen Kühe zu kosten. Festgeklammert an Mast und Kiel des Schiffes, die er zusammengebunden hatte, wurde er vom Wind zum Felsen der Charybdis getrieben, als diese gerade Wasser ansog. Doch genau in dem Moment, als Mast und Kiel untergingen, sprang der Held hoch und erfaßte den Stamm der Wildfeige, die auf dem Felsen der Charybdis wuchs. Dort hielt er sich viele Stunden fest, bis er Mast und Kiel seines Schiffes wiederauftauchen sah. Er sprang hinauf und ruderte mit seinen Händen so schnell er konnte, um von der Insel wegzukommen. Neun Tage und Nächte lang kämpfte er mit den Wellen, bis die Götter ihn endlich auf Ogygia landen ließen, der Insel der schönen Nymphe Kalypso.

Die unsterbliche Kalypso, eine Tochter des Atlas, nahm den Gestrandeten liebevoll auf und wurde bald seine Geliebte. Zunächst war der Held von der Schönheit der Insel und der Freundlichkeit Kalypsos bezaubert, aber bald sehnte er sich voller Schmerzen nach seiner Heimat. Doch Kalypso, die den Helden liebte, hielt ihn sieben Jahre bei sich fest. Eines Morgens schließlich, als Poseidon, sein großer Feind, den Olymp verlassen hatte, um das Land der Äthioper zu besuchen, beschloß Zeus, auf Betreiben der Athena und mit der Zustimmung der übrigen Götter, Hermes zur Nymphe zu senden, um ihr zu sagen, daß sie Odysseus freigeben solle. So schwer ihr die Trennung auch fiel, Kalypso blieb nichts anderes übrig, als sich dem göttlichen Willen zu beugen. Sie half also ihrem Geliebten, ein Floß zu bauen, gab ihm Ratschläge für die Weiterreise und verabschiedete sich auf immer von ihm.

Siebzehn Tage und Nächte lang war Odysseus schon auf seinem Floß unterwegs,

An dem Tag, an welchem Odysseus an der Küste von Scheria landete, begab sich Nausikaa, von Athena dazu veranlaßt, mit ihren Gefährtinnen an den Strand, um Wäsche zu waschen. Hier sieht man Odysseus, der nur zögernd hinter einem seine Blöße verdeckenden Busch hervorkommt, um der Königstochter zu Füßen zu fallen. Vor ihm steht Athena, die ihm bedeutet, Nausikaa zu folgen. Zwei Mädchen, Philonoë und Leukippe, laufen, erschreckt durch das plötzliche Auftauchen des Helden, davon. Kleopatra, ein anderes Mädchen, ist ins Waschen vertieft. Allein Nausikaa, ermutigt durch das geheime Eingreifen der Göttin, bleibt unerschrocken, jedoch nachdenklich stehen, um die Geschichte des Fremden zu hören. (Deckel einer rotfigurigen Pyxis, 450-425 v. Chr.).

Penelope

Penelope war die Tochter des Ikarios, eines Bruders des Tyndareos, und der Naiade, der Quellnymphe, Peroboia. Es ist überliefert, daß ihr Vater Wettspiele ausrufen ließ und seine Tochter dem Sieger versprach. Odysseus gewann die Spiele und wurde so der Gemahl der schönen und klugen Penelope.

als Poseidon auf seiner Rückreise aus dem Land der Äthioper den Helden gewahr wurde und ihn durch eine große Welle von seinem Floß ins tosende Meer spülen ließ. Doch die Meeresgöttin Leukothea kam zur Rettung des Odysseus herbei und so strandete er drei Tage später an der Küste von Scheria, wo die Phaiaken lebte. Dort begegnete er der Tochter des Königs Alkinoos, Nausikaa, die ihn mit Nahrung und Kleidern versorgte und ihm riet, sich in den Palast zu begeben und zu Füßen ihrer Mutter Arete um Hilfe zu bitten. So geschah es auch.

Alkinoos, der von der Erscheinung und den klugen Worten des Fremden beeindruckt war, versprach ihm, eines der berühmten Phaiakenschiffe zu rüsten und ihn schon am nächsten Tag ihn die Heimat zu schicken. Auch ließ er zu Ehren seines Gastes ein herrliches Fest feiern. Auf diesem Fest sang der blinde Sänger Demodokos von den Geschehnissen des Trojanischen Krieges und Odysseus konnte seine Tränen nicht zurückhalten. Allein Alkinoos bemerkte seine Rührung, doch aus Feingefühl sagte er nichts. Als sie aber später bei Tisch saßen, kamen Odysseus erneut die Tränen, als er den Sänger die Geschichte vom Trojanischen Pferd berichten hörte. Alkinoos hieß den Sänger schweigen und bat den Gast, ihm seinen Namen zu nennen. Erstaunt erfuhren die Phaiaken, daß ihr Gast kein anderer war als der namhafte Odysseus, der daraufhin zur ihrer Unterhaltung seine Abenteuer zum Besten gab. Am nächsten Tag überhäuften die Phaiaken den Helden mit reichen Geschenken und überließen ihm ein Schiff, das ihn blitzesschnell nach Ithaka brachte.

Auf diesem Bild ist Odysseus dargestellt, wie er sich von der Höhle der Charybdis entfernt, allerdings nicht mit der Hilfe von Wrackteilen seines Schiffes, wie es überliefert ist, sondern auf einer riesigen Meeresschildkröte. (Schwarzfiguriger Skyphos, Beginn des 5. Jhs. v. Chr.).

Odysseus auf Ithaka

Odysseus, noch in der Gestalt des Bettlers, nimmt die Hand der zutiefst betrübten Penelope. Hinter ihnen verfolgen Telemachos (?) und zwei alte Männer, Laërtes (?) stehend und der Schweinehirt Eumaios (?) auf dem Boden sitzend, die Szene. („Melisches" Relief, um 460-450 v. Chr.).

Auf Ithaka, wo man schon lange die Hoffnung auf die Rückkehr des Odysseus aufgegeben hatte, waren im Palast zahlreiche Jünglinge aus Königsfamilien zusammengeströmt, die Penelope drängten, einen von ihnen zum Gemahl zu nehmen. Um Zeit zu gewinnen, erklärte Penelope, daß sie ihren zweiten Mann erwählen werde, sobald sie das Leichengewand für den greisen Laërtes gewebt habe. Die Freier gaben sich drein, aber das Leichenhemd wurde und wurde nicht fertig, denn was immer Penelope am Tage gewebt hatte, das trennte sie in der Nacht wieder auf. So vergingen drei Jahre, bis eine Sklavin den Freiern die List ihrer Herrin entdeckte. Um Penelope nun endlich zur Entscheidung zu drängen, kamen sie jeden Tag in des Palast des Odysseus, wo sie aßen und tranken und so seinen Reichtum verschwendeten.

So lagen die Dinge, als die Phaiaken den Odysseus, der während der Reise in einen tiefen Schlaf gesunken war, an einen Strand von Ithaka trugen und auf den Sand legten. Kaum war der Held erwacht, sah er sich von Athena in einen Bettler verwandelt, damit er nicht erkannt werde, und begab sich dann zur Hütte seines treuen Schweinehirten Eumaios. Dort traf kurze Zeit später auch der Sohn des Odysseus, Telemachos, ein, der von einer Reise nach Pylos und Sparta zurückkehrte, wo er gehofft hatte, etwas über den Verbleib seines Vaters zu erfahren. Sofort gab sich Odysseus seinem Sohn zu erkennen und zusammen erdachten sie einen Plan, um die Freier zu strafen. Als der Held am Palast angelangte, erblickte er mit Tränen in den Augen seinen geliebten, aber nun schon sehr greisen Hund Argos, der seinen Herren erkannten, freudig mit dem Schwanz wedelte und dann für immer die Augen schloß.

Wie zu erwarten, verhielten sich die Freier dem unbekannten Bettler gegenüber grausam und beleidigend. Odysseus fand jedoch Gelegenheit, sich Penelope zu nähern und ihr zu versichern, daß ihr Gemahl am Leben sei. In ihrem Herzen zutiefst bewegt, befahl sie ihren Dienerinnen, den Fremden aufs Beste zu versorgen. Als ihm jedoch seine alte Amme Eurakleia ein Fußbad gab, erkannte sie ihn an einer alten Narbe. Sogleich befahl ihr der

Odysseus spannt seinen Bogen und zielt auf die Freier, während der beunruhigte Blick zweier Sklavinnen auf ihm ruht. (Rotfiguriger Skyphos, um 450 v. Chr.).

Überrumpelt und in Panik versetzt, greifen die Freier, was immer sie finden können, um sich vor den tödlichen Pfeilen des Odysseus zu schützen. Ein Freier ist bereits getroffen. (Rotfiguriger Skyphos, um 450 v. Chr.).

Das Ende des Odysseus

Nach der Weissagung des Teiresias sollte Odysseus seinen Tod *„ex alos"* finden, was wieder einmal ein zweideutiger Spruch war, da es sowohl „außerhalb des Meeres" als auch „vom Meer her" bedeuten konnte, wobei letzteres sich schließlich als das Gemeinte herausstellte. Einst landete Telegonos, der Sohn der Kirke und des Odysseus, der seinen Vater finden wollte, an einem Strand von Ithaka. Ohne genau zu wissen, auf wessen Land er sich befand, schlachtete er einige Tiere. Odysseus eilte herbei, um den Eindringling zu überwältigen. In dem folgenden Kampf tötete Telegonos den Helden mit einem Stab, an dessen Ende er den giftigen Stachel eines riesigen Rochens gebunden hatte.

Held, zu niemandem über seine Rückkehr zu sprechen. Am nächsten Tag verkündete Penelope, daß sie denjenigen heiraten werde, dem es gelinge, den Bogen des Odysseus zu spannen und den Pfeil durch zwölf Äxte zu schießen, die hintereinander aufgestellt wären. Einer nach dem anderen erprobte seine Kraft, doch ohne Erfolg. Nun gab sich Odysseus dem Eumaios und dem Philoitios, einem weiteren treuen Hirten, zu erkennen. Dann bat Odysseus die Freier, auch ihn an dem Kampf teilnehmen zu lassen, die sich nach anfänglichen Einwänden gezwungen sahen, ihm dies zu erlauben. Da spannte der Held ohne Zögern den Bogen und schoß den Pfeil durch alle Äxte, von der ersten bis zur letzten. Kaum hatte er dies vollbracht, begann er mit der Hilfe des Telemachos und seiner beiden Hirten die Freier niederzuschießen, noch bevor diesen gewahr wurde, was sich zugetragen hatte.

Als Penelope von der treuen Eurykleia erfuhr, daß ihr Gemahl zurückgekehrt sei, glaubte sie es zunächst nicht, denn obwohl Odysseus wieder seine ursprüngliche Gestalt angenommen hatte, erschien er ihr fremd. Als er ihr jedoch von einem Geheimnis erzählte, von dem nur sie beide wußten, ließ sie sich überzeugen. Überglücklich eilte sie in die Arme des Helden, und dann begaben sie sich ins Schlafgemach, um sich ihrer Liebe zu freuen. Und diese Nacht schien nicht enden zu wollen, denn Athena ließ Eos, die Göttin der Morgendämmerung, nicht am Himmel erscheinen.

Am nächsten Tag ging Odysseus zu seinem Vater Laërtes, der ganz allein auf dem Lande lebte und brachte ihn in den Palast zurück. Inzwischen hatten die Verwandten der toten Freier beschlossen, Rache zu nehmen, doch dank des Einschreitens der Athena konnte ein weiteres Massaker verhindert werden. Die Leiden des Odysseus, der mehr als alle anderen Helden des Trojanischen Krieges geprüft wurde, hatten endlich ein Ende.

Penelope sitzt betrübt vor ihrem Webstuhl mit dem halbfertigen Leichenhemd für den greisen Laërtes. Der stolze Jüngling, der vor ihr steht und sie mit nachdenklichem Blick betrachtet, ist ihr Sohn Telemachos. (Rotfiguriger Skyphos, um 440 v. Chr.).

Register

Abbildungsnachweis

Die Ekdotike Athenon dankt den Museen, den Sammlungen, den verschiedenen anderen Einrichtungen und den Photoagenturen, die durch ihre Mitarbeit die Illustration des vorliegenden Buches ermöglicht haben.

Abkürzung: o = oben, m = Mitte, u = unten, l = links, r = rechts.
Die Zahlen beziehen sich auf die Seiten.

6o Berlin, Staatliche Museen - Antikensammlung
6u New York, Metropolitan Museum of Art
7 Athen, Archäologisches Nationalmuseum
10 Berlin, Staatliche Museen - Antikensammlung
11o Berlin, Staatliche Museen - Antikensammlung, Pergamonmuseum
11u London, British Museum
12o New York, Metropolitan Museum of Art
12m Paris, Musée du Louvre
13 Rom, Museo Capitolino
14 Athen, Archäologisches Nationalmuseum
15o Korfu, Archäologisches Museum
15u Neapel, Museo Archeologico Nazionale (Phot. Scala)
16o Berlin, Staatliche Museen - Antikensammlung, Pergamonmuseum
16u Berlin, Staatliche Museen - Antikensammlung
17o Berlin, Staatliche Museen - Antikensammlung, Pergamonmuseum
17ml Ferrara, Museo Archeologico Nazionale di Spina
17mr Neapel, Museo Archeologico Nazionale
18 Cerveteri, Museo Nazionale Cerite
19 München, Staatliche Antikensammlungen
20 Oxford, Ashmolean Museum
21 Rom, Museo Capitolino
22o Rom, Museo Capitolino
22u Vatikan, Musei Vaticani
23o Oxford, Ashmolean Museum
23m Paris, Bibliothèque Nationale
26m Berlin, Staatliche Museen - Antikensammlung
26u Berlin, Staatliche Museen - Antikensammlung
27ol München, Staatliche Antikensammlungen und Glyptothek
27or München, Staatliche Antikensammlungen
27u London, British Museum
28 Malibu, Cal., J. Paul Getty Museum
29o Paris, Bibliothèque Nationale
29u Ferrara, Museo Archeologico Nazionale di Spina
30o Berlin, Staatliche Museen - Antikensammlung
30u München, Staatliche Antikensammlungen
31 Neapel, Museo Archeologico Nazionale
32o Athen, Akropolismuseum
32u Piräus, Archäologisches Museum
33o Basel, Antikenmuseum und Sammlung Ludwig
33u Athen, Archäologisches Nationalmuseum
34o Wien, Kunsthistorisches Museum
34u Athen, Archäologisches Nationalmuseum
35ol München, Antikensammlungen und Glyptothek
35or Paris, Bibliothèque Nationale
35m Pella, Archäologisches Museum
36 Berlin, Staatliche Museen - Antikensammlung, Pergamonmuseum
37ol Athen, Archäologisches Nationalmuseum
37or London, British Museum
37m London, British Museum
38o Athen, Archäologisches Nationalmuseum
38m Olympia, Archäologisches Museum
39o London, British Museum
39u Vatikan, Musei Vaticani
40o London, British Museum
40m Boston, Museum of Fine Arts
40u Kassel, Staatliche Kunstsammlungen
41 München, Staatliche Antikensammlungen
42 Sankt Petersburg, Eremitage
43o Florenz, Museo Archeologico
43u Boston, Museum of Fine Arts
44o Paris, Musée du Louvre
44m Olympia, Archäologisches Museum
45o Athen, Archäologisches Nationalmuseum
45m Berlin, Staatliche Museen - Antikensammlung
45u Boston, Museum of Fine Arts
46m Rom, Museo Nazionale Romano (Phot. Scala)
46u Tarquinia, Museo Nazionale Tarquiniense
47o Neapel, Museo Archeologico Nazionale
47o Florenz, Museo Archeologico
48 Paris, Musée du Louvre
49o Rom, Museo Nazionale Romano (Phot. Scala)
49ml London, British Museum
49mr Athen, Archäologisches Nationalmuseum
50 München, Staatliche Antikensammlungen
51o Berlin, Staatliche Museen - Antikensammlung
51m Berlin, Staatliche Museen - Antikensammlung
52o Thessaloniki, Archäologisches Museum
52u Paris, Bibliothèque Nationale
53o Delos
53m Neapel, Museo Archeologico Nazionale (Phot. Pedicini)
53u Athen, Archäologisches Nationalmuseum
54 Athen, Archäologisches Nationalmuseum
55 Athen, Archäologisches Nationalmuseum
56 Reggio di Calabria, Museo Archeologico Nazionale
57o Athen, Archäologisches Nationalmuseum
57m London, British Museum
58o Berlin, Staatliche Museen - Antikensammlung, Pergamonmuseum
58u Tarquinia, Museo Nazionale Tarquiniense
59ol München, Staatliche Antikensammlungen
59or München, Staatliche Antikensammlungen
59m Venedig, Museo Archeologico
60 München, Staatliche Antikensammlungen
61 Paris, Bibliothèque Nationale
62 Eretria, Archäologisches Museum
63 München, Staatliche Antikensammlungen und Glyptothek
64 Würzburg, Martin von Wagner Museum
65o London, British Museum
65u London, British Museum
66 Paris, Musée du Louvre
67 München, Staatliche Antikensammlungen
68 Madrid, Museo ArqueolÛgico Nacional
70 Brescia, Museo Romano
71o Palermo, Museo Archeologico Regionale
71m Basel, Antikenmuseum und Sammlung Ludwig
71u Paris, Musée du Louvre
72 London, British Museum
73 Paris, Musée du Louvre
74m Olympia, Archäologisches Museum
74u London, British Museum
75o Palermo, Museo Archeologico Regionale
75u Neapel, Museo Archeologico Nazionale
76 Olympia, Archäologisches Museum
77o Paris, Musée du Louvre
77m München, Staatliche Antikensammlungen
77u London, British Museum
78 Paris, Musée du Louvre
79o Tarent, Museo Archeologico Nazionale

79m Berlin, Staatliche Museen - Antikensammlung
79u Athen, Archäologisches Nationalmuseum
80 Athen, Archäologisches Nationalmuseum
81 München, Staatliche Antikensammlungen
82 München, Staatliche Antikensammlungen
83 Vatikan, Musei Vaticani
84 London, British Museum
85o London, British Museum
85u Berlin, Staatliche Museen - Antikensammlung
86 London, British Museum
87o London, British Museum
87m München, Staatliche Antikensammlungen
88 London, British Museum
89o Florenz, Museo Archeologico
89u Paris, Musée du Louvre
90o Madrid, Museo ArqueolÛgico Nacional
90u Tarquinia, Museo Nazionale Tarquiniense
91 London, British Museum
92 Lunds Universitet, Historiska Museum
93 Berlin, Staatliche Museen - Antikensammlung
94 Paris, Musée du Louvre
95 Neapel, Museo Archeologico Nazionale
96 Athen, Archäologisches Nationalmuseum
97o Neapel, Museo Archeologico Nazionale
97m Cambridge, Mass., Harvard University Art Museums, Fogg Art Museum
98 Ruvo di Puglia, Museo Jatta
99o London, British Museum
99ml Ruvo di Puglia, Museo Jatta
99mr Ruvo di Puglia, Museo Jatta
100 Neapel, Museo Archeologico Nazionale
101o Paris, Musée du Louvre
101m Vatikan, Musei Vaticani
101u Rom, Museo Nazionale di Villa Giulia
102 Ruvo di Puglia, Museo Jatta
103 Ruvo di Puglia, Museo Jatta
104o Paris, Musée du Louvre
104u Cambridge, Fitzwilliam Museum
105o Paris, Musée du Louvre
105m München, Staatliche Antikensammlungen
106 Paris, Sammlung von Stavros S. Niarchos
107 Ferrara, Museo Archeologico Nazionale di Spina
108 Sankt Petersburg, Eremitage
109 Boston, Museum of Fine Arts
110o Korfu, Archäologisches Museum
110u London, British Museum
111o Agrigent, Museo Archeologico Nazionale
111m Athen, Archäologisches Nationalmuseum
112 Paris, Musée du Louvre
113 New York, Metropolitan Museum of Art
114 Karlsruhe, Badisches Landesmuseum
115 Berlin, Staatliche Museen - Antikensammlung
116o Vatikan, Musei Vaticani
116u Vatikan, Musei Vaticani
117o Vatikan, Musei Vaticani
117m Paris, Bibliothèque Nationale
118 Syrakus, Museo Archeologico Regionale
119 Vatikan, Musei Vaticani
120 Paris, Musée du Louvre
121o Lipari, Museo Archeologico Eoliano
121u Toronto, Sammlung Borowski
122 Rom, Galleria Doria Pamphili
123o Rom, Museo Nazionale di Villa Giulia
123u Paris, Musée du Louvre
124 Tarent, Museo Archeologico Nazionale
125o Neapel, Museo Archeologico Nazionale
125m München, Staatliche Antikensammlungen
126 Florenz, Museo Archeologico
127o Neapel, Museo Archeologico Nazionale
127ml Paris, Musée du Louvre
127mr Bari, Museo Archeologico
128 Arezzo, Museo Archeologico
129o New York, Metropolitan Museum of Art
129u München, Staatliche Antikensammlungen
130 Boston, Museum of Fine Arts
131 Mykonos, Archäologisches Museum
132 New York, Metropolitan Museum of Art
133o Karlsruhe, Badisches Landesmuseum
133m Sankt Petersburg, Eremitage
133u Berlin, Staatliche Museen - Antikensammlung
134o Privatsammlung
134u Bonn, Akademisches Kunstmuseum
135o Kopenhagen, Nationalmuseet
135m Rom, Museo Capitolino (Phot. Pedicini)
136 Berlin, Staatliche Museen - Antikensammlung
137o Neapel, Museo Archeologico Nazionale
137u Berlin, Staatliche Museen - Antikensammlung
138o Neapel, Museo Archeologico Nazionale
138u Toledo, Ohio, Toledo Museum of Art
139o Paris, Musée du Louvre
139m Vatikan, Musei Vaticani
139u Boston, Museum of Fine Arts
140o Wien, Kunsthistorisches Museum
140u München, Staatliche Antikensammlungen
141o New York, Metropolitan Museum of Art
141m New York, Metropolitan Museum of Art
142 London, British Museum
143o London, British Museum
143u Athen, Numismtisches Museum
144 London, British Museum
145o Boston, Museum of Fine Arts
145u Paris, Musée du Louvre
146 Agrigent, Museo Archeologico Nazionale
147o Rom, Museo Nazionale di Villa Giulia
147m New York, Metropolitan Museum of Art - Norbert Schimmel Collection
147u Palermo, Museo Archeologico Regionale (Phot. Scala)
148 Berlin, Staatliche Museen - Antikensammlung
149 München, Staatliche Antikensammlungen
150 Vatikan, Musei Vaticani
151o Wien, Kunsthistorisches Museum
151ml Boston, Museum of Fine Arts
151mr London, British Museum
152 Florenz, Museo Archeologico
153o Paris, Musée du Louvre
153m Boulogne-sur-Mer, Musée Communal
153u Paris, Musée du Louvre
154 New York, Metropolitan Museum of Art
155o Wien, Kunsthistorisches Museum
155m Stockholm, Medelhavsmuseet
155u Florenz, Museo Archeologico
156-157o Vatikan, Musei Vaticani
156m Neapel, Museo Archeologico Nazionale
157m Vatikan, Musei Vaticani
157u Mykonos, Archäologisches Museum
158 Großbritannien, Privatsammlung
159o Ferrara, Museo Archeologico Nazionale di Spina
159u Neapel, Museo Archeologico Nazionale
160 Boston, Museum of Fine Arts
161o Wien, Kunsthistorisches Museum
161m London, British Museum
161u Paris, Musée du Louvre
162o Berlin, Staatliche Museen - Antikensammlung
162u Paris, Musée du Louvre
163 Berlin, Staatliche Museen - Antikensammlung
164 Elefsina, Archäologisches Museum
165o Lipari, Museo Archeologico Eoliano
165m Karlsruhe, Badisches Landesmuseum
165u Paris, Bibliothèque Nationale
166m Athen, Archäologisches Nationalmuseum
166u Paris, Bibliothèque Nationale
167o Vatikan, Biblioteca Apostolica Vaticana
167u Boston, Museum of Fine Arts
168 Boston, Museum of Fine Arts
169 Paris, Bibliothèque Nationale
170 Athen, Archäologisches Nationalmuseum
171o London, British Museum
171u Boston, Museum of Fine Arts
172 München, Staatliche Antikensammlungen
173o Boston, Museum of Fine Arts
173u Palermo, Museo Archeologico Regionale
174 New York, Metropolitan Museum of Art
175o Berlin, Staatliche Museen Antikensammlung
175u Chiusi, Museo Archeologico Nazionale

ORTNAMEN, DIE IN DER „GRIECHISCHEN MYTHOLOGIE“ ERWÄHNT SIND.

In Klammern stehen Personennamen oder Begriffe, die mit den Taten den Herakles in Beziehung stehen.

1. Theben
2. Thespiai (Löwe des Kithaironberges)
3. Orchomenos
4. Tiryns (Eurystheus)
5. Nemea (Nemeischer Löwe)
6. Mykene (Eurystheus)
7. Lerna (Lernaiische Hydra)
8. Keryneia (Keryneiische Hindin)
9. Psophis (Erymanthischer Keiler)
10. Elis (Augeias)
11. Stymphalos (Stymphalische Vögel)
12. Abdera (Pferde des Diomedes)
13. Ainos (Sarpedon)
14. Torone
15. Eleusis
16. Troizen
17. Oichalia (Iole)
18. Amyklai
19. Olympia (Olympische Spiele)
20. Sparta
21. Tegea
22. Kalydon (Deianeira)
23. Trachis (Ende des Herakles)
24. Pylos (Neleus)
25. Kap Tainaron (Hades)
26. Argos
27. Pherai (Alkeste)
28. Dodona
29. Ephyra (Korinth)
30. Buthrotos
31. Pleuron
32. Delphi
33. Aulis
34. Brauron
35. Iolkos
36. Trikka
37. Meliboia
38. Edessa
39. Aineia
40. Mende
41. Skione
42. Eion
43. Ennea Hodoi
44. Maroneia

SKYTHIEN
zum Okeanos
MAIOTIS
(Asowsches Meer)
TAURIS
Phasis
KAUKASUS
(Prometheus)
(Land der Kimmerer)
Bosporos
PONTOS EUXEINOS
(Schwarzes Meer)
KOLCHIS
Aia
Istros
ILLYRIEN
ENCHELAIER
THYNIEN
(BITHYNIEN)
Hebros
MAKEDONIEN
THRAKIEN
Axios
EPIROS
MOLOSSIS
Olymp
Peneios
Sinope
Themiskyra
AMAZONEN
Herakleia
PAPHLAGONIEN
PROPONTIS
Sangarios
Halys
THASOS
LEMNOS
TENEDOS
Abydos
Sigeion
Ilion (Troja)
PHRYGIEN
Pyramos
DREPANE/SCHERIA
(Korfu)
LEUKAS
ITHAKA
KEPHALLENIA
ZAKYNTHOS
EUBÖA
ÄGÄISCHES MEER
LESBOS
MYSIEN
Sardes
Ephesos
CHIOS
Maiandros
IKARIEN
KARIEN
PAMPHYLIEN
KILIKIEN
Mallos
Aspendos
Soloi
LYKIEN
SYRIEN
IONISCHES MEER
MELOS
KOS
SYME
RHODOS
Tarsos
Kap Malea
KYTHERA
Salamis
Soloi
Kydonia
Knossos
Lyktos
KRETA
MITTELMEER
Sidon
Kyrene
Pharos
LIBYEN (Antaios)
ÄGYPTEN
ARABIEN